프랑스

문화 테마기행

프랑스문화 테마기행

발행일 2010년 02월 26일 발행인 송용호
지은이 김미연 , 이건수, 한용희, 노은희, 정재훈, 박문규, 한봉규
사진 서윤정, 한봉규 펴낸곳 궁미디어(충남대학교출판부)
주소 대전광역시 유성구 대학로 79 전화 042-821-6045
홈페이지 cnupress.cnu.ac.kr E-mail cnupress@cnu.ac.kr

ISBN 978-89-7599-340-4 03980
값 : 15,000원

프랑스

문화 테마기행

김미연
이건수
한용희
노은희
정재훈
박문규
한봉규

FRANCE

궁미디어
GUNGMEDIA

| 머 리 말 |

모두들 문화의 시대가 될 것이라 기대하는 21세기가 시작 된지도 벌써 십년이나 지났다. 2009년 12월 1일에 발효된 리스본 조약으로 유럽연합은 대통령격인 정상회의 상임의장과 외교 · 안보의 고위대표를 선발하는 등 정치통합에 박차를 가하며 유럽 통합의 완성에 한 걸음 더 다가갔다. 세계 최대 규모의 단일 시장을 배경으로 한 이런 야심찬 움직임의 중심에는 언제나 프랑스가 있다.

세계에서 제일 많은 관광객들을 유치한다는 사실에서 보다시피 프랑스는 거부할 수 없는 매력을 지닌 나라이며, 자타가 인정하는 최대 문화강국이다. 이때 문화라 함은 정치 · 경제 · 사회 · 문화라는 틀의 한 부분으로서의 협의의 문화라기보다는, 국민성, 사고방식, 행동 양식, 지적 전통과 제도, 물질적 성과를 모두 한데 아우르는 더 넓은 의미로 생각할 만하다. 즉 문화란 정치 · 경제 · 사회를 이끌고 떠받드는 이상이자 저변인 셈이다. 이렇듯 문화가 자신의 정체성을 정의하는 관건이자 후대에 온전히 전달해야 하는 대상이기에, 프랑스는 국제통상에 있어서 '문화적 예외'를 자주 내세운 바 있다. 그러나 프랑스가 주장하는 '문화적 예외'란 프랑스 문화의 다양성과 조화를 전제로 하는 것이다. 이렇듯 프랑스는 자신의 특수성을 보편화하는데 성공한 문화강국이다. 예를 들자면, 17세기 루이 14세 때부터 문화의 영역에서 프랑스가 타의 추종을 불허하며 본격적으로 두각을 나타내기 시작했으며, 18세기 말 프랑스 혁명은 자유와 평등이라는 인간의 기본적인 가치를 전 인류에게 선사한 세계사적인 공헌이었다. 한편 19세기부터 세계적 명품 브랜드들의 대부분은 프랑스 제품으로서 상상을 초월하는 엄청난 부가가치를 만들어내고 있다.

이러한 '프랑스 문화와 예술'를 1991년 국내 대학에서 최초로 교양강좌로 열은 뒤 많은 대학에 전파하고 오늘날까지 유지해온 충남대학교 불어불문학과의 저력이 『프랑스문화 테마기행』의 집필 원동력이 되었다. 모두 7인의 필자들이 2년 가까이 함께 노력을 기울였다. 그 중에서도 이 공동저술 작업의 주관자로서, 책임 편집과 사진 선별 등 크고 작은 수고를 아끼지 않은 김미연 교수의 헌신은 특기할 만하다. 모두 7장으로 구성된 『프랑스문화 테마기행』은 독자들로 하여금 프랑스 문화의 다양한 지형을 다면적으로 접근할 수 있도록 인도할 것이다. 프랑스인과 프랑스어, 자연 등(1장)에서 시작하여 역사(2장)를 살펴보고, 오늘날의 정치, 경제, 교육(3장)을 다룬다. 이어 문학과 철학(4장)을 거쳐 회화에서 영화까지 여러 예술(5장)을 논한 후, 음식과 패션 등의 일상생활(6장)과 박물관과 카페 같은 문화 공간(7장)으로 마무리 하였다. 집필진이 맡은 분야는 다음과 같다.

김미연	자연, 산업, 회화, 조각
이건수	건축, 음악, 미디어
한용희	클로비스에서 잔 다르크까지, 나폴레옹에서 드골까지, 정치, 경제, 사유의 연금술-데카르트에서 들뢰즈까지
노은희	지성과 열정의 파노라마 프랑스 문학, 영화, 축제와 의식
정재훈	포도주와 요리, 박물관과 미술관, 영화관과 국립극장, 카페와 레스토랑
박문규	프랑스인과 프랑스어, 파리와 지방과 교통, 골 족과 아스테릭스, 가정과 일상, 시장
한봉규	르네상스에서 대혁명까지, 평등 교육과 엘리트 교육의 공존, 잉태에서 죽음까지, 패션과 향수

누구든 한 눈에 사로잡히고 알면 알수록 더욱 매료되는 프랑스 문화는, 높은 이상을 갖춘 탁월한 안목의 지도자들과 미의식과 장인정신에 투철한 국민성이 만들어낸 아주 행복하고 특별한 경우로서, 새천년 문화강국을 지향하는 우리에게 특히 시사하는 바가 크다 하겠다.

2010년 2월
저자 일동

contents

3장 오늘의 프랑스

4장 프랑스 문화의 원형

contents

프랑스문화 테마기행

1장 프랑스, 프랑스인

1. 프랑스인과 프랑스어

1) 프랑스인

프랑스 영토는 원래 '골Gaule', 그 주민들은 '골 족' 즉 '골루아Gaulois'라고 불렸다. '골루아'라는 단어가 라틴어에서 수탉을 의미하여 이후 수탉은 프랑스인의 상징이 되었다.

수탉과 삼색기

테 없는 붉은 모자를 쓴 '마리안Marianne'은 1792년 가을 제1공화정이 성립된 이후에 자유, 평등, 우애의 프랑스 혁명 정신과 프랑스 공화국을 상징하는 여성상이 되었다. 마리안 이미지의 원조는 1830년 7월 혁명을 주제로 그린 들라크루아의 〈민중을 이끄는 자유의 여신〉에서 한 손에 장총을, 다른 손에 삼색기를 들고 혁명의 선봉에 선 여신이다. 1848년 마리안이라고 명명된 흉상이 프랑스의 상징으로 공포되어 프랑스 전국의 시청 입구에 배치되어 있을 뿐만 아니라 동전이나 우표에도 사용되었다. 더구나 시청에서 행해지는 시민결혼식이 마리안의 흉상 앞에서 거행된다. 1886년 프랑스 국민이 미국에 기증한 '자유의 여신상'도 마리안의 분신이다. 1970년대 초부터는 추상적인 얼굴이 아니라 당대의 프랑스 인물을 투영시켜 1969년에는 여배우 브리지트 바르도, 1979년엔 가수 미레이유 마티외, 1989년에는 여배우 카트린느 드뇌브, 1999년엔 영화배우 겸 슈퍼모델 레티시아 카스타가 각각 〈마리안〉의 얼굴이 되기도 하였다.

마리안 우표

마리안 조각상

프랑스는 다민족국가이며 동시에 혼혈인종 국가이다. 이미 중세 이전에 원주민인 골 족에 라틴, 프랑크, 노르만 족이 혼합되었고 중세를 거치면서 독일, 브르타뉴, 카탈로니아, 바스크, 플라망 족과 뒤섞였다. 식민제국시대 이후에는 동남아, 아랍, 중국, 아프리카, 태평양, 그리고 동유럽 등 말 그대로 인종의 용광로가 되었다. 이들은 프랑스어와 교육으로 인권과 인본주의의 이름으로 프랑스인이 되어 프랑스를 만들어 간다. 이것이 프랑스를 똘레랑스의 나라라고 부르는 이유이다.

프랑스인의 기질은 수탉이 상징하듯 활기 있고, 정력적이고, 예측하기 어려울 만큼 엉뚱하고 충동적이며, 호기심 많고 놀이를 매우 즐긴다. 또한 불평 많고 비판을 즐긴다. 특히 문화민족으로서 자부심이 대단하다. 한결같음에 실증을 잘 내어 새로운 아이디어나 사고 체계의 변화를 추구한다.

프랑스가 수많은 이념과 철학의 나라답게 프랑스인들은 합리주의를 따르며 자신의 생각을 솔직하고도 분명하게 밝히기를 좋아한다. 또한 '말잔치의 나라'라는 별명에 걸맞게 토론과 대화를 통한 논리적 해명과 설득을 좋아한다. 프랑스인은 일상생활에서 문학, 철학, 자유, 평등, 특권, 사생활 등 온갖 주제를 가지고 토론을 즐기며 자의식이 강하다. 이런 자의식은 불의나 압박에 대항하여 싸울 때에는 연대의식으로 이어져 혁명적이 된다.

2) 프랑스어

오늘의 프랑스어

프랑스어는 2008년 현재 유럽(프랑스, 벨기에, 룩셈부르크, 모나코, 스위스와 루마니아 일부), 지중해와 대서양 연안의 아프리카(모로코, 알제리, 튀니지, 기네, 토고, 아이

보리코스트, 가봉, 루안다 등), 아메리카(캐나다의 퀘벡 주, 서인도 제도, 프랑스령 기안), 태평양(프랑스령 폴리네시아)에 걸쳐 세계 40여 개 국에서 사용하는 공용어이다. 그러나 아프리카나 태평양의 섬나라들은 인구가 매우 적어 전 세계 프랑스어 사용자는 1억 2천만 명 정도이다.

프랑스어 공동체는 영어권의 세력 확장에 대항하여 1986년 '프랑스어권 정상회의Le Sommet de la Francophonie'를 만들어 정례화하였다. 이 기구는 프랑스어 공동체가 언어와 문화뿐만 아니라 정치, 경제, 사회 등 모든 분야에서 상부상조할 것이 설립 목적이다.

프랑스어의 형성과정

프랑스어는 '인도유럽어족'의 '로망어족'에 속한다. 골 족의 토착 언어와 로마의 골 정벌 이후 유입된 통속라틴어가 프랑스어의 모태를 이룬다. 기원전 1세기경부터 약 4백 년간 지속된 로마인들의 프랑스 영토 지배는 '로마화'를 통하여 많은 로마 문화와 로망어, 즉 라틴어를 유입시켰다.

5세기 서로마제국의 붕괴(476)에 즈음하여 게르만족의 대이동으로 그 한 갈래인 프랑크 족이 프랑스 영토에 들어와 프랑크 왕국을 세운다(481). 이후 메로빙거 왕조가 지배한 약 3백 년은 통속라틴어의 진화에 게르만어가 합쳐지는 시기로 이 기간의 언어를 '갈로—로망어'라 부른다.

8세기 중반 카롤링거 왕조의 부흥을 일으킨 샤를마뉴 대제가 프랑스어의 순화와 정리에 힘쓴다. 그러나 이때는 이미 사라센의 언어마저 일부 도입되어 프랑스어가 라틴어와 다른 모습이 되었다. 10세기 초 프랑스 북부에 자리를 잡은 노르만 족이 프랑스의 앞선 문화와 언어에 흡수되었다. 11세기 중반 노르만 족의 기욤 공이 영국을 점령함으로써(1066) 프랑스어는 약 3세기 동안 영국의 상류 귀족사회를 지배하였다. 이 때 중세 영어에 프랑스어 어휘가 많이 흘러들어가고 역으로 영어의 어휘도 프랑스에 전해진다.

15세기 100년 전쟁1337~1453이 끝나 갈 즈음 파리와 일드프랑스 지역을 중심으로 왕권이 강화되면서 파리지역의 프랑스어가 우위를 점하나 아직 표준어의 역할을 제대로 못한다. 따라서 지역에 따라 여러 지역어 즉, 프로방스어, 피카르디어, 발로니어, 로렌어, 앵글로 노르만어 등이 통용되었다. 중세 프랑스어는 보르도와 리옹을 잇는 선을 기준으로 북부 지방의 오일어langue d'oïl와 남부 지방의 오크어langue d'oc로 나뉜다. 오일어는 현대 프랑스어의 원조이고 오크어는 오늘날의 프랑스 남부 각 지방의 방

아카데미 프랑세즈

언이 되었다. 이때부터 두 언어는 음유시인들에게 애용되어 북부의 음유시인 트루베르trouvère는 무훈시를, 남부의 음유시인 트루바두르troubadour는 서정시를 읊으며 돌아다녔다.

현대 프랑스어는 17세기 절대왕정과 중앙집권이 이루어진 루이 14세의 왕정에서 확립된다. 탁월한 고전주의 사상가, 작가들, 문법학자들의 노력으로 프랑스어는 17세기, 18세기에 표준어, 사교어, 국제어로서 면모를 갖춘다. 이 시기에 프랑스어의 검열과 코드화, 문법과 통사법의 정리 기능을 담당하는 '아카데미 프랑세즈'가 설립된다. 계몽 철학자들이 특히 백과사전파가 프랑스어의 정리에 크게 기여하였다.

19세기에 산업혁명이 먼저 일어난 영국으로부터 영어가 많이 유입되었고, 영어의 침투는 21세기 오늘날까지도 계속되고 있다. 비록 20세기 두 번의 세계대전 이후 유럽의 힘이 미국으로 옮겨지면서 프랑스어는 국제적 위상을 많이 상실했으나 여전히 유엔기구와 올림픽경기에서 공식언어로 사용되고 있다. 1994년 '투봉 법안'은 프랑스인들의 집요한 프랑스어 수호 노력을 나타내고 있다.

프랑스어의 특성

프랑스어의 모음은 구강의 앞쪽에서 나는 소리가 월등하게 많다. 전체 모음 16개 중에 10개가 앞쪽에서 나는 소리로, 이는 청각적으로 매우 명확하게 들리는 효과를 준다. 또한 많은 모음들(16개 중 11개)이 입술을 둥글게하여 소리를 내는 원순음으로 부드러운 느낌을 주며, 코로 발음되는 비모음은 프랑스어를 매혹적으로 만들어준다. 모음이 연속해서 나오는 경우는 이중모음화되어 발음하기가 편하다. 자음의 특성으로 강한 느낌을 주는 기음(ㅍ, ㅌ, ㅋ)이 거의 없고 명랑한 느낌을 주는 경음(ㅃ, ㄸ, ㄲ)이 많다. 또한 목구멍의 깊은 곳에서 마찰을 일으켜 발음하는 /ㅎ/음이 없어 발음하기가 수월하다. 프랑스어의 음절은 영어나 독일어와는 달리 모음으로 끝나는 열린 음절을 선호한다. 연독과 모음축약은 열린 음절을 더욱 많이 만들어준다. 이는 프랑스어에 낭랑하게 울려퍼지는 음악성을 부여하며 말토막의 마지막을 길게 하여 듣는 이로 하여금 편안함과 안정감을 느끼게 한다. 마치 우리나라의 충청도 방언을 연상시켜 거부감이 없다.

프랑스어는 수세기에 걸쳐 논리와 사유의 결과물이어서 과학적이며 분석적이고 명확하다. 그러므로 프랑스어는 오해 없는 국제규약을 맺는데 편리한 언어로 평가를 받고 있다. 이 모든 결과는 프랑스인의 프랑스어에 대한 사랑에서 비롯된 것이다.

2. 자연

프랑스의 자연은 매우 다양하다. 육각형 모양의 국토는, 면적이 55만1천㎢로 우리나라 전체 22만1천㎢의 약 2.5배, 남한 9만 9천㎢의 약 5.6배에 달한다. 해외 영토를 합치면 674,843㎢이다. 프랑스는 북위 51° 에서 42° 사이에 걸쳐 있어, 북극까지의 거리와 적도까지의 거리가 거의 같다. 프랑스는 여섯 면 중 삼 면은 해안(북해, 대서양, 지중해)으로, 삼 면은 육지(벨기에—룩셈부르크, 독일—스위스—이탈리아, 스페인)에 접해 있기 때문에, 대서양과 지중해와 대륙의 영향을 받아 지리학적으로 유럽의 축소판이다. 따라서 식생, 풍토, 인구, 사회심리, 역사에서 유럽 각국의 영향을 받은 프랑스는 유럽의 교차로로서 자연조건과 인간의 활동 면에서 다양성과 조화와 통일성을 지니고 있다.

수치로 보는 프랑스 국토

- 면적 : 551,695㎢
- 길이 : 남북 973km, 동서 945km
- 평균고도 : 342m
- 국경선 : 총 5,670km, 이 중 해안선 3,427km

1) 지리

산지와 산맥

프랑스의 산지는 거의 제1기의 노년기에 속한다. 아르모리칸 산지Masssif armoricain나 브르타뉴Bretagne 지방의 산지는 노년기로 산의 정상들이 둥글고 묵직한 형태와 적당한 높이를 유지한다. 가장 높은 것이 겨우 400m를 넘는다. 중앙산악지대Masssif central의 동쪽 노년기 준평원에는 루아르Loire 강과 알리에Allier 강이 흐른다. 프랑스 동북부의 보주Vosges 산맥은 독일의 슈바르츠발트 '검은 숲'을 포함하는 산악지대의 일부이며, 아르덴 산맥Ardennes 남쪽 기슭은 뫼즈Meuse 강 굴곡이 이어지는 약간 낮은

알프스 습곡

평야를 일컫는다. 보주 산맥 아래의 동쪽 알자스Alsace 지방은 함몰지대의 평야이다.

반면, 피레네Pyrénées, 알프스Alpes, 쥐라Jura 산맥은 제3기의 장년기 습곡 산맥으로 그 정상들은 각각 2,000~4,000m이상의 일정한 고도를 유지하며, 빙하작용으로 원형계곡, 빙식곡, 호수, 빙하가 만들어졌다. 알프스 산맥의 몽블랑Mont Blanc 산의 봉우리는 4,810m이다. 이들 산맥 중 가장 웅장한 것이 알프스 산맥의 빙하 '얼음바다'(55㎢)이다.

평원과 분지

프랑스에는 두 개의 분지인 파리 분지와 아키텐 분지, 두 개의 하천 평야인 알자스 평원과 론 강 협곡, 두 개의 연안 평야인 플랑드르 평야, 랑드와 랑그도크 평야가 있다.

파리 분지Bassin parisien는 프랑스에서 가장 광활한 자연지역으로, 전국토의 3분의 1이상을 차지한다. 파리 분지 북부에 북유럽의 광대한 평야인 노르망디 지방의 고원과 평야가 서쪽으로 도버 해협까지 펼쳐지고, 남쪽에서는 루아르 강이 니베르네, 발, 투렌, 앙주 지역을 흐른다. 아키텐 분지Bassin aquitain는 삼각형의 충적 분지로 가론 강이 중앙을 흐르며, 파리 분지와 지중해 지역을 연결하고, 가론 강 북부에는 샤랑트, 페리고르, 케르시 지역의 석회질 고원을 이루며, 강 남부에는 피레네 산맥에서 흘러내려온 토양이 언덕과 평야를 형성한다. 가론 강 하구부터 바스크 지방에 걸쳐 랑드 지역의 모래밭이 대서양과 평행을 이루며 펼쳐진다. 알프스 산맥과 피레네 산맥 사이에 좁게 밀집한 프로방스Provence 지방의 평야들인 크로 평원, 카마르그 평원, 랑그도크 평야가 뻗어 있다. 론 강 협곡

Vallée du Rhônh은 중앙산악지대의 동쪽 가장자리와 다른 한쪽인 쥐라와 알프스 산맥 사이를 흐른다. 보주 산맥 아래와 파리 분지의 부르기뇽 가장자리에서부터 넓이가 고르지 않게 이루어진 일련의 평야들이 지중해까지 매우 완만하게 이어진다.

해안과 하천

대서양과 지중해와 북해에 연해 있는 프랑스의 해변은 총 길이 3,427km로 스페인, 모로코와 더불어 매우 다양한 모습을 갖추고 있다. 삼면의 바다는 프랑스를 온대성 기후 국가로, 대서양 국가로, 해양 국가로 만들었다. 북해 연안의 노르망디Normandie 해안은 곧고 평평한 모래 산으로 둘러싸여 있으며, 플랑드르Flandre 지방부터 움직이는 모래밭인 몽생미셸Mont Saint-Michel 만까지 이른다. 북해 연안의 침식으로 수많은 섬들과 리아시스식 해안이 만들어진 브르타뉴 해안에서는 해류, 폭풍, 안개 등이 항해를 위협하고, 남쪽 해안은 굴곡이 단조로우며 루아르 강의 하구에서 끝난다. 스페인에 접한 생나제르의 대서양Atlantique 연안의 방데, 생통주, 아키텐 해안들은 대부분 단조롭다. 지롱드 강 남쪽 긴 강어귀 해안은 그라브 갑에서 아두르 강까지 길이가 250km이고 완벽한 직선이다. 바람에 날려 온 모래밭은 때로 높이가 100m를 넘는 모래산을 만들기도 한다. 루시옹 지방에서 론 강의 델타에 이르는 지중해Méditerranée 연안의 해안선은 막힌 늪이나 간석지를 형성한다. 론 강 동쪽에 해안선의 요철이 매우 뚜렷하다. 하늘빛의 코트다쥐르Côte d'Azure 해안을 따라 칸, 니스, 망통, 모나코 등 유명한 휴양지가 있다.

프랑스의 5대 하천은 센Seine 강, 루아르Loire 강, 가론Garonne 강, 라인Rhin

루아르 강

노르망디 해변 에트르타

강, 론Rhônh 강이다. 이 강들의 길이는 가론 강의 525km와 루아르 강의 1,010km 사이이다. 프랑스 밖에 발원지를 두고 있는 강은 스위스의 라인 강, 론 강, 스페인의 가론 강이다. 센 강, 라인 강, 론 강에는 배가 다닌다. 이 강들은 모두 대도시 즉 센 강은 파리를, 루아르 강은 낭트를, 가론 강은 툴루즈와 보르도를, 라인 강은 스트라스부르를, 론 강은 리옹을 가로 지른다. 발원지와 유역, 연간 하천 유수량에 따라 그 특유한 모습을 지닌 5대 강은 8,500km의 운하와 연결되어 물길 따라 프랑스의 다양한 풍광을 즐기도록 우리를 초대하고 있다.

프랑스의 해안과 강

2) 식생과 경치

옛날에는 해양성 기후 지역에서 토양이 비옥하여 떡갈나무 숲이 군림했다. 그러나 개간사업으로 그 숲은 사라져 평야가 되었다. 브르타뉴와 대서양의 황야는 소나무, 떡갈나무 자작나무와 히스, 유채꽃, 고사리 등으로 뒤덮여 있다. 북부와 동부의 보스, 브리, 샹파뉴, 플랑드르와 파리 분지는 너도밤나무, 소사나무, 물푸레나무가 뒤섞인 유럽형 삼림 지역이며, 곡물밭, 목축, 포도밭 지역이기도 하다. 론 강 협곡은 지중해의 영향을 받아 북부에서는 밤나무를, 남부에서는 올리브나무를 볼 수 있으나 큰 숲은 없다. 포도 경작과 야채 재배와 과일나무 경작이 그곳 자연의 관대함을 보여준다. 가론 강 남부는 지중해성 기후에 가까워 포도와 옥수수의 재배가 활발하며, 옥수수는 프랑스 전체 생산량의 대부분을 차지한다. 이 지방의 중심도시 보르도는 예로부터 적포도주와 목재의 수출항구로 알려졌다. 랑드 지방은 드넓은 모래밭에 인공으로 조림한 소나무밭으로 유명하다. 지중해 지역은 여름이 건조하고 일조량이 많아 뿌리가 긴 나무인 상록떡갈나무, 코르크떡갈나무, 올리브나무 등이 푸른색을 제공한다. 황야와 관목 지대에는 방향성 식물과 소관목류의 식물군인 케르메스떡갈나무, 미모사, 시스트, 백리향, 로즈매리, 라벤더, 수선화 등이 자라면서 이 지역을 향기로 뒤덮고 있다. 산간 지역인 보주 산맥과 아르덴 산맥에는 떡갈나무와 전나무 숲이 형성되어 있으며 코르시카 섬의 밀림 지역과 알프스 지역의 방목은 프랑스에 경치의 다양성을 보태고 있다.

랑드 지방의 소나무 숲

3) 기후

프랑스는 온대성 기후에 속한다. 대서양의 온화한 날씨, 겨울에 시베리아로부터 오는 대륙성 고기압, 여름철 아조레스 제도의 고기압의 일시적인 출현, 남동부 지역의 지중해성 날씨 등 여러 요인들이 프랑스의 기상에 영향을 미친다. 연평균 기온은 북에서 남까지 9도에서 15도에 걸쳐

프랑스의 기후 분포

있다. 7월의 평균기온은 15도에서 24도 사이이고, 1월의 평균기온은 0도에서 6도 사이이다. 서부보다 동부에서 계절차가 뚜렷하다. 강우량은 적절하여 폭우도 가뭄도 극심하지 않으며, 해발 2,000m 이상의 산간지대를 제외하고는 거의 모든 지역이 연간 500mm 이상의 강우량을 나타낸다. 알자스 지방의 영하 30도, 툴루즈 지역의 영상 43도, 도버 해협 연안의 시속 150km의 강풍, 세벤 산맥의 하룻 사이에 1m나 되는 강우량 등 몇몇 극단적인 기후도 있다.

브르타뉴 지방과 노르망디 지방의 온화하나 안개 끼고 습하고 추운 순수해양성 기후, 여름 말기에 덥고 건조한 아키텐의 대서양성 기후, 지중해 연안의 건조하고 덥고 강한 햇빛과 맹렬한 북풍인 미스트랄을 동반하는 거친 기후를 지닌 지중해성 기후가 있다. 그리고 겨울에는 건조하고 추우며 여름에는 덥고 건조하고 봄과 가을에는 비가 많은 대륙성 기후가 있다. 그러나 파리의 대륙성 기후는 알자스·로렌보다 더 온후하나 겨울에는 더 혹독하고 춥고 여름에는 더 덥다. 이 네 기후에 고도와 위치에 따라 큰 변화를 보이는 산간 지역의 산간 기후가 추가된다. 산간 기후는 여름이 짧고 겨울이 길며 춥고 눈이 많이 내리는 기후로서 시베리아 기후처럼 영하 35도까지 내려가기도 한다.

프랑스의 다양한 기후는 인상파 화가들에게 매우 다양한 햇빛이 만들어내는 행복을 안겨 주었다. 브르타뉴 지방, 노르망디 해안, 코트다쥐르 해안,

파리 분지는 화가들이 즐겨 찾는 곳이다. 또한 날씨에 따라 포도주의 맛이 달라지기 때문에 프랑스인들은 올해의 날씨에 민감한 반응을 보인다.

일기예보

1796년 라마르크(Lamarck)가 천문대에 기상 관측과 예보를 담당하는 일기예보 기관을 만들었다. 날씨는 프랑스인들에게 일상 대화거리이다. 1954년 겨울의 혹한과 폭설, 1976년의 가뭄, 1999년 12월 26, 28일의 폭우, 2003년 여름 섭씨 49도의 폭염, 2007년 1월 섭씨 30도 가까운 더위가 기록적인 것들이다.

4) 인구

수백 년간 프랑스는 유럽 제1의 인구대국이었다. 프랑스 인구는 1750년에 2,500만 명이었고, 1800년에는 2,850만 명으로 유럽 인구의 16%에 달했다. 그러나 유럽 전체의 인구가 1800년에서부터 1970년까지 180% 증가한 반면 프랑스 인구는 겨우 50% 증가하였다. 그리하여 2005년 현재 프랑스 본토 인구는 6,066만 명으로 전 유럽 인구 7억 3,100만 명의 8.3%에 이르렀다. 이것은 러시아 1억 4,340만 명, 독일 8,240만 명에 이어 유럽 3위에 해당한다.

프랑스 국립통계경제연구소INSEE에 따르면, 2008년 1월 1일 기준으로 프랑스 전체 인구가 64,478,140명이라고 발표하였다. 프랑스 본토 인구가 6,188만 명이고, 해외도D.O.M.의 인구가 188만 명, 프랑스령 폴리네시아 등 해외자치구T.O.M.의 인구가 72만 명이다.

프랑스에서는 선진국 특유의 출산율 저하가 아주 일찍, 다른 나라보다 훨씬 심하게 발생했다. 가임여성이 평생 출산하는 아이의 수를 표시하는 합계출산율이 1970년의 2.47에서 1994년 1.66명으로까지 저하하였다. 그러나 정부의 강력한 출산장려 정책으로 이 수치가 2006년에는 유럽 최고 수준인 2.0에 이르렀다. 1년간의 출산휴가, 출산지원금, 휴가 후 직장복귀 보장, 36일간의 유급 육아휴가, 무료탁아소, 각종 세금 및 공공요금 혜택 등 모범적인 인구 및 가족 정책이 선진 각국이 부러워하는 이러한 결과를 내게 한 것이다.

프랑스인의 평균수명은 2007년 현재 남자 77.5세, 여자 84.2세로서 선진국 중에서도 높은 편이며, 특히 여성은 세계 3, 4위권에 속한다. 지리적 인구도 변화하여 1851년 전체 인구의 25%이던 도시인구 비율이 현재에는 75%를 상회한다.

2007년 현재 해외거주 프랑스인은 200만 명이며, 1년간 프랑스에 이민을 온 인구에서 해외로 이민을 간 인구를 뺀 순유입 인구는 7만 1천 명이다. 2004~2005년 인구국세조사에 따르면, 프랑스 거주 이민자는 총 492만 명으로, 그중 프랑스 국적자는 197만 명이다. 프랑스거주 이민자 492만 명은 알제리계 68만 명, 모로코계 62만 명, 포르투갈계 57만 명, 기타 306만 명으로 다수가 육체노동자로 일한다.

프랑스인은 유럽에서 가장 복잡한 혼혈인종이다. 이들은 자신의 무능과 재능 속에, 순진한 자만심과 은밀한 냉정함 속에 수많은 모순이 잠복해 있음을 스스로 잘 알고 있다. 이 모순들은 이완된 시기에는 프랑스 국민을 분열시키고 혼란의 원천이 되기도 하나, 좋은 시기에는 사회발전의 탁월한 추진력으로 작용한다.

3. 파리와 지방과 교통

1) 파리

파리의 행정 구역

파리Paris는 20개의 구arrondissement로 이루어졌으며 도시 중심부에 시테 섬La Cité 생 루이 섬Ile de Saint Louis이 있고 센 강에 의해 좌안과 우안으로 나눠진다. 주위의 7개 데파르트망département과 함께 수도권을 형성하며, 이를 일드프랑스Ile-de-France라고 부른다. 파리 인구 215만 명을 포함하여 일드프랑스에는 전체 프랑스 인구의 17%에 해당하는 1천만이 넘는 인구가 살고 있다. 일드프랑스가 전체 국토에서 차지하는 비율이 2%에 불과하다는 사실을 감안한다면 중앙집중화 현상이 심한 것을 알 수 있다. 파리는 명실 공히 프랑스의 정치, 경제, 문화의 중심지이다.

파리의 역사

매년 7천만 명 이상의 관광객이 찾아오는 '지붕 없는 박물관'인 파리의 역사는 기원전 3세기경 '파리지Parisii'라는 골 족의 한 부족이 센 강 한복판에 있는 작은 시테 섬에 자리 잡으면서 시작한다. 기원전 1세기경 로마는 파리를 공격하기 시작하여 결국 52년에 시테 섬을 점령한다. 로마인들은 이 지역을 라틴어로 '습지대'라는 의미의 '루테시아Lutetia'라 명명했고, 후일 프랑스인들이 '뤼테스Lutèce'라 불렀다. 로마인들은 루테시아를 전형적인 로마형 도시로 탈바꿈시켰다. 로마식 공중목욕탕에서는 하루에 5백 명 이상의 사람들이 목욕을 하면서 중요한 사교 장소로 이용하였다. 당시 지방도시에 불과한 파리는 6천 명이 거주하는 대 규모 도시가 되었다. 점점 늘어나는 인구 때문에 루테시아를 확장시킬 필요성에서 로마인들은 센 강 양쪽에 섬을 연결하는 다리를 만들었다. 그리고 로마인들은 계속 범람하는 센 강을 피해 라틴 구역의 좌안에 정착하기 시작한다.

이후 450여 년간 로마의 지배하에 번성해온 루테시아는 서로마 제국의 멸망과 함께 481년 프랑크족에게 점령된다. 486년 프랑크족의 수장인 클로비스 왕은 천혜의 요새인 시테 섬에 메로빙거 왕조를 세우고 파리를 수도로 정하였다. 시테 섬과 인근 도시를 연결시킬 다리와 도로를 더욱 많이 건설하여 중요한 무역의 중심지로 만든다.

9세기 말 바이킹의 무자비한 공격을 받은 파리는 시테 섬을 제외한 도시의 대부분 지역에 막대한 피해를 입는다. 13세기에 이르러 필립 오귀스트 2세(Philippe Auguste II, 1165~1223)는 파리를 방어할 수 있는 중요한 해결책으로 파리 전체를 둘러싼 성벽을 만든다. 높이

루브르 박물관 지하에 보관되어 있는 파리 성곽의 일부

가 10m, 두께가 2.5m인 성벽은 30m에 달하는 67개의 망루를 갖추었다. 견고한 성벽 덕분에 프랑스에서 가장 안전한 도시가 된 파리로 전쟁에 대한 공포심을 갖고 있던 지방 사람들이 많이 이주해 왔다. 게다가 이들은 13세기에는 십자군 원정으로 황폐화된 농촌을 버리고 노동과 부에 대한 기대로 파리로 사람들이 몰려와 파리 인구는 30만 명이 넘었다.

학문과 문화의 중심 파리

파리의 경제적 수준이 향상되고 안전이 확보되면서 시테 섬에 자리 잡았던 신학자와 성직자들 중의 일부가 센 강 좌안에 위치한 언덕에 정착하면서 대학을 만들어 유럽의 학문과 문화의 중심을 실현하였다. 이곳은 대학에서 라틴어로만 말을 했기 때문에 라틴 구역이라 불렸고 지금도 그렇게 불린다. 이 최초의 대학이 1253년에 로베르 드 소르봉Robert de Sorbon 신부가 가난한 학생들을 위해 창설한 파리 대학(일명 소르본 대학)이다. 유럽 대학의 원형으로서 알프스 이북의 거의 모든 대학이 파리 대학을 모델로 만들어졌다. 이로써 파리는 유럽에서 가장 유명한 교육 도시로 부상하였다. 오늘날 파리 대학은 1968년 5월 혁명 이후 13개 대

소르본 대학

학으로 분리되었다. 현 파리 4대학이 아직까지 별칭으로 소르본이라는 이름을 유지하고 있다.

파리, 지하수로, 다리

파리는 서유럽에서 가장 큰 도시가 되었지만, 인구의 급격한 증가로 심각한 물 부족을 겪어야 했다. 당시 파리의 유일한 수원水源인 센 강의 오염과 물 부족 문제를 해결하기 위해 파리의 공학 수도사들은 지하수로를 건설하여 깨끗한 지하수를 파리에 공급할 수 있도록 하였다. 당시 건

퐁뇌프

설된 800m 정도의 수로가 오늘날까지 남아 있다. 19세기 초 정부는 파리 한복판에 인공수로를 건설하여 충분한 수자원을 확보했다. 이때부터 센강은 가뭄에 시달리지 않는다.

파리는 다리의 도시이다. 최초의 다리는 석재로 만든 퐁네프Pont Neuf이다. 28년(1578~1606) 걸려 완공된 퐁네프는 글자 그대로 '새로운 다리'로서 당시의 놀라운 공학 기술을 보여준다. 파리의 37개 다리는 파리의 아름다움을 돋보이게 하고 파리의 발전에 큰 밑거름이 되었다.

파리의 지붕

파리와 유행

17세기 절대왕권을 성립한 루이 14세 때 파리와 근교에 궁전, 성곽, 대저택들이 지어졌다. 건축물들의 우아함과 충만함은 오늘날 큰 관광자원이 되었다. 이 시기에 세계 최초로 패션 디자이너, 헤어 드레서가 나타나, 고급 의상실, 패션 액세서리 같은 사치품 산업이 호황을 누리고 오늘날까지 그 맥을 이어오고 있다. 18세기 철학자 볼테르의 말에 의하면 패션과 유행에 관한 "거의 모든 것이 루이 14세 때 재발명되거나 창조되었다." 그러나 궁전의 사치와 낭비는 민중의 불만을 불러일으켜 대혁명(1789)으로 이어졌다. 나폴레옹 때에 전쟁의 승리를 기념하기 위하여 카루셀Carrousel 개선문과 에투알Etoile 개선문이 세워졌고, 이집트에서 들여온 오벨리스크가 파리를 장식한다.

파리의 근대화

오늘날의 파리로 재창조한 나폴레옹 3세(Napoléon III, 재위 1852~1871)는 황제의 자리에 오르자마자, 1853년 새로운 파리 건설을 파리 시장 오스만(Haussmann, 재임 1853~1870)에게 맡겨 파리의 근대화에 박차를 가했다. 오스만은 파리와 관련된 모든 것들을 중세 때와 전혀 다르게 바꾸었다. 개선문으로 뻗은 도로들과 넓혀진 샹젤리제 등 동서남북을 가로지르는 새 대로는 교통을 원활하게 했다. 도로가 정비되자, 파리에 현대적인 통일성을 주는 오스만의 설계 계획에 따른 건물들이 들어섰다. 전형적인 오스만 스타일은 높이 20m(7층) 건물에 정돈이 잘 된 가게들이 1층에 들어서고, 2층부터 아파트가 자리 잡는 소위 '주상복합형'이었다. 동시에 오페라 가르니에 등 기념비적인 건축물들이 세워졌다. 이러한 19세기 도시미학은 파리를 인간이 사는 데 가장 이상적인 도시로 만들었다.

본격적으로 외부인들에게 파리를 선보인 행사가 바로 1889년 '파리 만국박람회'였다. 이를 기념할 건축물에 대한 필요 욕구로 교량 공학자 구스타브 에펠Gustave Eiffel에게 의뢰하여 높이 300m의 에펠탑Tour Eiffel이 만들어졌다. 에펠탑은 당시 세계에서 가장 높은 철물 구조의 건축물로서 세계 위로 파리를 우뚝 솟아오르게 하는 상징물이 되었다. 그러나 소설가 모파상은 파리 어디에서나 보이는 에펠탑이 흉하다고 비난하면서 이 탑을 보지 않기 위해 에펠탑 밑에 자

파리 시청

알렉산더 3세 다리

주 머물렀다. 에펠탑 바로 옆에 금속 재료로 또 하나의 걸작인 '알렉산더 3세 다리Pont Alexandre III'가 축조되어 파리를 아름답게 장식했다. 파리는 '아름다운 도시'라는 찬사와 함께 20세기 혁신 기술의 도시로 자리 잡아갔다.

에펠탑

파리의 문화 정책

파리는 미술관과 박물관과 도서관의 도시이다. 이는 역대 대통령들의 문화 정책의 결과이다. 조르주 퐁피두Georges Pompidou 대통령은 국립 예술문화센터의 창설에 힘을 기울였으나 재임 중에 사망하자 지스카르 데스탱Valéry Giscard d'Estaing 대통령이 그 뜻을 이어 1977년 '국립 조르주 퐁피두 예술문화 센터Centre national d'art et de culture Georges Pompidou'를 완성한다. 1977년 지스카르 데스탱 대통령은 역의 기능을 상실해 1939년에 문을 닫은 후 오랫동안 방치되어 있던 오르세 기차역을 미술관으로 개축할 계획을 세운다. 1986년 미테랑François Mitterrand 대통령 재임 시에 '오르세 미술관Musée d'Orsay'이 개관한다. 이 미술관 안에는 19세기 중반부터 20세기 초에 이르는 프랑스 미술 작품들,

특히 인상파 작품들을 소장하고 있어 관광객들에게 예술의 순례지로 자리매김하고 있다.

미테랑 대통령은 재임 기간 동안 과거 영광의 재현이라는 '위대한 계획Grands projets' 아래 루브르 박물관의 유리 피라미드, 라데팡스의 신 개선문, 바스티유 오페라 하우스, 국립도서관 등 20세기의 기념비적 건축물들을 세웠다. 이처럼 파리는 찬란한 과거를 바탕으로 현재도 번영을 위한 정책을 국가적으로 끊임없이 세우고 있다.

국립 미테랑 도서관

2) 지방

프랑스는 지방마다 독특한 문화가 있다. 프랑스 전국을 다니다 보면 지역 간 상이한 문화적 특성으로 마치 여러 국가를 여행하는 듯하다. 한 예로 지방마다 서로 다른 방언을 들을 수 있다. 이 방언들끼리는 소통이 전혀 안 된다. 바스크 언어와 브르타뉴 언어와 알자스 언어가 대표적이다. 1980년대 이후 문화의 다양성을 존중하고 지방 문화를 장려하는 많

프랑스 레지옹 지도

은 정책들이 세워져서, 각 지방의 주요 대학은 전통 방언을 교육하고, 지방자치단체는 지방 축제를 부활시켜 많은 관광객을 유치하는 정책을 펼쳤다. 그리고 2003년에 개정된 헌법은 프랑스가 중앙집권형에서 지방분권형 국가로 바뀌었음을 공식 천명하였다.

프랑스의 지방행정 구역은 코뮌(시, commune), 데파르트망(도, département), 레지옹(주, région)으로 나눠진다. 프랑스에서 가장 작은 단위의 지방자치단체는 코뮌으로 36,568개이다. 코뮌은 파리나 리옹과 같이 대도시일 수도 있지만, 우리나라의 동洞이나 리里 정도의 규모로 인구가 1,000명이 넘지 않는 곳도 있다. 코뮌들이 모여 하나의 데파르트망을 구성한다. 현재 프랑스 본토의 96개와 해외 4개를 합쳐 총 100개의 데파르트망은 지방을 보다 효율적으로 관리할 목적으로 만들어졌으며 프랑스의 가장 기본이 되는 행정구역망을 형성한다. 레지옹은 여럿 데파르트망이 속해 있는 규모가 가장 큰 지방자치단체로 총 22개가 있다. 몇몇 레지옹을 전통적인 개념으로 묶은 단위가 권역이다. 수도권, 중부, 중서부, 북부, 북서부, 북동부, 남서부, 동부, 남동부, 해외영토로 총 10개의 권역이 있다.

중부권

중부권은 파리 분지 남쪽에 있으며, 우리나라의 강원도를 연상시킬 정도로 산간 지역이다. 중앙 산악지대가 펼쳐져 있어 지형적 여건이 좋지 않기 때문에 이 권역에는 마땅한 대규모 산업 단지가 발달하지 못했다. 따라서 다른 지역보다 경제적으로 낙후되어 있지만 공기가 좋고 물맛이 매우 좋아 많은 종류의 생수를 생산한다. 자연 경관이 수려하여 영국인들이 은퇴 후 가장 거주하고 싶어 하는 지역으로 꼽히고 있다.

중부권의 레지옹은 오베르뉴Auvergne와 리무쟁Limousin이다. 오베르뉴는 화산지대로 분화구와 온천이 있으며 널리 알려진 생수 비쉬Vichy와 볼빅Volvic을 생산한다. 리무쟁의 중심도시 리모주Limoge는 세계적으로 인정받는 도자기와 육질이 우수한 쇠고기로 유명하다.

중서부권

루아르Loire 강을 중심으로 형성된 중서부권은 페이드라루아르Pays de la Loire, 푸와투샤랑트Poitou-Charentes, 상트르Centre 레지옹으로 구성된다. 페이드라루아르의 주요 도시 낭트Nantes는 루아르 강과 여러 지류가 합류하는 지점에 있어 예로부터 중요한 상업도시이며, 로마시대에는 렌Rennes과 함께 브르타뉴의 중심도시였고 1598년에 앙리 4세가 신구교의 분쟁을 종식시킨 '낭트칙령'을 공포한 곳이다. 인근에 있는 르망Le Mans은 매년 6월 13.48km 경주로를 24시간 달리는 자동차 경주 '르망 24시간 그랑프리'가 열리는 곳이다.

투루 구시가의 집들

상트르는 루아르 강을 따라 아름다운 성들이 많은 관광지이다. 절대왕권의 기틀을 마련한 프랑수와 1세가 왕의 권위를 드높이기 위해 건축한 샹보르 성, 세계 최대의 따피스리가 가득한 앙제 성, 강 위에 만들어져 마치 "물 위에 공기 위에" 떠 있는 것 같은 쉬농소 성, 레오나르도 다빈치 박물관이 있는 르 클로 뤼세 성과 앙부아즈 성, 『잠자는 숲속의 공주』의 배경이 된 위세 성 등 많은 성들이 밀집해 있다.

북부권

북부권은 노르파드칼레Nord-Pas-de-Calais와 피카르디Picardie 레지옹으로 구성된 권역이다. 노르파드칼레의 중심도시 릴Lille은 북부권의 교육과 산업의 중심지이다. 1887년 대학이 세워져 북부권 교육의 중심이며, 벨기에와 인접해 있어 예로부터 북부권 무역의 중심지였다. 섬유공업과 맥주 양조로 유명하다. 영불해협 사이의 중요한 항구도시인 칼레Calais는 런던으로 가는 유로스타의 해저터널이 시작되는 곳이다. 백년전쟁 때 영국군에게 도시가 함락되었을 때 다른 시민들을 구하기 위해 희생을 자처한 '칼레의 시민'으로 유명하다. 피카르디의 중심도시 아미앵Amiens에는 대표적인 고딕양식의 아미엥 대성당이 있다.

북서부권

북서부권은 노르망디Normandie와 브르타뉴Bretagne 레지옹으로 구성된다. 노르망디는 중세 때 바이킹의 공격을 계속 받아오다가, 911년에 샤를 3세Charles III Le Simple가 바이킹에게 양도한 지역이다. 그래서 이 지역을 '북쪽Nord에서 온 사람man'이 사는 땅이라는 의미에서 'Normandie'로 명명했다.

노르망디는 하늘과 물의 반사광과, 시간 흐름에 따른 빛의 변화에 따

몽생미셸

라 다양한 풍경을 보여주며 인상주의 화가들은 이런 풍경을 즐겨 화폭에 담았다. 주요 도시로 모네가 그린 대성당이 있는 루앙Rouen, 코끼리 바위 주변의 절경을 볼 수 있는 에트르타Etretat가 있다. 루앙은 백년전쟁 당시 잔 다르크가 영국군에 넘겨져 화형을 당한 곳으로 프랑스인들에게는 슬픈 역사의 장소로 기억되는 곳이다. 그 외에 모네가 말년에 머무르며 수련을 그린 모네의 저택을 볼 수 있는 지베르니Giverny가 있다. 『잃어버린 시간을 찾아서』의 작가 마르셀 프루스트가 이 정원을 보고 '색채주의자의 정원'이라고 말했다. 노르망디 해변은 영화 〈남과 여〉, 쿠르베의 〈에트르타〉, 모파상의 『여자의 일생』의 배경으로 유명하다.

노르망디와 브르타뉴의 경계에는 수도원 전체가 바다 위에 떠 있는 듯 한 신비로운 경관으로 잘 알려진 섬 몽생미셸Mont Saint-Michel이 있다. 둘레 900m, 높이 78m 정도의 고립된 작은 바위산, 그 꼭대기에 있는 중세의 고딕성당, 그 밑에 펼쳐진 수도원이 인상적이다. 간조가 되면 육지와 연결되고 만조 때에는 바다에 둘러싸인다. 높은 곳에 성당을 지으라는 천사 미카엘의 계시로 이곳을 짓기 시작했다고 한다. 8세기 초부터 장장 8세기 동안 계속 다듬어 만들어진 곳으로 많은 순례자들이 이곳을 방문했다. 1979년 몽생미셸은 종교적, 건축사적인 면에서 매우 중요한 가치를 인정받아 유네스코세계문화유산으로 지정되었다.

크레프

북서부권의 중요한 레지옹인 브르타뉴는 기원전 10세기에 켈트족이 정착하여 프랑스 선조인 골 족을 형성한 지역이다. 카르낙Carnac 열석과 같은 거석 유적을 많이 볼 수 있다. 로마시대를 거치면서 프랑스는 라틴 속어를 사용했으나 이 지역은 전통 언어인 켈트어를 포기하지 않았다. 대혁명 시대에도 정부로부터 언어 탄압을 받았지만 이에 굴하지 않고 지금까지도 방언을 잘 보존하고 있다. 브르타뉴는 해안을 따라 많은 해

스트라스부르의 프티트 프랑스

스트라스부르의 유럽의회

수욕장이 형성되어 여름 바캉스의 중요한 장소이다. 굴 양식장과 어항이 많아 먹거리 여행지로도 각광을 받는다. 세계적으로 유명한 크레프crêpe가 이곳의 향토 음식이다.

북동부권

북동부권에 샹파뉴아르덴Champagne-Ardenne, 알자스Alsace, 로렌Lorraine 레지옹이 속한다. 샹파뉴아르덴의 중심도시는 프랑스 왕들의 즉위식이 거행된 고딕성당으로 유명한 랭스Reims이다. 이 지역은 발포성 포도주인 샴페인의 본 고장이다. 영어식 발음 때문에 샹파뉴가 샴페인이 되었다. 많은 발포성 포도주 중에 오직 이 지역에서 나오는 것만 샴페인이라는 이름을 사용할 수 있다.

알자스와 로렌은 탄광 지역이다. 지하자원이 풍부한 이 지역은 독일과 접경하여 과거에는 양국의 끊임없는 영토 분쟁의 대상이었다. 지역 특산물인 백포도주는 향이 풍부하고, 맛이 감미롭고 부드러워 세계의 포도주 애호가들이 좋아한다. 알자스의 중심도시인 스트라스부르Strasbourg에는 유럽연합의 유럽의회가 있고, 프랑스의 행정을 이끄는 엘리트를 양성하는 국립행정학교ENA, Ecole Nationale d'Administration가 1991년에 옮겨졌다.

남서부권

남서부권에는 미디피레네Midi-Pirénées, 랑그독루시옹Languedoc-Rousillon, 아키텐Aquitaine 레지옹이 있다. 미디피레네의 중심도시인 툴루즈Toulouse는 전통산업과 첨단과학이 공존한다. 예로부터 세계 최고 수준의 염색산업이 발달하였고, 현재는 유럽의 항공우주산업의 중심지이다. 콩코드기, 에어버스, 아리안Ariane 우주로켓이 연구되고 제작된다.

랑그독루시옹은 님Nîmes의 원형극장과 가르 교Pont du Gard 등 고대 로마의 보고이다. 지중해 연안의 항구도시 몽펠리에Montpellier는 랑그독루시옹의 행정, 문화, 상업의 중심도시이며, 파리와 더불어 교육도시로서 12세기에 창설된 의학교는 1289년 창립된 몽펠리에 대학의 전신이다.

아키텐에는 대서양을 서쪽으로 끼고 적포도주 산지인 보르도Bordeaux와 화주 코냑의 산지인 코냑Cognac이 있다. 중심도시인 가론 강 하구의 보르도는 로마시대부터 포도주를 수출했고, 영국의 통치하에서(1154~1453) 영국 전역에 포도주를 수출하여 비약적으로 성장한 도시이다. 그 외에 중세의 성곽이 있는 바이온Bayonne과 나폴레옹 3세가 방문했던 해수욕장 비아리츠Biarritz가 있다.

동부권

동부권은 프랑슈콩테Franche-Comtée 부르고뉴Bourgogne 레지옹이 속하는 권역이다. 프랑슈콩테는 멋과 맛이 있는 지방이다. 이곳은 숲과 초원, 그리고 많은 성곽들이 어우러져 한 폭의 그림을 연상케 하고, 중세부터 내려오는 콩테 치즈와, 이 치즈를 쥐라Jura 지역의 백포도주에 녹여 만든 음식 퐁듀로 유명하며, 17세기부터 시계제조업이 발달한 지역이다.

부르고뉴는 아름다운 포도밭이 펼쳐져 있어 자연경관도 뛰어나며 중심도시인 디종Dijon은 16세기 이전 강력한 힘을 갖었던 부르고뉴 공국의 수도였다. 이곳 전통 요리로 냄비에 해바라기씨 기름을 끓여 작은 크기로 썬 쇠고기를 튀겨 먹는 부르고뉴식 퐁듀가 유명하다. 디종의 겨자는 세계에서 최고이다. 손 강이 흐르는 지역에 포도밭이 밀집해 있다.

남동부권

남동부권은 론알프Rhônes-Alpes 레지옹, 프로방스알프코트다쥐르Provence-Alpes-Côte d'Azur 레지옹, 코르시카Corse 섬으로 구성되어 있다. 론알프는 보졸레Beaujolais 포도주로 유명한 론 강 협곡과 광활한 알프스 산맥을 포괄하는 매우 큰 레지옹이다. 중심도시 리옹Lyon은 프랑스 제2의 도시로 로마시대에 갈리아(프랑스의 옛 이름)의 수도였다. 손 강 우안의 구릉에 공중목욕탕, 극장, 건물터 등 고대 로마의 유적이 많다. 파리와 마르세유를 연결하는 남북 방향과, 보르도와 제네바를 잇는 동서 방향의 교차로에 위치하여 교통의 중심지이다.

알프스 지역의 중심도시이며 몽블랑 산의 등산기지인 샤모니Chamonix는 1924년 제1회 동계올림픽을 개최하면서 세계적으로 이름이 알려졌

몽블랑

다. 알프스 등산의 출발점이고, 동계 스포츠 시설이 매우 잘 갖추어져서 세계 등산가들이 반드시 찾는 도시이다. 샤모니와 이탈리아의 쿠르마유르를 잇는 11.6km의 몽블랑 터널(1957~1965)은 알프스 산맥을 지나가는 주요 통로이다.

프로방스알프코트다쥐르는 프로방스, 지중해, 알프스 일부 지역을 포함하는 광활한 레지옹이다. 중심도시 마르세이유Marseille는 프랑스 최대 항구도시이다. 이 도시 남서쪽 3km 지점에 있는 이프If 섬은 알렉상드르 뒤마의 소설 『몬테크리스토 백작』의 배경으로 유명하다. 대표 음식 부이아베스Bouillabaisse는 일종의 해물탕으로 미식가들의 사랑을 받고 있다. 코트다쥐르 해변은 프랑스 최고의 휴양지로 여름철에 많은 관광객들이 몰려든다. 코트다쥐르의 주요 도시로 샤갈 박물관이 있는 니스Nice, 영화 축제로 유명한 칸Cannes, 해양 박물관이 있는 몬테카를로Monte Carlo가 있다. 아비뇽Avignon은 14세기에 로마 교황을 유폐한 교황청이 있고 여름에는 세계적인 국제연극페스티발이 열려 유명해진 소도시이다.

지중해 서북부에 위치한 코르시카 섬은 도로에 야자나무, 오렌지 나무, 올리브 나무가 심어져 있어 이국적 정취를 듬뿍 만끽할 수 있다. 대표적인 도시인 아작시오Ajaccio에는 나폴레옹 1세의 생가가 있다. 이 지역은 잘 보호된 자연림 덕분에 일 년 내내 관광객의 발길이 끊이지 않는다.

해외 영토

프랑스의 해외 영토는 중앙정부에서 파견한 지사가 행정을 관할하며 본토의 다른 도와 동일한 위상을 갖는 해외도(DOM, Dépaartements d'outre-mer)와 자치 정부를 갖는 해외 자치구(TOM, Territoires d'outre-mer)로 구성되어 있다.

해외도는 구아들루프Guadeloupe, 마르티니크Martinique, 프랑스령 기안Guyane, 레위니옹Réunion 4곳이고, 해외자치구는 누벨칼레도니Nouvelle-Calédonie, 프랑스령 폴리네시아Polynésie française, 왈리스-푸투나 제도Iles Wallis et Futuna, 프랑스 남북국령Terres Australes et Antartiques이다.

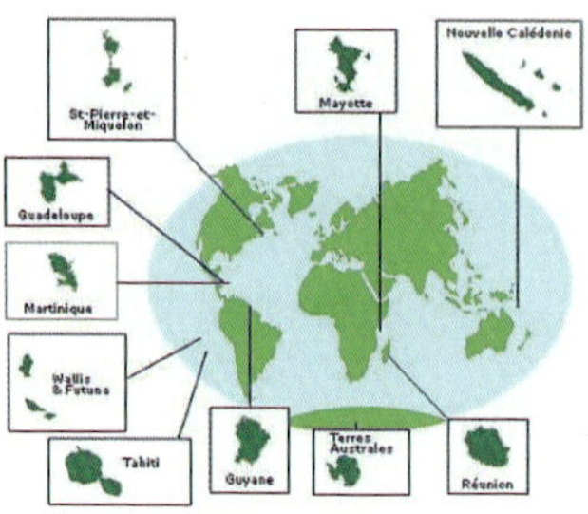

DOM과 TOM 지도

3) 교통

지하철

파리 사람들의 52%가 이용하는 파리 지하철(메트로라고 부름)은 세계 최고의 완벽한 교통망으로 손꼽힌다. 약 5백m 간격으로 지하철역이 있어 조금만 걸어도 역을 만날 수 있다. 파리 사람들은 자신들의 일상을 메트로(지하철), 불로(일), 도도(잠)로 요약하면 된다고 우스갯소리로 말한다. 이처럼 지하철은 일상생활에서 떼어 놓을 수 없다.

파리 지하철은 1900년 7월 19일에 개통되어, 현재 시내 노선 14개와, 파리와 교외를 연결하는 수도권고속전철(RER, Réseau Express Régional) 5개 노선(A, B, C, D, E)이 운행된다. 지하철역은 단순히 이동수단의 공간뿐만 아니라 문화와 교육의 공간으로서 고전 음악이나 샹송을 쉽게 들을 수 있고, 다양한 볼거리로 승객들의 눈과 귀를 즐겁게 해준다. 아르누보Art Nouveau양식의 '팔레 루아이얄' 역 입구, 루브르 박물관의 축소판 같은 '루브르 리볼리 역', 현대 미술관을 옮겨 놓은 듯한 '튈르리 역', 대혁명 당시의 바스티유 감옥과 혁명의 진행과정을 설명하는 '바

파리 지하철역

스티유 역'이 볼만하다. 지하철은 리옹, 마르세유, 릴, 툴루즈에서도 운행되고 있다.

버스

파리 시내버스는 지하철과 함께 '파리교통공사'RATP가 운영한다. 지하철역과 버스 노선은 거미줄처럼 연계되어 있다. 현재 58개 노선의 파리 버스는 '보는' 즐거움을 선사한다. 파리가 지붕 없는 박물관이라면 파리의 버스는 관광 버스이다. '파리교통공사'의 웹사이트에서 운행 시간 및 노선을 다국어로 검색할 수 있다. 파리뿐만 아니라 지방도시에서도 버스 정류장의 전광판이 다음 버스 시간을 알려준다. 상당히 현대화된 프랑스의 모든 버스에는 장애인을 위한 승하차 장치가 부착되어 있다.

기차

TGV

1927년에 설립된 '프랑스 국영철도회사' SNCF, Société Nationale des Chemins de Fer Français가 모든 철도 운행과 관련된 사업을 총괄한다. 파리에 모두 6개의 역이 있다. 1981년 파리-리옹 구간(총길이 427km)을 시작으로 파리와 지방 간 초고속 열차인 테제베

TGV, Train à Grande Vitesse가 운행되고 있다. 승객은 기차에 오르기 전에 반드시 개찰기에 기차표를 넣고 소인을 찍어야 한다. 승객 스스로 개찰을 하지 않은 것이 객차 안에서 검표원에게 적발되면 벌금을 내야 한다. 지방은 지역기차가 운행된다. 유럽 전체의 기차 예약은 프랑스 모든 역에서 가능하다.

북역

파리의 역

- 생라자르역(Gare Saint-Lazare) : 일드프랑스나 노르망디 방면
- 북역(Gare du Nord) : 릴이나 브뤼셀 방면, 유로스타 노선, 독일 방면
- 동역(Gare de l'Est) : 스트라스부르 방면, 독일 방면
- 리옹역(Gare de Lyon) : 마르세유, 리옹, 니스 방면, 이탈리아 방면
- 오스테를리츠역(Gare d'Austerlitz) : 오를레앙 방면과 이탈리아 방면
- 몽파르나스역(Gare Montparnasse) : 투르, 보르도, 툴루즈 등 프랑스 남서부 방면, 스페인 방면

TGV 노선

- 지중해선(TGV Méditerranée) : 파리의 리옹역에서 출발하여 프랑스 남동 방면으로 운행되고, 국외로는 스위스 제네바까지 운행
- 대서양선(TGV Atlantique) : 파리 몽파르나스역에서 출발하여 프랑스 서부 및 남서부 방면으로 운행
- 북유럽선(TGV Nord-Europe) : 파리 북역에서 출발하여 프랑스 북부 지역의 주요 도시로 운행

항공

프랑스의 80개의 공항 중 대표적인 공항은 파리의 오를리 공항Aéroport d'Orly과 루아시의 샤를 드골 공항Aéroport de Roissy Charles de Gaulle이다. 전체 여행자의 58%와 화물수송의 85%를 파리 공항이 담당한다. 오를리 공항은 파리에서 남쪽으로 14km 떨어진 곳에 있다. 이 공항은 점점 증가하는 항공편을 수용할 수 없어 신축된 샤를 드골 공항에 국제공항의 자리를 내주고, 지금은 국내선과 근거리 국제선의 일부만을 운항한다. 1974년 파리에서 동북쪽으로 23km 떨어진 곳에 오를리 공항의 후속 공항으로 루아시에 샤를드골 공항이 건설되었으며, 외국 항공 회사가 사용하는 터미널CDG1과 '에어 프랑스' 전용 터미널 CDG2가 있다.

외국행 비행은 에어 프랑스Air France(80개국 190행선지)와 위테아UTA(30개국 35행선지) 두 회사가 전담하고 있다. 에어 앵테르Air Inter는 약 1,600만 명을 35개의 국내 행선지로 실어 나르고 있다. 이용객이 가장 많은 지방공항은 리옹, 마르세유, 툴루즈, 니스, 몽펠리에, 보르도 등이다.

2장 어제의 프랑스

EMPIRE DE CHARLEMAGNE
en 814
AVEC LA DIVISION EN TROIS ROYAUMES
faite en 806
et le partage de Verdun 843
OCÉAN GERMANIQUE
MER BALTIQUE
IRLANDE
BRETAGNE
BOHÊME (Tchèques)
BAVIÈRE
ADRIATIQUE
ROY.ME DES ASTURIES ou D'OVIEDO
KHALIFAT DE CORDOUE
CORSE
SARDAIGNE
Minorque
Majorque
MÉDITERRANÉE
Librairie HACHETTE et Cie à Paris

1. 골족과 아스테릭스

1) 선사시대

프랑스에는 구석기 유물들이 많다. 그 중 대표적인 유물이 1979년 유네스코 세계문화유산으로 지정된 라스코Lascaux 동굴벽화이다. 1940년에 발견된 벽화의 연대는 기원전 약 1만 5천 년경으로 추정된다. 당시 원시인들은 도르도뉴 강 유역에 살면서 생존과 밀접한 사냥 장면과, 소, 말, 사슴 등 사냥감을 벽화로 표현하였다. 이 벽화는 데생의 완벽함과 색채의 화려함으로 일명 '선사시대의 베르사이유'로 불린다.

라스코 동굴 벽화

들소와 사람

특히 학계와 예술계의 비상한 관심을 끄는 벽화 〈들소와 사람〉은 큰 들소를 사냥하는 과정에서 희생된 나약한 인간의 운명을 잘 표현했다. 일각에서는 이 작품이 단순한 그림이 아닌, 죽음에 대한 원시인의 사상을 기호화하여 표출한 일종의 문자와 같은 메시지로 보고 있다. 이런 의견을 제시하는 이유는 다른 벽화에서 대상물들이 사실적이고 세밀하게 그려진 데 반해, 〈들소와 사람〉에서 누워 있는 사람과 새를 무척 간략하게 형태만 표현했다는 점이다.

신석기 시대의 대표적인 유물은 단연 기원전 5천년 경에 만들어진 고인돌이나 선돌과 같은 거석 유적이다. 브르타뉴에서 다양한 거석 유적들을 쉽게 볼 수 있다. 그 중 약 3천 개의 돌이 4km 줄지어 있는 카르낙Carnac의 열석列石은 신석기시대 말기로 추정된다. 이 열석에 대해 태양력으로 사용되었다는 주장, 노천 신전이라는 주장, 토지 소유의 경계 구분으로 이용했다는 견해 등이 있다. 당시의 사람들은 마제석기를 사용했으며, 목축과 농업기술 및 방위 시설을 갖춘 집단적 촌락을 형성하여 공동생활을 한 것으로 보인다.

2) 켈트족 시대의 골

라인 강 이북 지역에서 주로 활동한 켈트족 중의 일부 세력이 현재의 브르타뉴, 알프스, 피레네 지역으로 이동하여 기원전 10세기경에 현재의 프랑스인 갈리아에 정착하였다. 이들 이전에 이미 리구르 족, 이베르 족, 아키텐 족이 갈리아 남부 지방에서 집단생활을 하며 농경사회를 이루었다. 전사의 기질을 갖고 있던 켈트인들은 빠른 속도로 갈리아 토착민들을 예속시켜 거대한 골 족을 형성하였다. 언어는 켈트어의 한 방언이었고 문자가 없어 역사 기록을 남기지 못했다.

로마에게 정복되기 전 골 족에 대한 역사기록은 그리스 철학자 포세이도니오스(Poseidonios, 135-51 BC)의 소실된 저술들이다. 골 족 사회는 무사, 의사, 점성가로서 최고 법관의 지위를 지닌 신관(드루이드 Druide) 아래 귀족, 시민, 노예의 세 집단이 있었다. 최상위 계급인 신관은 매년 종교 · 정치적 집회를 주관했다. 종교는 영혼불멸을 믿는 다신교로, 신관의 신탁에 따라 부족 사람들은 동물과 사람을 희생물로 바치고 제사를 지냈다. 지주계급인 귀족은 전사의 역할을 수행했다. 시민과 노예는 하층계급으로 귀족의 피보호자였다.

골 족의 부족들은 군사·경제적 이해관계로 연합하여 시테(도시국가)를 이루었다. 부족 사이에 견제가 심해 골 족은 통일 국가 형태를 갖추지 못했다. 율리우스 카이사르의 『갈리아 전기戰記』(B.C. 58~51)에 골 족이 전사의 기질을 갖고 있지만 군기문란과 고지식함으로 단결된 세력을 형성하지 못했다고 기술되어 있다. 그러나 골 족은 뛰어난 지성과 두뇌로 당시로서는 매우 발달된 도로망과 바닷길을 구축

알레지아에서 포위되어 사로잡힌 골 족의 대장 베르생제토릭스

하였다.

기원전 3세기경 골 족의 일부가 로마를 공격하기도 하였다. 이런 시도는 강성한 로마와 정면으로 충돌하게 된다. 기원전 125년 로마는 갈리아 남부에 속주Provincia를 설치한 후 차츰 북상하여 갈리아 전 지역을 공격하였다. 이에 맞서 기원전 52년에 골 족의 통합군 수장인 베르생제토릭스Vercingétorix는 로마군에 전면전을 펼치며 저항하였지만, 결국 힘의 열세로 카이사르에게 패배하였다. 이렇게 갈리아는 로마의 속국이 되는 운명을 맞는다.

3) 로마시대의 골

로마의 지배 하에 갈리아 지역은 빠른 속도로 로마화한다. 골 족은 켈트어를 과감히 버리고 로마의 라틴어를 공용어로 사용하고, 로마의 국교인 기독교를 수용하였다. 남부 도시들은 로마를 모델로 삼아 변하였다. 갈리아의 수도인 리옹(루그두눔)은 로마를 방불케 하는 도시 미관과 시설을 갖추었다. 원형경기장, 극장, 공중목욕탕, 개선문, 수로가 세워지고, 주택은 회반죽을 사용하여 화려한 미관으로 꾸몄다. 이렇게 로마화된 리옹에서 매년 골 족들의 대표자들이 모여 회의를 갖었다. 이런 로마화는 다른 도시에서도 급속히 진행되어, 님, 엑상프로방스Aix-en-Provence, 아를르, 오랑주 등 남부 프랑스를 시작으로 점점 북상하여 보르도, 오탱Hautain, 뤼테스와 같은 도시가 새롭게 태어났다. 도시들은 포장도로로 연결되어 활발한 소통이 이루어졌다. 님에는 2만 3천여 개의 좌석을 갖춘 원형경기장이 완벽하게 보존되어 지금까지 공연장으로 쓰인다.

아를르의 원형경기장

그러나 로마의 지배는 계속되지 못했다. 힘이 약해진 로마가 속국에 조세 부담을 지우자 속국의 도시들도 점차 쇠락하였다. 게다가 게르만족의 남하로 지배층은 사병과 하인을 데리고 도시를 떠나 시골에 있는 자신들의 넓은 대지로 이동하여 그곳을 기반으로 새로운 세력을 형성하였다. 프랑스의 봉건제는 이렇게 시작하였다.

아스테릭스(Astérix)

『아스테릭스』는 프랑스 국민이라면 남녀노소 누구나 사랑하는 만화이다. 1961년에 위데르조(Uderzo)의 그림과 고시니(Goscinny)의 글로 첫 권이 나온 후 지금까지 31권이 출간되었고, 에스페란토어와 힌두어를 포함, 세계 42개 국어로 번역되었다. 기원전 52년 골 족이 카이사르의 로마 군대에 패하여 갈리아 지역이 로마의 지배하에 들어가는 시대가 『아스테릭스』의 배경이다.

키 작고 왜소하지만 꾀 많고 영리한 아스테릭스는 신관 파노라믹스가 만든 마법의 묘약을 마시고 어려운 문제를 해결한다. 그의 둘도 없는 친구 오벨릭스는 모험심이 강하며 고인돌을 짊어지고 다닐 만큼 엄청난 힘의 소유자다. 오벨릭스의 다혈질적인 성격은 현명한 아스테릭스에 의해 통제되면서 이 두 사람이 힘을 합쳐 정복군인 로마병사들을 곤경에 빠뜨리고 마을을 지킨다는 내용이다. 이런 이야기가 프랑스적 유머로 무척 흥미롭게 묘사되어 독자들의 웃음을 자아낸다. 프랑스인들은 이 작품의 수준 높은 그림과 창의적인 텍스트를 통해 희극적인 요소를 느끼며 또한 자신들의 조상이 로마인들에게 굴복한 역사적 사실을 가상으로 극복하는 코믹한 설정으로 심리적 만족감을 얻기도 한다.

아스테릭스 캐릭터는 프랑스 문화 상품 중에서 가장 수익성이 높으며 이 캐릭터를 이용한 테마공원이 1989년에 파리 북쪽에 있는 샤를 드골 공항 인근 지역에 만들어졌다. 아스테릭스에 대한 프랑스 국민들의 열광은 1999년에 개봉된 영화 〈아스테릭스〉에까지 계속된다. 프랑스 영화사상 가장 많은 제작비인 4,900만 달러가 투자된 이 영화는, 개봉 첫날 프랑스에서만 42만 명의 관객이 몰려 대성공을 거두었다.

영화 〈아스테릭스〉 포스터

2. 클로비스에서 잔 다르크까지

프랑스를 포함한 유럽 중세는 서로마 제국의 멸망(476)부터 영국과 프랑스 사이에 벌어진 100년 전쟁(1337~1453)이 끝나는 15세기 말까지를 일컫는다. 서로마 제국의 멸망은 한랭한 기후와 게르만족의 이동과 관련이 있다. 서진하는 훈족을 피해 게르만족은 파괴적인 무력을 행사하며 유럽의 남서부로 대이동하였다. 이미 쇠락한 서로마 제국은 이를 견디지 못하고 패망하였다. 중세를 세 시기로 구분하면, 봉건제도가 발생하고 정착하는 초기(5~10세기), 사회, 문화, 예술, 경제, 정치적 부흥기인 전성기(11~13세기), 전쟁과 흑사병으로 위기의 시대이면서 근대의 준비기인 말기(14~15세기)이다.

1) 클로비스와 프랑크 왕국

클로비스Clovis는 프랑스 역사상 최초의 왕이다. 게르만 계통인 프랑크족의 수장인 클로비스는 476년 서로마 제국의 멸망 이후, 오늘날 프랑스의 대부분을 20여 년에 걸쳐 통일하였다. 클로비스는 북쪽으로 라인 강 하류에서 남쪽으로 피레네 산맥에 이르는 지역에 프랑크 왕국을 건설하고, 파리를 수도로 정하였다. 496년 정통 아타나시우스파 기독교로 개종

하여 로마 가톨릭교회 및 로마 귀족의 지지를 얻었다. 이것이 메로빙거 왕조la dynastie mérovingienne의 시작(481)이다. 메로빙거 왕조에서 독자적인 프랑스 사회가 성립한다.

클로비스

왕국은 다고베르 왕(Dagobert, 재위 624~634) 사후에 클로비스 후손들의 유혈정쟁, 영토분쟁, 방만한 궁정운영으로 인하여 무기력한 나라로 추락하였다. 결국 8세기에 궁재宮宰인 마르텔(Charles Martel, 재임 714~741)이 이슬람 세력을 물리치고 왕국의 모든 통치력을 장악하였다. 그의 아들 페팽(Pépin, 재위 751~768)이 유명무실한 메로빙거 왕조를 몰아내고 카롤링거 왕조la dynastie carolingienne를 세웠다. 페팽의 아들 샤를마뉴 대제(Charlemagne, 재위 768~814)는 지속적인 군사 원정으로 현재의 프랑스, 독일, 오스트리아, 이탈리아 지역을 아우르는 방대한 영토를 차지하였다. 800년 로마 교황 레오 3세가 샤를마뉴 대제에게 서로마 황제관을 부여하고 서로마 황제라 칭하였다. 샤를마뉴 대제는 프랑크 왕국의 법령집을 입안하고, 지방 영주들에게 권력을 부여하고, 중앙의 지휘를 받는 순찰사들을 통해 그들을 통제하였다. 그는 교회의 협력을 얻어 강력한 행정을 펼쳤다. 이 시기에 백작, 공작, 남작 등의 칭호가 만들어졌다.

샤를르마뉴

샤를르마뉴의 대관식

843년 샤를마뉴 대제의 세 손자(루이 경건왕Louis le Pieux의 세 아들)는 유럽 최초의 조약인 베르덩 조약을 통하여 제국을 셋으로 분할하였다. 이 세 왕국은 서유럽의 세 근대국가 프랑스, 독일, 이탈리아의 모태가 되었다. 샤를마뉴 대제의 후계자들 간의 영토 싸움과 바이킹족의 침입으로 카롤링거 왕조는 쇠퇴한다. 911년 샤를 3세가 바이킹족의 요구대로 노르망디 지역을 양도하였다. 이 과정에서 왕의 힘은 점점 약해지고, 지방 제후들의 권력이 강화되었다.

987년 일드프랑스 공작인 위그 카페Hugues Capé가 카페 왕조la dynastie

capétienne를 건립하였다. 1066년 노르망디 공국의 기욤(윌리엄) 공이 영국을 정복하였다. 이때부터 1362년 에드워드 3세가 프랑스어 사용금지 칙령을 발표하기까지 영국의 왕실, 사법, 교육, 종교, 문학 등 모든 분야에서 프랑스어가 사용되어 프랑스의 문화와 예술이 영국에 막대한 영향력을 행사하였다. 헨리 1세의 외손자인 앙주 백작(헨리 2세)이 1152년 아키텐 공작의 상속녀 알리에노르와 결혼하고 1154년 잉글랜드 왕위를 물려받아 아일랜드에서 피레네 산맥과 지중해에 이르는 광대한 앙주 왕국이 형성되기도 하였다. 1214년 필립 2세가 부빈 전투에서 신성로마 제국 오토 4세와 연합한 영국의 존 왕을 격파하여 프랑스 내의 광대한 영국 영지를 회복하였다. 프랑스와 영국 간의 이러한 역사는 100년 전쟁의 단초가 되었다.

2) 십자군 원정

11세기에 이르러 4세기 이후 중단된 예루살렘 성지순례가 재개되고 십자군 원정이 시작된다. 2세기 이상 지속된 원정은 다양한 면에서 동서양의 교류를 촉진시킴으로써 서양은 한층 더 물질적으로 풍요로워졌고, 예법과 취미가 더욱 세련되어졌으며, 지적 분야에서도 진보하였다. 13세기는

십자군원정

성왕 루이 9세Saint Louis의 세기이다. 그는 사회 전반에 걸친 다양한 개혁을 수행하여 프랑스에 평화와 번영을 안겨주었다. 그는 기독교의 절대적 신비주의에 심취하여 두 번 십자군 원정에 참여하였고, 두 번째 원정에서 흑사병으로 사망하였다.

3) 백년전쟁(1337~1453)

백년전쟁의 발단은 정치와 경제 양면에 있다. 1328년에 샤를 4세가 후사 없이 사망하자, 사촌인 발루아가 필립 4세로 왕위에 오른다. 이때 선왕의 누이 동생인 이자벨과 에드워드 2세 사이에서 태어난 영국 왕 에드워드 3세가 왕위를 요구하게 된다. 프랑스는 영국이 점유하고 있던 기엔 지방과 보르도 지역을 되찾고자 하였으며, 양모 산업이 발달한 플랑드르 지방을 지배하고자 하였다. 이러한 정치·경제적 상황이 프랑스와 영국을 백년전쟁으로 이끌고 갔다.

잔 다르크

백년전쟁은 4단계로 구분할 수 있다. 1단계(1337~1360)에서 영국이 승리하고, 2단계(1364~1380)에서 프랑스가 승리하였다. 3단계(1414~1431)에서 영국이 승리하지만 잔 다르크(Jeanne d'Arc, 1412~1431)의 등장이 전세에 영향을 미쳤고, 마지막 4단계(1435~1453)에서 영국과 동맹을 맺고 있던 부르고뉴 공작과 아라스

조약(1435)을 체결한 프랑스가 승리함으로써 백년전쟁이 끝을 맺는다.

백년전쟁의 3단계에 해당하는 1429년에 양치기 소녀 잔 다르크는 오를레앙을 해방하는 등 일시적으로 전세를 역전시키면서 영국군을 후퇴시켰지만, 파리에서 포로가 되어 영국군에게 양도되었으며, 1431년에 루앙에서 마녀로 몰려 화형에 처해진다. 백년전쟁은 프랑스 민족주의를 고취시켰으며, 국왕을 구심점으로 절대왕권을 강화하였고, 귀족의 세력을 약화시켰으며, 영토와 언어를 통일시키는 계기가 되었다. 백년전쟁 이후 프랑스는 왕성한 회복 능력을 발휘하여 유럽을 주도하는 국가로 재탄생하였다.

4) 중세의 특징

중세 사회구조의 특징으로 봉건주의를 들 수 있다. 새로운 정치적, 사회적 조직이 형성되어 넓은 영토를 소유한 영주들이 권력을 행사하여 왕권의 약화를 초래하였다. 영주들은 가신들에게 군사적, 재정적 도움은 물론 충성을 맹세하도록 요구하고, 대신 그들에게 봉토를 제공하여 성내에서의 생활을 보장하였다.

프랑스의 중세는 여타 유럽 국가들에서와 마찬가지로 모든 영역에 걸쳐 종교 중심 시대였기 때문에 교회의 영향력이 매우 강했다. 이러한 상황에서 11세기~13세기에 걸친 십자군 원정이 일어난다. 새로운 경제적 변화들로 인하여 상인들과 장인들의 협동조합인 길드가 조직되고 상업이 발달하였다. 이 시기에 '부르bourg에 사는 사람들'이라는 뜻의 부르주아bourgeois들이 등장, 도시의 행정을 관리할 권리를 획득하였고 부를 축적하였다.

중세는 한 때 암흑의 시대로 일컬어졌지만, 최초의 무훈시, 기사도 소설 등 문학이 발흥하고 고딕성당 같은 교회 건축이 발달하는 등 상당한 문화적 진보가 이루어진 시기이다.

3. 르네상스에서 대혁명까지

1) 16세기와 르네상스

르네상스Renaissance의 말뜻은 '재생, 부활'이며, 고대 그리스, 로마의 문화를 부흥시킴으로써 새로운 문화를 창출하려 한 14~16세기의 문예부흥 운동이다. 이탈리아보다 1세기 늦은 16세기에 프랑스 르네상스는 프랑수아 1세(재위 1515~47) 초기에 시작되어 종교전쟁 발발(1562) 때까지 꽃을 피운다. 샤를 8세가 1494년 이탈리아 원정을 시작한 이래 프랑스는 1559년까지 5~6회에 걸쳐 이탈리아 원정을 행하는 과정에서 프랑스 왕들이 이탈리아의 향락적이며 풍요로운 생활과 예술, 특히 미술과 건축에 매료되어 이탈리아의 문물을 적극 수입하고 모방하였다. 프랑수아 1세 재위시에 루아르 강가에 세워진 아제 르 리도, 쉬농소, 샹보르와 같은 성들이 프랑스의 르네상스의 첫 번째 물결을 대표한다.

프랑수와 1세

1517년 마르틴 루터에 의해 종교개혁의 불길이 오르자 소르본 신학부는 1521년 루터를 이단으로 단정하였다. 1525년 르페브르Lefevre를 중심으로 하는 개혁그룹의 모임이 탄압으로 해산되자, 그 모임의 일원이었던 파렐Farel은 제네바에 가서 개혁운동을 일으켰다. 파렐의 개혁운동은 역시 칼뱅에게 계승되었으며, 칼뱅의 제네바 교회가 프랑스의 개신교 교회를 지도하게 된다. 1536년 칼뱅이 『기독교 강요綱要』를 간행하고 복음주의의 중심인물이 되면서 프랑스의 개신교는 급격하게 확산되었다. 1534년 미사반대 벽보 사건을 계기로 프랑스의 신교도들인 위그노에 대한 탄압이 본격화되었고, 신교에 대한 박해는 1562년 종교전쟁으로 발전하였다. 1572년 8월 23-24일 밤에는 후에 앙리 4세가 된 앙리 드 나바르와 마르그리트 드 발루아의 결혼을 축하하기 위해 파리에 모여든 신교도들이 가톨릭 동맹 측에 의해 무참히 살해되는 생 바르텔레미 대학살이 일어났다. 종교전쟁은 1598년 앙리 4세가 신교도들에게 종교의 자유를 허용하는 낭트 칙령을 발표하면서 막을 내린다. 이 내란 시기는 르네상스 시기와 달리 문화적으로 매우 빈곤한 시기였다.

2) 17세기와 절대왕정

프랑스의 17세기는 '위대한 세기Grand Siècle'이다. 강력한 왕권과 중앙집권제로 특징지어지는 절대주의는 앙리 4세(재위 1598~1610)가 기초를 확립되고, 루이 13세와 재상 리슐리외 추기경의 효과적인 국가운영 및 외교정책에 힘입어 안정기에 들어가, 루이 14세(재위 1638~1715) 시기에 절정에 달한다. 재상 마자랭 추기경과 부르주아 출신의 재무대신 콜베르의 보필을 받은 태양왕 루이 14세는 유럽대륙 최강의 절대왕권을 수립하고,

루이 14세

베르사이유 궁전

이를 기반으로 프랑스를 경제, 문화, 군사력 모두 역사상 최강의 위치에 올렸다. 이 시기에 현재에 가까운 국경이 확립된다. 프랑스의 궁정 문화는 전 유럽의 왕가에 퍼졌다. 루이 14세는 교회와 왕권을 결합하여 그것에 절대적 성격을 부여하였다. 강화되는 왕권에 맞서 귀족들이 일으킨 두 차례의 프롱드 난(1648~1649)과 고등법원Parlement의 프롱드 난(1650~1653년의 대귀족의 프롱드)을 겪은 루이 14세는 귀족들을 견제하기 위해 부르주아들을 중용하였다. 절대왕정 하에 힘을 키운 부르주아들은 후에 프랑스 혁명의 주체가 된다.

1635년에 설립된 아카데미 프랑세즈Académie française는 프랑스어를 순화·정리하였고, 살롱을 중심으로 귀족 계급의 사교계가 형성되었으며, 이성주의(합리주의)의 토대 위에 언어학, 경제학, 자연과학 등의 기초가 구축되었다.

3) 18세기와 프랑스 대혁명

1789년 7월 14일 발발하여 1894년 7월 28일까지 전개된 프랑스 대혁명은 근대 시민혁명의 완결판으로서 세계사적 의미를 갖는다. 대혁명의 원인은 신분제의 문제로 요약되는 구체제(앙시앵 레짐)의 모순들, 그리고 그것과 연관된 재정 악화였다. 구체제 하에서 인구의 2%밖에 안 되는 제1신분(가톨릭 성직자)과 제2신분(귀족)은 면세 혜택을 누리면서, 주요 관직을 독점하였고, 인구의 약 98%를 차지하던 제3신분(평민)은 무거운 세금을 부담하면서도 정치 과정에서 배제되었다. 재정이 악화되면서 제3신분에게 부과되는 세금이 점점 과중해지자 시민 계급을 중심으로 불만이 극에 달하였다.

모든 사람은 평등하며, 인간의 존엄성을 훼손하는 사회 체제에 저항해야 한다는 루소, 몽테스키외, 디드로 등 계몽사상가들은 이성을 무기로 왕권과 교회를 비판하고 사회적 불합리를 고발하였다. 루이 16세는 시민들의 불만을 잠재우려 귀족계급에게도 세금을 부과하는 개혁을 하려 하였으나 귀족들은 개혁안을 거부하고 삼부회 소집을 요구하였다. 국왕은 1789년 5월 5일 베르사유 궁에서 삼부회를 소집하여 신분별 표결방식에 반대하였다. 제3신분 대표가 요구한 머리수 표결방식이 채택되지 않자 미라보, 시에예스 등 제3신분 대표들은 6월 20일 독자적으로 국민의회를 결성하였다. 국민의회는 7월 9일 헌법제정의회라 개칭하였다. 왕당파가 헌법제정의회를 무력탄압하려 하자 7월 14일 파리 민중들은 무기를 탈취하기 위하여 바스티유 감옥을 습격하였다.

전국적으로 봉기가 일어나는 가운데 8월 4일 헌법제정의회는 봉건적

인권선언문

바스티유 감옥습격

신분제와 영주제의 폐지를 단행하였다. 8월 26일 헌법제정의회는 인간의 자유, 평등, 국민주권, 법 앞의 평등, 사상의 자유, 과세의 평등, 소유권의 신성화 등 신질서의 기본 원칙들을 담은 인권선언('인간과 시민의 권리 선언')을 채택하였다. 이 인권선언 선포는 근대 민주주의 발전에서 일대 기념비적 사건이었다.

1791년 9월 말 헌법제정의회는 프랑스 최초의 헌법을 제정한 뒤 해산하였다. 1792년 9월 21일 성립한 국민공회는 왕정을 폐지하고 공화정을 채택하였다. 혁명 노선을 둘러싸고 온건 지롱드파와 급진 산악파가 대립하던 중, 산악파의 주도하에 1793년 1월 국왕이 처형되었다. 국왕이 처형되자 프로이센, 오스트리아와 함께 영국, 네덜란드, 에스파니아, 나폴리,

로마교황 등이 잇따라 참전하여 대 프랑스 동맹을 결성하였다. 이어 1793년 7월 산악파의 핵심 지도자 마라가 암살되고, 8월 프랑스군이 밀리고 도시의 식량위기가 전개되면서, 자코뱅파 영수인 로베스피에르의 공포정치가 시작된다. 공포정치는 1794년 7월 28일 로베스피에르가 처형되는 '테르미도르의 반동'으로 종식되었으며, 그와 함께 혁명도 사실상 종결되었다. 그러나 대외 혁명전쟁은 지속되었고 무능한 총재정부 하에서 대중의 생활고가 가중되는 가운데 1799년 11월 나폴레옹이 '브뤼메르 18일의 쿠데타'로 집권하게 된다.

프랑스 대혁명으로 봉건적 특권이 소멸되었고, 사회적 평등이 법률로서 규정되었으며, 교회가 힘을 잃고 국가와 사회가 세속화되었고, 독자적인 법률과 관습을 지닌 여러 지역으로 구성되어 있던 프랑스가 통일된 근대 국가를 이루게 되었다. 혁명의 슬로건이었던 자유와 평등 그리고 박애가 보편적 가치가 되었고, 국민주권은 거스를 수 없는 정치 이념이 되었다.

4. 나폴레옹에서 드골까지

코르시카의 소귀족 출신인 나폴레옹(Napoléon Bonaparte, 1769~1821)은 1795년 프랑스 대혁명 과정에서 왕당파의 폭동을 진압하면서 정치 무대의 전면에 등장하였다. 이후에 프랑스는 5명의 총재에게 행정권을 부여하는 총재정부(1795~1799)를 수립하고 나폴레옹은 총재 중 1인이 된다. 1796~97년의 이탈리아 원정과 오스트리아의 빈 점령으로 명성을 얻은 나폴레옹

나폴레옹 1세

나폴레옹 황제즉위식

은 1798년 이집트 전투에서 승리하였다. 1799년 7월 나일 강 하구의 아부키르 만 전투에서 프랑스 해군이 영국 넬슨 함대에 궤멸적 타격을 받자, 나폴레옹은 혼자 이집트를 탈출하여 10월 귀국하였고, 11월 쿠데타를 일으켰다. 그는 3명의 통령을 두는 새 헌법을 만들고 10년 임기의 제1통령이 되었다. 불과 30세의 나이에 프랑스 정권을 자신의 손아귀에 넣은 것이다.

1) 제1제정(1804~1815)

나폴레옹은 정권을 장악한 후 자신의 통령 임기를 종신제로 바꾸어, 통령정부(1799~1804)를 세우고 종신통령이 된다. 그는 행정을 개혁하고, 은행 설립과 박람회 조직으로 산업발달에 박차를 가하며, 나폴레옹 법전을 완성하여 중앙집권화를 도모하였다. 1804년 그는 스스로 황제가 되기 위한 국민투표를 시행, 황제에 즉위하였다. 나폴레옹은 교황 피우스 7세로부터 나폴레옹 1세라는 칭호를 받는다. 그는 "황제란 왕과 같이 때 묻은 지위가 아니라 민중의 군주"라고 말함으로써 황제 즉위에 정당성을 부여하였다.

황제가 된 나폴레옹은 영국을 최우선의 적으로 간주하고 공격하였지만, 1805년 트라팔가 해전에서 넬슨이 이끄는 영국 해군에게 패배하였다. 그러나 1805년 12월 오스테를리츠 전투에서 오스트리아와 러시아의 동맹군을 무찌른 이후, 프랑스군은 유럽 전체를 제압하기에 이른다. 그는 1812년 6월 러시아 원정에서 엄청난 인명 손실을 입고, 천신만고 끝에 프랑스로 귀환하였다. 1814년 3월 영국, 러시아, 프러시아, 오스트리아로 이루어진 연합군이 파리를 점령하였고, 나폴레옹은 엘바 섬으로 유배되었다. 1815년 3월 엘바 섬에서 극적으로 탈출한 그는 파리로 돌아와 황제에 다시 즉위하였으나, 6월에 영국의 웰링턴이 이끄는 워털루 전투에서 패배하였고, 대서양의 세인트 헬레나 섬으로 유배되어 사망하였다.

2) 왕정복고, 7월 혁명, 2월 혁명(1815~1848)

빈 회의(1814)를 거쳐 루이 16세의 동생 루이 18세(재위 1815~1824)가 왕위에 즉위하여 왕정이 복고된다. 그러나 샤를 10세가 1825년에 발생한 공황에 대해 적절한 정책을 제시하지 못하여 대중의 고통이 깊어간 가운데 1830년 의회선거 결과를 무시하자 7월 혁명이 발발한다. 파리 민중은 정부에 대항하여 시가전을 벌여 승리를 쟁취하였고, 샤를 10세가 영국으로 망명하고 오를레앙 공작 루이—필립Louis-Philippe이 왕위에 올랐다. 혁명의 결과로 보수적인 입헌왕정이 자유주의적인 입헌왕정으로 바뀌었다. 1848년 경제 불황이 계속되는 가운데 파리 시민들이 왕정에 대항해 일어섰다. 2월 24일에 정부가 붕괴되고, 국왕 루이 필립은 영국으로 망명하였다.

3) 제2공화국(1848~1851)

2월 혁명 이후 사회주의 세력과 공화주의 세력 사이에 새로운 정부 수립에 대한 이해가 상충하는 가운데 이를 절충한 제2공화정이 등장하였다. 시인이며 공화주의자인 라마르틴(Alphonse de Lamartine, 1790~1869)을 수반

나폴레옹 III세

으로 임시 정부가 수립되었다. 11월에 삼권 분립의 원칙과 민주공화정을 표방하는 제2공화국 헌법이 제정되었고, 보통선거에 의한 대통령 선거에서 나폴레옹의 조카인 루이 나폴레옹이 삼촌의 후광으로 승리하여 대통령이 되었다. 그러나 그는 3년 후 의회를 해산하고 국민투표를 통해 황제로 즉위하여 나폴레옹 3세가 되었고, 그리하여 제2제정이 시작된다.

4) 제2제정(1852~1870)

제2제정은 외견상 의회주의를 표방하였으나, 보수적인 농민층을 지지 기반으로 독재정치 체제를 유지하였다. 나폴레옹 3세(재위 1852~1870)는 대규모 공공사업을 통해 파리를 재건하고, 국내 산업 발전, 교육 개혁, 아프리카와 인도차이나 식민지 확대 등의 성과를 이루었다. 그러나 그는 노동자의 단결을 금지하고, 군대와 경찰을 동원해 반정부 운동을 강압하는 등, 실정과 대외정책의 실패로 민심을 잃었다. 프로이센과의 전쟁에서 패배한 후 1870년 나폴레옹 3세가 영국으로 망명함으로써 제2제정이 끝난다. 패전 후 1871년 아돌프 티에르를 대통령으로 제3공화국(1871~1940)이 수립되었다. 파리의 시민군과 노동자들은 역사상 최초로 사회주의 정책을 표방한 노동자 정권인 파리코뮌(Paris Commune, 1871)을 수립하고 대 프로이센 결사항전을 주장하였지만, 1871년

5월 28일 정부군의 잔혹한 진압으로 파리 코뮌은 두 달 만에 붕괴하였다.

5) 제3공화국의 출발(1871)

프로이센에게 패전한 후 새 정부의 형태와 성격의 문제로 왕당파와 공화파가 대립하였지만 결국 공화파가 승리하여 제3공화국이 수립되었다. 1875년 3월 삼권분립과 보통선거를 근간으로 임기 7년의 대통령을 상하 양원의 합동 회의에서 선출하는 헌법이 새로 제정되었다. 이 헌법은 오늘날 프랑스 공화국과 민주정치의 기초를 마련한 것으로 평가된다. 제3공화국은 1940년 프랑스가 독일에게 점령당하고 비시 괴뢰정부가 들어섬으로써 끝이 난다.

6) 제1차 세계대전(1914~1919)

1914년 8월 3일 독일이 프랑스에 전쟁을 선포함으로써 개시된 전쟁은 독일, 오스트리아, 이탈리아 3국의 동맹군과 프랑스, 영국, 러시아의 연합군 간의 전쟁으로 확대되었다. 미국이 연합군에 합세하면서 독일이 패배하였다. 그 결과 연합국과 독일 사이에

개선문 아래에 있는
제1차 세계대전 중에 전사한 무명용사 기념물

1919년 6월 28일 베르사이유 조약이 이루어져, 독일은 군사력의 축소, 전쟁의 피해 보상, 영토의 양도를 이행하였다. 프랑스는 알자스와 로렌 지방을 되찾았고, 독일의 식민지 토고와 카메룬을 양도받는 등, 배상을 받았지만, 시설의 피해와 화폐의 평가절하, 130여 만 명의 희생자, 200여 만 명의 중상자 등 막대한 물적, 인적 자원의 손실을 입었다.

7) 제2차 세계대전(1939~1945)

이탈리아와 동맹을 맺은 독일이 폴란드를 침공하자 1939년 9월 3일 프랑스는 영국과 함께 독일에 전쟁을 선포하였다. 1940년 5월에 프랑스의 동부 전선의 마지노선이 붕괴되고, 독일에 협조한 페탱P. Pétain 정부가 수도를 비시로 옮겼다. 드골(Charles de Gaulle, 1890~1970)은 영국에서 망명정부 '자유 프랑스'를 이끌며 항독운동을 이끌었고, 국내에서는 사회주의자, 공산주의자, 유태인 등 다양한 세력이 항독운동을 전개하였다. 1944년 6월 연합군이 노르망디에 상륙하였다. 1944년 8월 파리가 해방되었고 이어 프랑스 전역이 해방되었으며, 1945년 5월 7일 독일이 연합국에 항복하였다.

8) 제4공화국(1946~1958)

제2차 세계대전이 끝나자 드골과 제헌의회가 임시 정부를 세우고, 1946년 국민투표로 제4공화국이 출범하였다. 그러나 여러 정당이 결합한 형태의 연립정권은 대내외적인 위기에 적절히 대응하지 못하고 대립하면서 몰락하였다. 알제리 문제로 악화된 군부의 불만을 무마하고 분열된 나라를 추스르기 위해 강력한 지도력이 필요하다는 공감대가 형성되면서 드골 정권이 등장하였다. 1954년부터 격렬해진 알제리 독립 전쟁은 프랑스의 내환으로 이어졌다. 국내의 갈등과 위기는 드골이 이 문제를 완전히 해결하기까지 7년여 간 계속되었다.

9) 제5공화국(1958~현재)

제4공화국의 마지막 총리 드골은 대통령의 권한을 대폭 강화한 헌법을 새로 만들어 강력한 통치 기반을 세운 뒤, 1958년 12월 새 헌법에 따라 임기 7년의 제5공화국 대통령에 취임하였다. 드골은 집권기간 동안 내적으로 정부의 권한을 확립하고, 외적으로 국가 위신을 높이는데 노력하였다. 드골은 프랑스를 중심으로 유럽 고유의 가치를 지키고 대서양 세력인 미국과 영국을 견제하였으며, 유럽 경제공동체를 구축하여 유럽통합의 단초를 열었다. 드골은 1965년 재선에 성공하였으나 1968년 5월 '68혁명'이 일어났다. 대학생들의 시위가 전국적으로 확산되면서 노동자의 파업 등 일반 시민들의 동조로 이어졌다. 1969년 4월 국민투표에서 패배하자 드골은 하야하였다.

68혁명은 자유주의와 공산주의, 가부장제 등 기성의 모든 억압적인 제도에 저항하였다. 68혁명은 세계의 총체적 변혁이라는 자신의 목표를 달성하지는 못하였다. 그러나 혁명과정에서 분출된 이념들과 실천들은 모든 종류의 억압과 구속으로부터 해방된 새로운 세계의 형성을 위한 운동

68혁명 당시의 시위대

들에서 마르지 않는 영감의 원천으로서 계속 작용하고 있다.

드골, 조르주 퐁피두, 지스카르 데스탱, 프랑수아 미테랑, 자크 시라크에 이어 2007년 니콜라 사르코지가 대통령에 취임하였다. 이중 유일하게 사회당 지도자인 미테랑 대통령(François Mitterrand, 1981-1995)은 프랑스 복지국가의 전성기를 이루어 내었으며, 독일의 헬무트 슈미트, 헬무트 콜 총리와의 긴밀한 협력관계를 통해 양국 간의 화해를 진전시키고 유럽통합의 초석을 닦았다. 미테랑 이후에도 프랑스는 독일과 함께 유럽의 통합을 주도하고 있으며, 세계를 미국 주도의 단극 체제에서 다양화된 세계로 재편해 나아가는 데 중요한 역할을 맡고 있다.

프랑스문화 테마기행

3장 오늘의 프랑스

1. 정치

1) 대통령

현재 프랑스 대통령의 임기는 5년이다. 1848년 헌법에서 4년, 1875년부터 2002년까지 7년이었고, 2000년 10월 2일자 개정된 헌법에서 5년으

드골

퐁피두

미테랑

지스카르 데스텡

시락

사르코지

로 바뀌었다. 이것은 대통령의 임기를 국민의회의 임기와 일치시키 위해서이다. 1962년부터 대통령 선거는 직접선거이다. 2008년 7월 23일 헌법이 대통령의 연임을 1회로 제한하였다.

대통령 선거권은 18세, 피선거권은 23세이며, 선거 방법은 결선투표제이다. 1차 선거에서 과반수 득표자가 당선되지만, 과반수 득표자가 없으면, 2주 후에 최고 득표자 2명이 결선 투표를 통해 최다 득표자가 당선된다. 1974년, 1981년, 1995년의 선거에서 1차 투표에서의 다수 득표자가 결선 투표에서 당선되지 않은 경우가 발생했다. 그리고 결선 투표제가 도입된 1962년부터 현재까지 1차 투표에서 당선자가 없어서, 2차 투표에서 당선자가 결정되었다.

프랑스의 정부 형태는 대통령제적 요소와 의원내각제적 요소가 혼합된 이원집정부제의 형태를 지닌다. 1958년 헌법 제8조에 의해, 대통령은 총리 임명권을 갖는다. 총리 임명은 의회의 승인을 필요로 하지 않는다. 그러나 국민의회는 총리 임명 이후에, 필요할 경우 투표를 통해 총리 불신임안을 대통령에게 제출할 수 있다. 이러한 이유로, 대통령은 총리 임명에 대한 전권이 없어서 총리를 국민의회의 다수당에서 지명하거나 그렇지 않으면 국민의회를 해산해야 한다. 따라서 동거정부의 경우를 제외하고, 국민의회가 총리사임을 요구할 때, 대통령은 이를 거부하기 어렵다. 헌법 제8조에 총리의 제청에 의해 내각 구성원들을 임명하도록 명시되어 있다. 그러나 동거정부 기간 이외에, 대통령이 선택한 내각 구성원들을 총리가 받아들였다.

대통령의 역할은 여당이 다수당이 되느냐 아니냐에 따라 달라진다. 여당이 의회의 다수당이 될 경우, 대통령은 자신의 의지대로 총리를 임명

엘리제궁

할 수 있지만, 다수당이 못 되면 동거정부 형태를 띠게 된다. 대통령과 다수당이 일치할 경우, 대통령의 권한에 힘이 실리는 강력한 대통령제가 실현된다. 그러나 대통령과 다수당이 불일치할 경우, 대통령의 권한은 국방권과 외교권이외에 매우 제한적이며, 대부분의 집행권과 책임은 총리가 갖는다. 이 경우 내각책임제적 정부 형태가 발생한다. 따라서 대통령과 총리 사이에 정책적으로 갈등이 형성되는 경우가 발생한다.

대통령의 주요 권한은 국무회의 주재권이며, 이 권한을 총리에게 위임할 수 있다. 헌법 제14조는 대통령에게 외교권을 부여한다. 프랑스의 대표이며 상징인 대통령은 대사와 특사에게 신임장을 주며, 새로운 조약을 체결할 수 있고, 국가적 차원의 중요 결정권을 갖는다. 헌법 제15조는 대통령에게 국군통수권과 국방최고위원회를 주재할 권한을 부여한다.

대통령은 국민의회 해산권을 갖는다. 이 해산권을 발동할 때에 총리와 양원 의장들의 자문을 구하여 그들의 의사를 존중하는 것이 관례화되어 있다. 해산은 내각에 대립하려는 국민의회에 대한 유효한 무기이다. 그러나 국민의회 해산권은 제한적이며, 1년에 1회에 한하여 행사할 수 있다. 대통령은 면책특권을 갖으며, 사법권 독립의 책임자이다. 헌법 16조는 비상시기에 대통령에게 거의 모든 권한을 부여한다. 그러나 대통령은 총리, 양원 의장, 헌법위원회에 자문을 구해야 하며, 자신의 결정을 국가적 차원에서 선포해야 한다. 대통령은 비상사태에 적절한 모든 조치를 취할 수 있다. 이에 대해 헌법은 어떠한 제한도 두지 않지만, 헌법 16조는 이러한 조치들이 최소한의 기간 내에 정상상태로 돌아가려는 의지에 따라 취해져야 한다고 명시하고 있다. 비상 시기에도 대통령의 통제권에 문제를 제기할 수 있다. 예를 들면, 의회가 계속해서 회의할 경우, 대통령은 어떠한 통제 권한도 없다. 이는 대통령이 의회에 대한 책임이 없기 때문이다. 이 경우 대통령은 국민의회를 해산할 수도 없고 국민투표 실시 권한도 행사할 수 없다.

2) 의회

상원

프랑스의 의회는 상하 양원으로 구성된다. 상원의원은 임기 9년으로 정원은 322명이고, 3년마다 3분의 1씩 바뀌며, 피선거권은 35세로서 국민의회 의원과 지방자치단체 의원들로 구성된 선거인단에 의해 간접선

상원의회 건물

거로 선출된다. 상원은 하원에 비해 부분적으로 제한된 권한을 갖지만, 법률안의 채택 등의 입법 절차에 관해서는 하원과 동등한 권한을 갖는다. 그리고 상원의장은 대통령 유고시 승계 권한을 갖는다.

국민의회 건물

하원 : 국민의회

국민의회 의원은 직접 선거로 선출되며, 임기는 5년으로 선거권은 18세, 피선거권은 23세이고, 정원은 577명이다. 선거구당 1명씩 선출하며, 1차 투표에서 투표자의 과반수, 유권자의 4분의 1 이상의 득표자가 있을 경우 의원으로 선출되지만, 그렇지 않으면 12.5% 이상의 득표자들 간의 결선투표로 최다 득표자가 선출된다. 12.5% 이상이 1명일 경우에 차점자와, 12.5% 이상이 한명도 없을 경우에 최다 득표자 2인이 결선 투표를 치른다.

국민의회는 국민의 직접선거에 의해 선출되기 때문에 간접선거에 의해 선출되는 상원에 비해 예산, 최종적인 의안채택, 임시 의회소집 등에 대해 우월한 권한을 갖는다.

헌법 개정은 두 가지 방식으로 이루어진다. 헌법개정요구안을 상하 양원이 가결한 후에, 대통령이 국민투표를 실시하여 개정하는 방식과, 상하 양원 합동회의에서 5분의 3 이상의 찬성으로 개정하는 방식이 그것이다.

3) 지방정부

프랑스는 지방자치가 상당히 발달한 나라이다. 최소 행정단위는 코뮌 Commune으로 36,763개가 있다. 코뮌은 교육, 문화, 주거문제 등, 주민들의 일상생활과 밀접한 관계를 맺고 있다. 코뮌은 시장, 보좌관들, 시의원들에 의해 운영되고 관리된다. 시장과 보좌관은 유급직이며, 시의원들은 무보수로 활동한다. 임기 6년의 시장은 시의원들에 의해 선출되고, 코뮌의 전반에 대해 책임을 지며, 시의회는 시장의 행정을 감독하는 역할을 한다.

코뮌보다 큰 행정단위인 데파르트망은 중앙정부와 관할 자치단체 간의 가교 역할을 한다. 그리고 사회보장 업무, 전기 공급, 도로 행정, 교육, 우편 등의 공공사업을 주도한다. 데파르트망보다 큰 행정단위는 레지옹 Région이다. 파리, 리옹, 마르세유는 특별자치단체이다. 레지옹은 국가의 계획을 데파르트망이나 코뮌에서 실현할 방안을 조정하는 역할을 하며, 지방의 국토 정비나 국가적 사회정책에 대한 수립 방안에 대해 관여한다.

2. 경제와 산업

1) 경제

프랑스는 2008년 세계 5위의 경제 규모를 나타냈으며, 미국, 일본, 중국, 독일 다음이고, 영국보다 앞에 있다. 2007년에 국내 총생산 규모는 18조 9,200억 유로이다. 국내 총생산의 개인별 순위는 17위이다. 프랑스는 오랫동안 세계 4위의 경제규모를 보유했으나, 2006년 중국에 추월당했고, 성장하는 큰 나라들(특히 인도)에 의해 추월당할 가능성이 있다. 프랑스는 대외 투자에 매우 활발한 편으로 세계에서 3번째로 높은 대외투자 국가이다.

프랑스 경제는 주로 서비스 산업이 주도한다. 3차 산업 종사자가 약 72%, 2차 산업 종사자가 약 24%로, 1차 산업 종사자가 약 4% 정도이다. 2006년도에 수출 비중이 국내총생산 규모의 26%이며, 수입 비중은 27%이다. 2004년에 무역 적자가 되어 2005년과 2006년에는 더욱 증가하였다. 실업률은 다른 선진국들에 비해 약간 높은 편이다. 노동 비율은 2006년에 63.8%로 유럽 평균과 근접해 있다.

전통적으로 프랑스는 국가가 경제에 개입하는 정도가 상당히 높은 나라이다. 그렇기 때문에 프랑스는 공적 분야에서의 지출과 세금의 수준이 세계에서 가장 높은 나라들 중 하나이다. 지난 20여 년 동안 프랑스의 국민소득 증가는 다른 선진국들에 비해 낮은 편이다. 이를 치유하기 위한 경제 개혁을 해야 한다는 비판 여론이 높다.

프랑스는 유럽연합과 유로 사용 권역의 주도 국가이다. 프랑스의 경제는 산업이 매우 발달한 유럽 공동시장 내에 있어 유리한 입장에 있다.

유럽연합과 프랑스

유럽연합은 정치 · 경제 차원에서 27개국으로 구성되어 있다. 유럽연합의 목적은 전쟁을 피하고 민주주의, 인간의 권리, 번영과 평화를 보다 효과적으로 구현하기 위한 것이다. 유럽연합 국가들 중에서 가장 넓은 나라는 프랑스이며, 인구가 가장 많은 나라는 독일이다. 가장 작은 나라는 몰타(Malta)이며, 룩셈부르크(Luxembourg)는 2번째로 작지만 가장 부유하다. 유럽연합 소속 국민들은 여권이나 국경에 대한 걱정 없이 자신이 원하는 27개국 내 어디서든지 주거, 교육, 여행, 노동에 대한 자유가 있다. 공식 언어는 23개다.

유럽연합기

유로

마스트리히트(Maastricht) 조약(1992년 2월)에 따라, 2002년 1월 1일부터 프랑스를 비롯해 유럽연합 12개 국가에서 화폐를 유로로 변경하였고, 동년 6월 1일부터 각 국가의 지폐와 동전은 법적 통화로서의 효력을 상실하였다. 2008년 현재 15개국에서 유로를 사용한다. 영국, 덴마크, 스웨덴은 자국 화폐를 유지하였다. 유로는 7종의 지폐와 8종의 동전으로 구성되며 유로의 제작 · 발행은 각 나라가 독자적으로 실시한다.

· 유로 지폐(7개) : 5, 10, 20, 50, 100, 200, 500 유로
(크기가 모두 다르다)
· 유로 동전(2개) : 1, 2 유로
· 센트 동전(6개) : 1, 2, 5, 10, 20, 50 센트
(프랑스에서는 상팀(centime)이라고 부른다)

유로의 종류

2) 산업

농업의 힘

프랑스는 유럽연합EU 제1의 농업 생산국이자 세계적으로 주요한 곡물 생산국이며 세계 제2의 농식품 수출국이다. 비옥하고 넓은 땅과 온화하고 다양한 기후 덕분에 농산물의 종류가 매우 풍부하다. 농업 기술과 산업화의 연결과 발달은 농촌생활방식과 다양화된 농업을 일찍 발전시킬 수 있었다. 그 결과 프랑스는 유럽 최대의 농업국으로 주요 식량은 거의 자급자족하며, 유럽연합 국가들에 대한 주요 농식품 공급국이 되었다.

프랑스의 전형적인 농가

국제 농업 박람회장

1946년 700만 명이던 농업종사자 수는 2006년 현재 75만 명으로 농촌인구의 13%에 불과하다. 적은 농업종사자에 비해 농업은 보조금지급 등 국가의 체계적인 지원에 힘입어 생산을 증대하였으나 과잉생산의 문제

국제 농업 박람회 포스터

를 안고 있다. 프랑스의 농부들은 새로운 기술을 도입하고 기계화와 자동화 중심의 대규모 농업의 기업인이다. 농촌의 생활방식은 도시화되어 더 잘 사는 공간, 다르게 사는 공간으로 변하고 있다. 이는 녹색관광, 농업 박람회, 농촌 직거래시장과 유기농산물 전문판매점, 지방 특유의 음식문화 보급을 통해 가시화되고 있다. 그러나 이와 같이 변하기 위해서 프랑스 농촌은 인공비료의 과잉 사용, 유전자변형 곡물생산, 목축업의 과도한 생산을 과감하게 버리고 자연의 수호를 자처해야 하는 과제를 떠안고 있다. 게다가 프랑스 농촌은 세계화에 대항하고 있는 중이다.

농산물

북부 지역과 파리 분지 지역에서 많이 생산되는 밀은 곡물 경작면적의 약 절반을 차지하며, 각각 세계 4위 생산을 기록한다. 가축사료와 식용유 등으로 사용되는 옥수수는 1,400만 톤 생산으로 세계 3위, 맥주원료 등으로 사용되는 보리가 1,000만 톤 생산으로 그 다음이다. 카마르그 지방과 랑그도크 지방에서 생산되는 쌀은 국내 소비로 끝난다.

포도 재배는 프랑스를 세계 제1의 포도주 생산국으로 만들었다. 포도밭은 대개 면적이 넓지 않고 일반적으로 위치가 좋은 고급 품질의 포도밭과 오랜 세월 경작된 포도밭인 부르고뉴, 보졸레, 코트 뒤 론, 알자스,

샹파뉴, 투렌, 앙주, 그리고 인기가 낮은 품질의 대규모 포도밭인 랑그도크와 루시옹으로 구분된다. 보르도산 포도주는 최고의 품질과 생산량을 자랑한다. 포도로 만든 화주는 코냑과 아르마냑 지역에서 생산된다.

수퍼마켓의 야채 코너

야채와 과일(생산량 세계 3위)은 브르타뉴 해안, 발드루아르, 론 강 협곡, 아키텐느 지역과 같이 조건이 좋은 몇몇 지역과 도시 주변에서 많이 생산된다. 생산량 세계 1위인 사탕무는 주로 북부 지역과 파리 분지 지역에서 목축업 사료로 생산·사용되어, 연한 고기와 많은 양의 설탕과 알코올을 공급한다.

국토의 25%가 목초지인 프랑스는 축산업도 활발하다. 쇠고기(세계 4위), 돼지고기(세계 3위), 가금류(세계 1위), 유제품의 소비증가로 발달된 축산업은 농민소득의 3분의 2를 점하며, 특히 북부, 서부의 습한 지역과 산간 지역의 중요한 농산물 산업이다. 프랑스는 유럽 1위의 쇠고기 생산 및 수출국가로서 생산량의 3분의 1을 주로 유럽연합 국가들에 수출한다. 돼지고기 생산의 절반은 브르타뉴에 집중되어 있다. 가금류는 프랑스에서 가장 많이 생산되는 고기이다. 양은 주로 중앙산악지대와 남부 지방에서 양모용과 식용으로 사육된다.

알프스의 목장

아침시장에 나온 유제품상

프랑스는 낙농업의 대국이다. 낙농업은 국가 경제에 차지하는 비중이 매우 높다. 2006년 낙농업 매출액은 총 240억 유로로 철강 산업의 180억 유로를 상회하며, 수출액이 40억 유로에 달한다. 우유와 버터 생산에서 프랑스는 미국과 러시아에 이어 세계 3위이며, 350여 종 160만 톤 생산의 치즈는 세계 2위이다. 세계 최대 30대 유제품 가공 그룹 가운데 6개 그룹이 프랑스에 있다. 약 12만의 젖소사육 농가가 700개 이상의 유가공 회사에 우유를 공급한다.

산림

숲은 전 국토의 28%이다. 수목의 대다수는 활엽수이나 19세기에 조성된 재식림에서는 급속한 수요증가를 보이는 수지류 식물 즉 소나무, 전나무, 가문비나무, 호두나무 등을 많이 심어, 테레빈유

식물의 수지를 증류하여 얻는 휘발성 기름, 건축 및 목공 자재, 화학제품용 추출물, 종이, 레이온, 송진, 코르크, 타닌, 땔감 등 임산물을 공급한다.

어업

어선 수는 8천여 척, 어획고는 연간 50만 톤에 이른다. 프랑스의 항구들은 냉동장치가 갖추어진 고속 수송수단과 잘 연결되어 있다. 브르타뉴 해안과 대서양 해안에서는 굴과 홍합 양식이 성하며, 대서양과 지중해에서 상당량의 소금이 생산된다. 주요 어획물은 대구, 연어, 고등어, 새우, 굴, 조개 등이다.

첨단 산업의 힘

▪에너지 산업

프랑스는 에너지의 3분의 2를 수입에 의존한다. 석탄은 과거 연간 5천만 톤 이상에서 현재 200만 톤 미만으로 생산이 격감하였다. 석유와 가스는 대부분 수입에 의존한다. 다만 석유산업에서 정유와 석유화학은 대단히 확장되어 왔다. 석유의 수급안정은 100여 년 전부터 정치, 경제, 산업 정책의 최우선 과제였다.

프랑스는 2008년 1월 기준 세계 2위의 원자력발전 국가로서, 전체 발전량의 76.8%가 원자력발전소의 몫이다. 프랑스전기공사EDF가 원자력발전소를 운영하며 전기를 수출한다. 그러나 최근 녹색운동의 영향으로 원자력발전 정책이 근본적으로 수정되어 원자력발전소의 건설이 중지되었고 기존의 원자로들도 점차 폐쇄되고 있다. 피레네의 라크에서 가스가

풍력발전기

발견되어 도시망을 갖춘 가스관이 가설되었다. 국영기업인 프랑스가스공사GDF가 운영을 맡고 있다. 태양에너지와 풍력의 개발 등 자연 에너지의 개발을 일찍 추진하였다. 풍력발전기의 설치가 현저하게 증가하고 있다.

■ 제조업

파스퇴르의 나라답게 첨단의 제약, 의료산업이, 공업 대국답게 화학 산업과 전기전자산업, 정보산업의 발전이 세계 유수의 수준에 있다. 전통 산업인 섬유, 직물업 역시 현대화를 계속하여, 생산고에서 세계 4위이다. 새로운 화학섬유의 개발과 특히 세계의 유행을 주도하는 패션 산업이 이 산업부문의 활력을 유지시킨다. 식료품공업, 제지업, 인쇄업, 피륙업 등 전통적인 경공업도 발전하고 있다.

근래 가장 중요한 부문은 자동차 생산이다. 오랫동안 세계 4위의 자동차 생산국이었던 프랑스는 2007년 일본 1,160만 대, 미국 1,078만 대, 중국 888만 대, 독일 621만 대, 한국 409만 대에 이어 302만 대로 6위를 기록하고 있다. 자동차 산업은 르노Renault와 푀조-시트로앵Peugeot-Citroën처럼 파리 지역에 밀집해 있었지만 오늘날 여러 곳으로 공장이 분산되었다. 르노가 약 43%의 생산량을 담당하며, 전체 상용차 생산량의 3분의 2

를 맡고 있다. 이 두 회사는 일반자동차와 경주용차 부분에서 매력적인 모델들을 생산하며 생산량의 절반을 수출한다. 타이어 분야 세계 2위의 생산업체인 미슐랭Michelin도 잊어서는 안 된다.

툴루즈의 항공기 산업

미국, 러시아에 이어 세계 3위를 기록하는 항공우주 산업은 프랑스의 자랑 중의 하나이다. 프랑스는 영국과 합작으로 가장 빠른 여객기 콩코드 기를 제작하여 파리—뉴욕 간을 운행했었다. 다국적기업인(EADS, European Aeronautic Defence and Space Company) 사는 세계 2위, 유럽 1위의 군용 및 민간용 우주항공 산업체이다. 이 회사의 유럽 최초 아리안 로켓은 세계 각국을 상대로 미국보다 저렴한 비용으로 우주선 발사를 대행하며, 에어버스와 비행기 생산공정을 갖추고 미국의 보잉사와 경쟁하면서 헬리콥터와 군수물자를 생산하고 있다.

철도 분야에서 초고속전철 테제베TGV는 수송방법에 신기원을 마련하였다. TGV는 1981년 9월 최대시속 260km의 신 TGV 파리—리옹 선에서 첫 운행을 하였고, 그 후 파리와 지방 도시들을 잇는 노선들이 개통되었다. 2007년 시속 574.8km라는 실험 기록을 세웠다. 통상 운행속도는 시속 302km 정도이다. 프랑스는 TGV유형의 기차를 한국(KTX), 스페인(AVE),

미국(ACELA Express)에 수출하였다.

100년이 넘는 역사를 자랑하는 지하철 건설 산업도 세계적으로 유명하다. 멕시코, 몬트리올, 카이로, 아테네, 리우데자네이루에 프랑스의 지하철이 들어갔다.

아리안 로켓

▪ 정보통신 산업

21세기 프랑스는 정보기술IT 산업의 첨단 국가로서 인터넷과 이동통신 분야에서 선도 국가 중 하나이다. 전화와 통신은 모두 국영 통신회사인 '프랑스 텔레콤France Télécom'이 운영한다. 방송·통신 융합 서비스인 인터넷 TV IPTV 가입자가 2008년 현재 세계에서 가장 많은 400만 명에 달한다. 프랑스 텔레콤과 더불어 전화, 인터넷, 텔레비전, 공연 등의 사업을 통합한 세계 2위의 통신 그룹인 비벤디 위니베르살Vivendi Universal이 주요 기업이다. 첨단 정보통신기술 시대를 선도하기 위해 기업, 연구소, 대학을 연결하는 거대한 테크노폴(technopole, 산·학·연 연계 첨단산업 단지)이 소피아—안티폴리스에 최초로 건립된 이후, 일드프랑스, 리옹, 그르노블, 툴루즈, 몽펠리에 등지에 건설되었다. 테크노폴은 첨단산업 도시의 모범사례로 세계적으로 평가를 받고 있다.

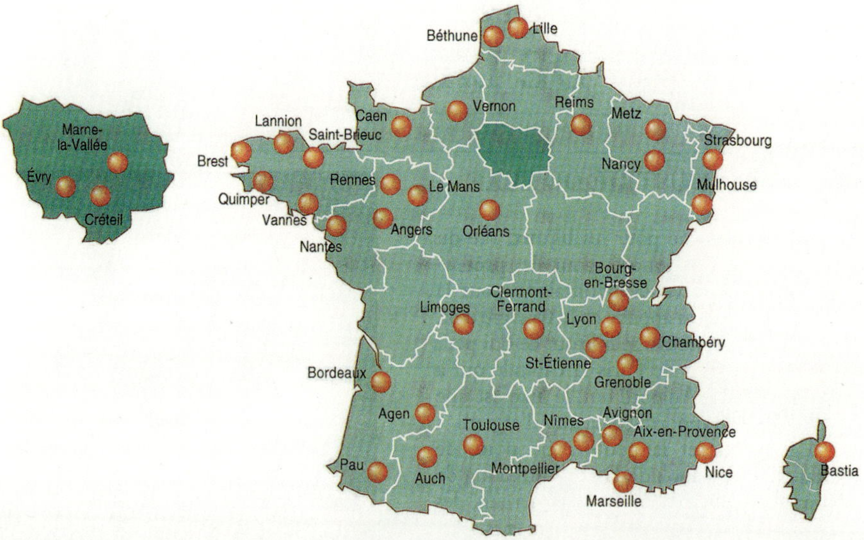

프랑스 첨단 산업 연구단지 지도

생활예술 산업

▪사치품 산업

사치품 산업은 국가와 기업의 합작품으로 17세기 루이 14세 때 재상 m 콜베르의 중상주의 정책에 뿌리를 두고 있다. 300년간 파리가 패션과 사치품의 도시로서 그 이미지를 간직한 비결은 값비싼 상품을 소규모로 만들었기 때문이다. 사치품 산업인 의류·향수·귀금속·화장품 등이 차지하는 경제 비중은 항공우주 산업과 맞먹을 정도이며, 60~70%는 외국으로 직수출된다. 오늘날 미국 할리우드 스타나 중동 부호들이 명품 패션(명품 기성복, 오트 쿠튀르)과 보석 등 명품을 사러 파리의 생토노래 가, 몽테뉴

프랑스 사치품 산업의 대표적인 고급 브랜드인 카르티에(Cartier)

가, 방돔 광장으로 달려온다. 파리 전체가 명실상부한 '세계인의 부티크'이며, 프랑스는 패션·사치품 산업만으로도 엄청난 수입을 올리고 있다.

파리는 패션의 기원지이자 명품 브랜드의 발생지답게 2차 대전 종전 후 샤넬, 크리스찬 디오르, 지방시, 피에르 카르뎅, 에르메스 등이 세계적인 명품 브랜드 기업으로 성장하였다. 이 모든 브랜드들은 프랑스의 고급 이미지를 창출하는데 공헌한 생활예술 산업의 동의어이다. 모에—헤네시 사와 합병하여 LVMH 그룹으로 성장한 루이 뷔통Louis Vuitton은 거대 명품기업의 두드러진 예이다.

루이 뷔통 본사

세계 화장품 시장에서 단연 세계 선두 기업인 로레알L'Oréal이 세계시장의 15%를 점유하고 있다. 화장품 시장은 매우 세분화되어 있어, 위생, 세제, 식품 제조업체도 화장품을 제조·판매한다. 항공, 자동차, 포도주 산업에 이어 네 번째 수출품이다. 대표적 기업인 로레알, 클라랭스Clarins, 게르랭Guerlain, 이브 로셰Yves Rocher 등의 화장품 매출은 해마다 지속적으로 약진하고 있다. 프랑스의 사치품 생산자들은 모두 '콜베르 위원회'에 속하여 수준 높은 생산 공정의 이미지를 유지하기 위해 감시를 받는다.

센 강의 유람선

관광객들로 늘 붐비는
몽마르트르 언덕의 테르트르 광장과 거리의 화가들

■관광 산업

프랑스는 지역 조건, 역사유적, 관광 기반시설, 가치 문화상품을 완전하게 갖춘 관광 대국이다. 2006년 프랑스를 방문한 관광객은 7천8백만 명이며, 관광수입은 369억 유로로 국내총생산의 6.5%를 차지한다. 프랑스의 방문객 수를 기준으로 프랑스는 세계 1위의 관광국이지만, 관광수입은 미국, 스페인에 이어 세계 3위이다. 그 이유 중 하나는 프랑스를 지나 남쪽 국가들로 가는 관광객이 많기 때문이다. 관광업계는 경제활동인구의 3.4%인 약 100만 명을 고용하며, 적어도 이와 동일한 수의 간접 고용이 이루어지고 있다. 관광 산업의 총괄 기관은 프랑스 '관광공사Maison de la France'이다.

3. 평등 교육과 엘리트 교육의 공존

프랑스의 교육은 대혁명 정신에 기초를 두며, 국가는 교육의 자유, 종교의 중립성, 의무교육(6세~16세)과 국가자격증과 학위를 관리한다. 세계적으로 모범적인 민주적 공교육 제도와 정부가 계약을 통해 재정을 지원하는 사교육 제도가 있다. 만 3세부터 유아원Ecole Maternelle 3년, 초등학교Ecole primaire 5년, 중학교Collège 4년, 고등학교Lycée 3년을 거치면서 기본 교양과목은 모두 이수하게 된다. 고등학교 마지막 학년에 치러지는 대학입학자격시험Baccaloréat을 통과한 학생들은 대학을 비롯한 고등교육기관에 진학할 수 있으며, 대학입학자격시험을 준비하지 않는 학생들은 중학교 4학년 과정에서 직업고등학교나 기술고등학교를 선택하여, 전문 기술 자격증을 준비한다. 기술고등학교 졸업생에게도 대학입학자격시험의 자격이 동등하게 주어진다. 이 시험에 통과 된 학생들은 대학Universités, 그랑제꼴Grandes écoles, 전문학교 등으로 진학이 가능하다.

1875년부터 시행된 공교육 우선의 법칙은 여전히 유효하며, 제2차 세계대전 이후, 프랑스의 교육은 중앙정부의 직접적인 통제를 받았으나, 1982~83년의 분권화 이후 고등학교는 레지옹의 지방자치단체에서, 중학교는 데파르트망의 지자체에서 행정을 맡는다. 프랑스는 국가예산 중 교육예산이 30%를 초과한다.

1) 교육사적 배경

1802년, 고등학교, 대학, 교육 행정기관으로 아카데미를 만들고, 문예 및 과학 중심의 교육과정을 구성하고, 대학입학자격시험을 신설했다. 1833년, 모든 코뮌 단위에 초등학교를, 각 데파르트망에 사범학교를 설립하며 초·중등교육을 분리했다. 1850년, 특권층에 제한되었던 교육받을 권리를 모든 사람에게로 확장하고, 가톨릭교회가 가지고 있던 교육에 대한 책임이 정부에로 이양되었다. 1870년 제3공화국에서 상원의원장을 지낸 쥘 페리Jules Ferry가 입안한 '페리 법안'(1881, 1882)에서 쥘 페리는 공교육을 종교에서 벗어난 중립성 교육으로 전환했다. 동시에 '의무교육' 법안을 제정하여 초등교육을 무상교육으로 바꾸고, 여성들에게 중등교육을 제공하는 법안을 마련했다. 1879년 세브르Sèvres에 여자 고등사범학교를 설립하여 여자도 교수자격시험Agrégation을 볼 수 있는 제도를 마련했다. 1880년대 초반 의무교육이 7세에서 13세까지로 확장되었다. 제1차 대전 후에 사회적 계층에 따른 불평등한 학교 입학 제도를 폐지했다. 2009년 1월부터 자율적으로 대학을 운영하는 20개 대학들은 정부로부터 기존의 지원에 추가로 더 지원받아 인력과 재정을 자체 관리할 권리와 의무를 갖았으며, 나머지 65개 대학에도 앞으로 5년 내에 자율화 조치를 시행할 것이다.

2) 교육제도

교육체계는 미취학아동교육, 초등교육, 중등교육, 직업교육, 실습교육 그리고 고등교육으로 나뉜다. 학년은 유치원 4년, 초등학교 5년, 중학교 4년, 고등학교 3년, 대학교 및 마스터Master와 박사과정으로 나뉜다.

유치원생들의 야외활동

미취학아동 교육

유치원은 일반적으로 9월을 기준으로 만 3세 아동들이 입학하여 만 6세까지 다닌다. 그렇지만 연초에 태어난 아동들에 한하여 만 2세부터 유치원 입학이 가능하고, 입학 나이는 지역에 따라 약간의 차이가 있다. 유치원 교사들은 초등학교 교직과 병행하는 경우가 많다. 공립 교육 기관인 유치원은 교육부의 통합 프로그램에 따라 아이들을 교육한다. 유치원의 교육 등급은 나이에 따라 완전 초급단계, 초급단계, 중급단계, 상급단계로 나뉜다.

초등교육

5년 과정의 초등학교는 초등교육은 예비반인 CP Cours Préparatoire, 한국의 초등학교 1학년)과 기초반인 CE1-2(Cours Elémentaire, 한국의 초등학교 2-3학년)와 중급반인 CM1-2(Cours Moyen, 한국의 초등학교 4-5학년)로 나뉘어 실시된다. 초등교육은 유치원과 초등학교를 통합하여 9년 정도의 기간이 걸린다.

초등학교 컴퓨터와 만들기 수업

중등교육(중학교와 고등학교)

중등교육은 중학교 4년 과정과 고등학교 3년 과정으로 구성된다. 중학교는 6, 5, 4, 3학년의 4년 과정인데, 6학년 과정은 '적응반', 5-4학년은 '집중반', 3학년은 '진학반'에 해당된다. 3학년이 되면 일반계열, 과학기술계열, 직업계열의 고등학교 중 하나를 택해야 하며. 일반 계열과 과학기술계열 고등학교 과정은 한국처럼 3년 과정이지만 연한은 2학년, 1학년, 졸업반으로 나뉜다.

직업계열 고등학교로 진학한 학생들은 2년 동안 CAP(Certificat d'aptitude professionnelle, 직업자격증) 시험을 준비한다. 학생들은 제2의 직업교육을 받거나 졸업반에서 BEP(Brevet d'édudes professionnelles, 직업교육수료증) 시험을 준비한다. BEP 취득 후에 Bac Pro(직업 바칼로레아)에 응시하여 취득할 수 있다. 몇 년 전부터 많은 학생들이 직업계열 고등학교 졸업반에서 현장 실습으로 Bac Pro의 시험을 대신하기도 한다.

고등교육

바칼로레아를 취득한 학생은 자기가 통과한 계열에 따라 원하는 대학의 원하는 전공을 택할 수 있는 자격이 주어진다. 2002년에 확정된 교육법령에 따라 학·석·박사 과정인 LMDLicence-Master-Doctorat는 학사 과정 3년, 마스터 과정 2년, 박사 과정 3년으로 나뉜다.

그랑제콜Grandes Ecoles

고등교육은 일반대학 외에도 각 분야의 전문 인력을 양성하는 그랑제콜이라는 학교가 있다. 그랑제콜의 수업 연한은 3년 또는 4년이며, 그랑제콜을 졸업하려면 바칼로레아 이후 보통은 5~6년이 걸리므로 일반대학보다 학업 연한이

파리 1대학

길다. 그럼에도 불구하고 그랑제콜 출신이 박사학위를 취득하기위해서 일반대학 박사과정에 입학해야 한다. 대표적인 그랑제콜로는 이공학계통의 에콜 폴리테크닉Ecole polytechnique, 인문학계통의 고등사범학교ENS : Ecole Normale Supérieure, 고급행정 관료들을 키워내는 국립행정학교ENA : Ecole nationale d'Administration 등이 있다.

바칼로레아(Baccalauréat)

대학입학자격시험인 현재의 바칼로레아가 도입된 때는 나폴레옹 1세가 학사와 박사에 관한 법령을 공포 1808년 3월 17일이다. 바칼로레아 시험은 학년말인 6월에 있으며, 일반, 과학, 직업 계열로 나뉜다. 평가는 20점 만점에 10~11점을 획득하면 인정(Admis), 12~14점은 AB(Assez Bien), 14~16점은 B(Bien), 16점 이상은 TB(Trés Bien)이다. 한국과는 다르게, 프랑스는 몇몇 특수 분야와 소수의 열등생을 제외하고는 거의 모든 학생들이 오로지 학교 교육을 통하여 바칼로레아를 준비한다.

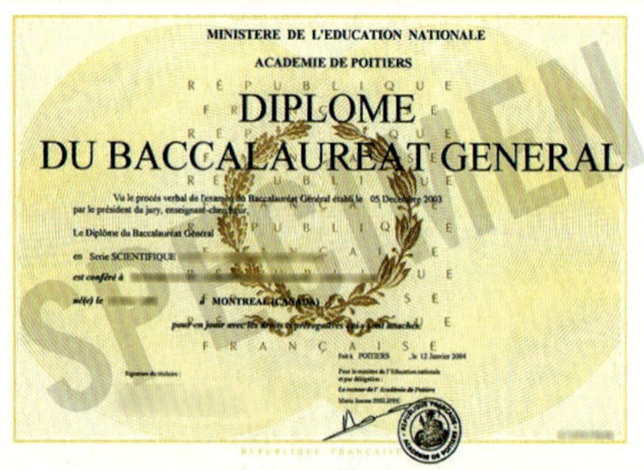
MINISTERE DE L'EDUCATION NATIONALE

ACADEMIE DE POITIERS

DIPLOME

DU BACCALAUREAT GENERAL

Le Diplôme du Baccalauréat Général

en Serie SCIENTIFIQUE

MONTREAL (CANADA)

SPECIMEN

바칼로레아 자격증

3) 프랑스 교육정책의 현안

오늘날 프랑스도 한국처럼 국립대학의 법인화, 학교 평준화, 고학력 실업자의 양산 등 교육 제도의 문제에 부딪혀 있다. 1985년 교육부 장관 장 피에르 슈벤느망Jean-Pierre Chevènement의 "고등학교 한 학년의 80%가 바칼로레아를 취득하도록" 하자는 제안과, 그의 뒤를 이은 르네 모노리René Monory 장관이 마련한 프랑스 교육의 고등교육 평준화와 민주화 정책으로 고등학교와 대학교의 교육은 괄목할만한 발전을 이루었다. 1987년 '직업 바칼로레아'가 새로 실시되었다. 이것은 BEP와 CAP를 취득한 학생들에게도 자격증 취득 후에 대학학업의 기회를 부여하는 것이다.

교육 행정은 여전히 중앙집권적인 성격이 강하지만, 점차 지방자치단체에 더 많은 교육 관할권을 넘겨주는 교육 행정의 지방분권화가 진행되고 있다. 지나친 지방분권은 교육 내용의 공통분모를 사라지게 하기 때문에 지역별로 불균등한 교육이 이루어질 수 있고, 나아가 교육의 단일성, 총체성이 사라질 수 있기 때문에 현재 이런 문제점을 축소하기 위해 공공기관에 의한 교육 시스템 평가가 이루어지고 있다.

그러나, 과거에 비하여 교사의 처우가 나빠지면서 교사의 자질과 사명감의 부재 역시 큰 문제로 부각되었다. 그럼에도 프랑스 교육제도의 특장점으로 학생의 개성과 인성을 개발하고 존중하는 프로그램 운영과 체계적인 교육 시스템, 교육평가제도와 교육의 다양성 등을 들 수 있다.

4. 잉태에서 죽음까지

사회복지는 19세기 말과 20세기 초를 전후하여 선진 유럽국가에서 자국민을 보호하기 위해 만들어졌다. 인본주의를 바탕으로 1세기에 걸쳐 만들어지고 보완된 프랑스의 사회복지 관련 법들에 따라 프랑스 국민뿐만 아니라 프랑스에 거주하는 사람들도 그 혜택을 입고 있다. 프랑스는 북유럽, 서유럽의 여러 나라와 함께 선진 복지국가이다.

1) 사회복지정책의 발달과정

19세기 중반까지는 프랑스에서도 공공위생분야를 제외하면 사회복지 정책이라 볼 수 있는 것이 없었다. 제2공화국(1848-1852)에 들어와 상조회가 생기고, 공무원, 군인과 극빈자등을 위한 일종의 사회보장제도가 실시되었으나 실패로 돌아가고, 1880년 이후에 체계적인 사회보장의 필요성이 사회적 여론으로 대두된다. 1898년 노동재해보상법이 제정되었고, 1910년 퇴직연금법과 1930년 사회보험이 실시되며, 1932년 가족수당이 지급되었다. 종합적인 사회보장의 원칙이 수립된 것은 제2차 세계대전 후, 1945년 드골과 당시의 레지스탕스 의회에 의하여 모든 국민들의 기본생활권과 안전을 보장해주는 것을 목적으로 종전에 시행되던 사회보험법, 노동재해보상법, 가족수당법과 노령자 피고용자수당에 관한 법등이 사회보장 조직에 관한 법률로 통합됨으로써, 오늘날 프랑스의 사회보장제도의 근본이 되었다. 제4공화국에 이렇게 기획된 사회보장제도의 프로그램들이 통합되어 실행되었다. 아직도 프랑스의 사회보장제도는 수정되고 보완되며 발전하고 있다.

프랑스의 사회복지정책은 사회보장제도, 사회부조, 보충보험으로 나뉘며 사회보장제도는 의료보험, 노령연금, 장애인 보조금, 주거 보조금, 최소수입보장금 제도로 나뉘는 국가보조금제도를 근간으로 한다. 사회부조는 극빈자를 위한 의료보험인 보편의료보험CMU가 대표적이며, 보충보험은 개인이 국가의 사회보장제도 이외에 추가적으로 가입하는 제도로서, 연대의식에 기초한 공제조합과 사보험이 있다.

2) 사회보장제도

1945년 사회보장 조직에 관한 법률이 제정된 후, 1947년 직종 간 공동협약을 통한 간부급 이상의 노후연금제도를 수립하고, 공무원을 사회보장제도의 수혜자로 적용한다. 1948년 봉급자와 농업 종사자 이외의 직업군, 즉 수공업과 상업 및 자유 직종 종사자에 대한 노후보험 자치제도를 채택한다. 1952년 농민에 대한 의무 노후연금제도를 창설하고 농민사회조합이 운영한다. 1961년 농민에 대한 의무적 의료보험제도를 창설한다. 1966년 농민과 봉급자가 아닌 직업군인에 대한 출산과 질병에 대한 의료보험자치기구를 창설한다. 1972년 농업 봉급자들의 노동 사고, 직업병, 생활 사고에 대한 보호법을 제정한다. 1975년 의무적 노령연금제도를 노동인구 전체에 일반화시킨다. 1978년 사제와 수도원의 수사들을 대상으로 한 제도를 창설하고, 법으로도 수혜를 받지 못하는 국민을 위한 의료보험을 만든다. 2000년 1월 국가가 의료비 전액을 부담하는 저소득자와 무소득자를 위한 보편 의료보험제가 만들어졌다. 모든 의료행위는 국가가 보조한다.

연금제도

▪일반 연금

모든 분야에서 급여를 받는 근로자들과 학생들을 가입 대상으로 하며, 가입자의 분담금은 월급의 46.6%이며, 본인은 13.5%를 부담하고 고용주가 나머지 33.1%를 대신 납부한다.

▪특별 연금

파리 철도공사, 프랑스 국철, 전기 가스공사의 직원등 특별한 몇 개의 업종에서 일반 연금 이전부터 실행하여 오던 것이 현재까지 이어져온다.

▪개인 연금

자영업자나 자유노동자들을 위해 만들어진 연금이다.

알로까시옹 Allocation

알로까시옹은 프랑스 국가사회보장 제도 속에서 운용된다. '국가보조금' 또는 '수당'으로 이해할 수 있으며, 국가가 국민의 최소 생계를 책임지는 사회복지제도의 기본 개념을 수행한다. 알로까시옹은 국민의 생활의 질과 직접적인 관련을 가지고 있으므로 그 종류와 수혜 대상이 광범위하다.

■가족수당

가족의 생계를 국가가 일정 정도 분담하고자 보조금을 지급하는 제도이다. 가족의 수입과 무관하게 출산수당과 가족수당을 지급하여 출산을 장려하고, 아이가 학교에 가게 되면 학비 보조금을 지급한다. 이외의 가족 수당으로는 입양보조금, 홀로 된 부모에 대한 생활비 보조금 등을 들 수 있다. 그리고 자녀의 양육을 위해 주부가 근무를 단념해야 할 경우 그 가계를 보조하는 취지에서 자녀수에 따라 부수입의 상한을 넘지 않는 가정을 대상으로 일종의 주부수당을 지급한다. 그 밖에 철도 · 버스 운임의 할인 등이 있다.

■주거비수당

이 보조금은 양육 수당과 함께 모든 외국인에게도 차별 없이 적용된다. 집세와 지난 해의 총 소득액을 토대로 산정되는 주거비 보조금은 대학생이 주된 수혜자이며, 부부인 경우에도 결혼한지 5년까지 받는다. 집세의 40% 정도까지 국가가 보조한다.

■장애인수당

대상은 국적이 프랑스이거나 망명자, 또는 유럽 연합 회원국 국적을 가진 장애자이며, 최저 생계비에 맞춰 매월 생활비가 지급된다.

■실업수당과 최저 소득 보조금

실업자들에게 최저 소득 보조금을 지급하며, 일정기간이 지난 후에도 취업하지 못하면 실습 노동 계약 등의 계약으로 혜택 기간을 연장할 수 있다. 실직, 해고된 경우에는 실업 수당을 임금의 약 60% 정도를 지급하고, 일정 기간이 지나면 그 액수가 줄어든다.

▪ 의료수당

의료제도는 프랑스 사회보장제도의 기초를 이룬다. 약의 경우, 약의 종류에 따라 약값 총액의 40%에서 100%를 공제 받으며, 병원의 경우는 진찰료의 60%, 입원료의 80%를 환불 받는다.

프랑스의 의료보험제도와 '카르트 비탈(Carte Vitale)'

국가의료보험제도는 전 국민의 80%가 가입되어 있으며, 국가에서 국민의 의료비 지출 75%를 지원한다. 프랑스는 1996년부터 만 16세 이상의 프랑스에 거주하는 사람들은 '카르트 비탈'이란 녹색 전자카드를 의료보험증으로 사용한다.

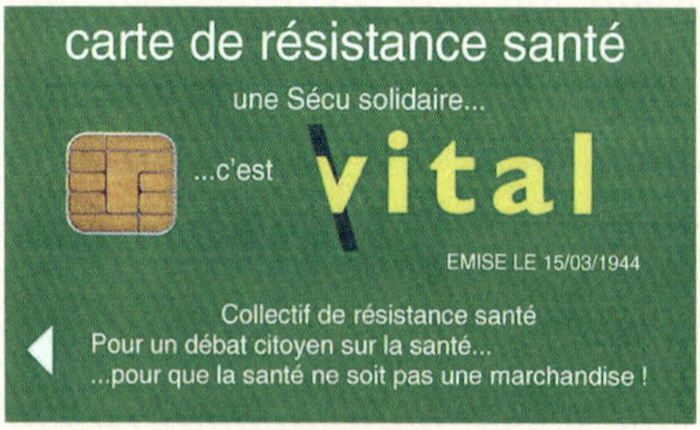

카르트 비탈

3) 노동

노동제도

제1차 세계대전을 계기로 공업 중심의 경제체제로 바뀌면서 노동문제는 비로소 중요한 사회 · 경제 문제로 중대시되었다. 1945년 고용을 국가가 전적으로 책임진다는 기본방침이 세워졌다. 1980년대부터 실업자 수가 증가함에 따라, 현재 주5일 근무제 혹은 파트타임 근무제가 점차 확대되고 있다.

휴가

1906년 7월 법률로 주당 연속 24시간의 휴식 인정되었다. 오늘날 주당 2일간의 휴식을 보장 받고 있으며, 점차로 주당 4일 근무제와 35시간의 근로시간을 적용하고 있다. 그러나 2007년 공화당의 집권과 경제난으로 근무시간은 자율적으로 맡겨지는 추세이다. 1936년 연 2주의 유급 휴가가 최초로 법적으로 인정되었고, 1982년에는 5주로 늘어났으며, 그 외에도 경조 휴가, 교육 휴가, 출산휴가와 년 10일에 해당하는 휴일이 있다.

노동조합

노동 총연맹(C.G.T.), 프랑스 민주주의 노동연맹(C.F.D.T.),노동자의 힘(F.O.), 프랑스 기독교 노동자 동맹(C.F.T.C.), 간부 총연맹(C.G.C.), 국가 교육연맹(F.E.N.)이 있다.

4) 노인 정책

프랑스 정부는 급속히 가속화되는 노령화 문제를 해결하기 위해 다양한 노인 정책을 실시하고 있다. 노인 정책은 노인들의 주거 환경을 향상시키는 데 초점을 맞추고 있다. 자택거주 노인수당과 시설거주 노인수당으로 구분되는 수당은 각자의 조건에 맞추어 지급된다. 노부모를 돌보기 위해 경제 활동을 중단한 자녀에게도 동반자 수당을 지급하며, 직계부모나 친인척 중 75세 이상 노인을 부양하는 가족을 위한 부양 수당도 마련되어 있다. 노인들을 위한 정부의 지원은 개인적인 업무 돕기, 간호사 자택파견, 파출부 지원, 주거환경 개선비용 지원 등 상세한 항목들을 포함한다. 2004년부터 노인 간병사 자격증이 신설되어 노인에 대한 전문적인 간병 서비스가 제공된다.

5) 출산장려제도

출산장려 정책으로 2004년부터 '신생아 환영' 수당제도가 실행되고 있다. 이 제도에는 출산 보조금과 기본 보조금 이외에, 저소득층 근로여성을 위한 양육지원책인 탁아소와 양육보조원 제도가 포함된다. 산모의 직업 보장을 위해 산후 휴가 후에도 6개월 동안 보조금이 지급된다. 출산 지원을 위한 의료보험제도는 임신 6개월부터 발생하는 모든 의료비, 입원비, 치료비 및 불임치료 경비를 국가의료보험에서 일체 부담한다. 법정 출산휴가는 2명 미만의 아이를 가진 여성의 경우 출산전 6주, 출산후 10주이며, 2명 이상의 아이를 가진 여성의 경우 출산전 8주, 출산후 18주를 철저하게 보장한다. 남성도 3일간의 법정 출산휴가를 보장 받는다. 고등학교까지의 무상교육과 무상에 가까운 대학교육도 결과적으로 출산을 장려한다. 프랑스의 모범적인 출산장려 정책은 선진 각국이 부러워하는 인구 증가를 가져왔다.

4장 프랑스 문화의 원형

1. 지성과 열정의 파노라마, 프랑스 문학

프랑스 문학이란 프랑스 국적을 지닌 작가가 쓴 작품들과 프랑스어로 쓰인 작품 모두를 포함한다. 프랑스 문학의 역사는 중세로부터 시작하여 현재까지 영속되고 있다. 프랑스 문학은 인간 존재의 본질과 속성에 관한 근본적인 문제들을 진지하게 탐색한 파노라마이다.

1) 중세

일반적으로 역사가들은 프랑스 중세를 476년 서로마제국의 멸망으로부터 1453년 백년전쟁이 끝나는 시기로 잡는다. 그러나 프랑스 문학사에서는 대체로 10세기로부터 15세기까지의 시기로 보고 있다. 중세사회의 특징은 봉건제도, 기독교의 군림, 신분제도(제1신분—성직자, 제2신분—귀족, 제3신분—평민)이며, 명예와 신앙은 봉건사회를 움직이는 두 원리이다. 프랑스 중세 문학은 북부지방과 남부지방의 양상이 사뭇 다르게 나타난다. 프랑스 북부지방의 음유시인 트루베르trouvère들은 오일어로 무훈시를 주로 읊고 다녔고, 프랑스 남부지방의 음유시인 트루바두르troubadour들은 오크어로 궁정풍의 사랑이야기들을 주로 노래하였다. 최초의 무훈시는 작자 미상의 『롤랑의 노래』(*Chanson de Roland*)이다. 트루베르나 트루바두르들은 대부분이 귀족출신으로 작사, 작곡, 노래를 모두 스스로 하였고 영주들의 환영을 받았다.

기사도 정신에서 영감을 받은 기사도 문학과 더불어 부르주아 정신에서 영감을 받은 부르주아 문학도 이 시기에 나타난다. 대표적인 부르주아 문학으로는 프랑스 최초의 위대한 서정시인 뤼트뵈프(Rutebeuf, 1230?~1285?)가 쓴 해학과 풍자로 구성된 『여우이야기』(*Le Roman de Renart*)를 들 수 있다. 이 작품의 매력은 라 퐁텐(La Fontaine, 1621~1695)의 『우화』(Les Fables, 1668~1678)처럼 동물사회에서 일어나는 일들을 인간사회에 적용시켜 보여주는 데 있다.

연극분야에서는 주로 종교극으로 장 보델(Jean Bodel, 1165~1210)의 『성 니콜라의 유희』(*Le Jeu de Saint Nicholas*), 아당 드 라 알르(Adam de la Halle, 1237?~1288)의 『녹음극』(*Jeu de la*

채색삽화에 나타난 〈롤랑의 노래〉

중세 조각 〈재판소에서의 파틀랭 선생〉

Feuillée, 1276), 아르눌 그레방(Arnoul Gréban, 1425?~1495?)의 『그리스도 수난극』(*Le Mystère de la Passion*, 1455)등이 대표 작품이며, 작자 미상의 『파틀랭 선생의 소극(笑劇)』(*La Farce de Maître Pathelin*, 1460)도 유명하다.

2) 16세기

프랑스 문학에서 근대를 여는 시대가 바로 16세기 르네상스이다. 르네상스Renaissance라는 말은 프랑스어로 재생, 부활을 의미하며, 훗날 문예부흥이라는 의미가 첨가된다.

16세기가 시작하기 직전인 1492년 콜롬부스는 아메리카 대륙을, 1498년 바스코 드 가마는 인도를 발견하였다. 이어 마젤란은 처음으로 세계일주(1519-1522)를 하는 등, 대탐험의 시대가 열렸다. 특히 15세기 인쇄술의 발명은 지식 보급을 확산시키는 촉매제가 되었다. 르네상스인들은 고대 그리스 · 로마 문화를 발판으로 새로운 인간주의적이며 인문주의적인 근대문화를 창조하려고 하였다. 실제로 그들의 사회 체제는 종교와 신 중심에서 인간과 과학 중심으로 옮겨가는 과도기를 형성하였다.

프랑수아1세는 이탈리아의 발달된 문화 예술을 프랑스에 도입하기 위하여 노력하였다. 칼뱅(Jean Calvin, 1509~1564)은 『기독교 강요』(*L'Institution de la religion chrétienne*, 1536)를 통해 종교개혁의 선두에 나섰다. 라블레(François Rabelais, 1494~1553)는 『팡타그뤼엘』(*Pantagruel*, 1532)과 『가르강튀아』(*Gargantua*, 1534)에서 전설적인 두 거인왕의 인간중심적 가치관을 강력한 리얼리즘으로 형상화하였다.

1549년 플레이야드la Pléiade 파의 조아킴 뒤벨레(Joachim du Bellay, 1525~1560)

등이 집필한 『프랑스어의 옹호와 선양』(*Défense et illustration de la langue française*, 1549)은 프랑스어의 옹호와 선양하는 방법을 가르친다. 롱사르(Pierre de Ronsard, 1524~1585)는 『오드 시집』(*Les Odes*, 1550)에서 사랑과 죽음, 자연, 조국애 같은 보편적인 주제들을 통해 내면적인 감정을 이끌어내어 서정미를 표현하였으며, 인간조건에 대한 명상과 평가의 대가인 몽테뉴(Michel de Montaigne, 1533~1592)는 '내 자신이 내 책의 소재'라고 밝히며, 『수상록』(*Les Essais*, 1595)에서 "나는 무엇을 아는가? Que sais-je?"라는 유명한 말을 남겼다. 그의 사상은 스토아주의와 회의주의를 거쳐 긍정적 자기완성의 길에 이른다.

도미에의 루이 필립 캐리커처 〈가르강튀아〉

라블레

몽테뉴

3) 17세기

17세기는 왕권신수설을 배경으로 절대왕정이 확립되고, 초기 자본주의가 성장하며, 근대 국가체제와 근대 문화의 확고한 토대가 구축되는 시기이다. 독자적인 자각을 가진 이 시기의 작가들은 르네상스인들이 고대의 숭상과 모방 위에 쌓아 올린 문학과 이상을 이어 받으면서 이성과 규율을 지향하는 고전주의 문학을 탄생시킨다. 1634년에 아카데미 프랑세즈Académie Française가 설립되고 리슐리에가 첫 후견인이 된다. 이 기관은 왕의 영광에 봉사하고, 사전과 문법책을 펴내며, 프랑스어를 더욱 갈고 닦아 이후 프랑스어로 된 주옥같은 작품들이 쏟아져 나오게 하는데 크게 이바지하였다. 이에 따라 고전주의 정신인 조화와 질서, 균형을 담고 있는 걸작들이 17세기 프랑스 문학을 찬란하게 장식한다. 고대의 모방을 통한 엄격한 형식미를 추구하는 고전주의 작가들은 데카르트(René Descartes, 1596~1650)의 합리주의 철학을 바탕으로 획일적이고 보편적인 이성과 기하학적인 정신이 지배하는 통일된 인간과 우주를 주로 표현한다. 데카르트는 프랑스어로 된 최초의 철학전문서 『방법서설』(*Discours de la méhode, 1637*)을 통해 네 가지의 보편율을 결정하였다. 첫째, 명증적이지 않은 것은 아무 것도 진리로 받아들이지 말고, 둘째, 어려운 문제는 되도록 하나하나 세분하며, 셋째, 간단한 것에서 복잡한 것으로 나아가고, 넷째, 충분한 열거와 총체적인 재검토를 행할 것을 주장하였다. 이처럼 수학을 본뜬 명증적 직관, 분석과 필연적 추리를 철학에 끌어넣은 그는 온갖 진리의 실마리가 되는 하나의 진리, 즉 '나는 생각한다, 고로 존재한다. Je pense, donc je suis.'를 출발점으로 삼았다.

파스칼(Blaise Pascal, 1623~1662)은 『팡세』(*Pensées*, 1668)에서 신 없는 인간의 비참함과 신과 함께하는 인간의 위대함을 주장하며 '인간은 자연 중에서 가장 약한 하나의 갈대에 지나지 않는다. 그러나 생각하는 갈대이다'

라는 말을 남겼다.

브왈로(Boileau, 1636~1711)는 고전주의 시 이론의 원칙을 요약한 작품 『시법』(*L'Art poétique*, 1674)를 썼고, 라퐁텐은 『우화시』 233편을 남겼다. 그의 우화시는 남의 행복을 깨뜨림 없이 자신의 행복을 추구하는 신사의 도덕이 숨어 있다.

특히 17세기에는 위대한 극작품들이 쏟아지는데 대표 작가로 비극을 주로 쓴 코르네이유(Pierre Corneille, 1606~1684)와 라신(Jean Racine, 1639~1699)과 희극을 많이 쓴 몰리에르(Molière, 1622~1673) 등을 들 수 있다. 코르네이유는 『르 시드』(*Le Cid*, 1636~1637)에서 명예를 소중히 여기는 영웅적인 의지를 지닌 인간을 묘사하였고, 라신은 『앙드로마크』(*Andromaque*, 1667)에서 모순과 약점에 찬 정념의 인간을 묘사하였다. 1680년 파리에 코메디 프랑세즈Comédie Française라는 극장을 세운 몰리에르는 인간의 약점을 잘 표현하였다. 그는 14세기 스페인의 전설적인 호색가를 소재로 한 『동 주앙』(*Don Juan*, 1665)과 『수전노』(*L'Avare*, 1668), 『타르튀프』(*Tartuffe*, 1664), 『인간혐오자』(*Le Misanthrope*, 1666) 등을 집필하였다.

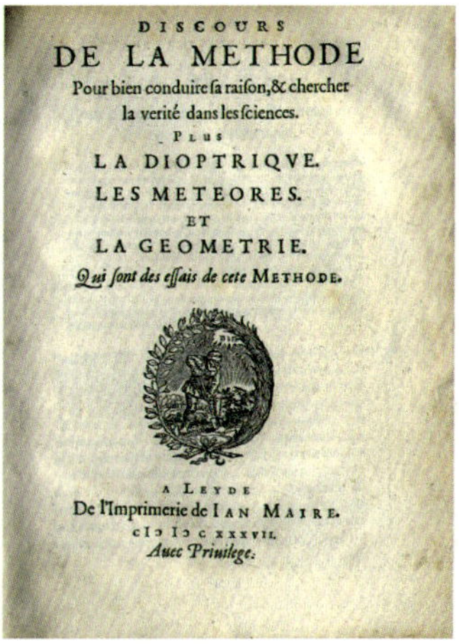

데카르트의 『방법서설』

파스칼

라퐁텐

코르네이유

라신

시이저로 분장한 몰리에르

4) 18세기

빛의 세기, 계몽 시대로 일컬어지는 18세기는 1715년 루이 14세의 죽음으로부터 1789년 프랑스 대혁명까지의 기간을 말한다.

계몽사상은 17세기 데카르트의 합리주의 철학 사상, 기계적인 자연관, 존 로크의 민주적인 정치사상을 바탕으로 태동하여, 절대왕정과 구제도를 날카롭게 비판하고, 자연권 사상과 사회계약설에 의거하여 근대적인 시민사회 건설의 사상적 기반이 되었다. 계몽사상가들은 인간의 이성의 능력과 이성에 의한 인류 문명의 무한한 진보를 확신하며, 자연의 조화와 질서를 깊이 믿고 과학 지식의 발달을 낙관하였다. 18세기는 작가들이 자신들을 사상가로 자처하며 철학사상을 담은 문학작품들을 많이 생산해내었다.

몽테스키외(Montesquieu, 1689~1755)는 『법의 정신』(*L'Esprit des lois*, 1748)에서 정

부의 권력이 입법, 사법, 행정으로 분리되고 그들에 의한 상호 견제와 균형의 상태에 도달하는 것이 가장 자연스러운 정부 형태라고 주장하였다. 또 서간체 풍자소설인 『페르시아인의 편지』(*Lettres persanes*, 1721)에서 페르시아인의 시각으로 당시의 프랑스 사회와 풍속을 재치있고 날카롭게 비판하였다.

볼테르(Voltaire, 1694~1778)는 『관용론』(*Traité sur la tolérance*, 1763)에서 칼라스 사건을 통하여 광신을 비판하고 야만적인 형벌 제도를 개혁할 것을 주장하며, 종교적 불관용이 참혹한 결과로 이어질 수 있음을 환기시키며 인간 정신의 자유를 주장하였다.

장-자크 루소(Jean-Jacques Rousseau, 1712~1778)는 『인간불평등기원론』(*Discours sur l'origine et les fondements de l'inégalité parmi les hommes*, 1755)에서 인간 불평등의 기원을 사유재산제도에서 찾았다. 그는 『사회계약론』(*Le Contrat social*, 1762)에서 전체의사에 의하여 사회가 통치되는 것이 가장 바람직하다고 주장하였고, 『에밀』(*Emile*, 1762)에서는 교육의 목적이 지식 주입보다 개인의 잠재 능력과 개성을 계발시키는데 있다고 주장하며 "식물은 재배에 의하여 가

몽테스키외

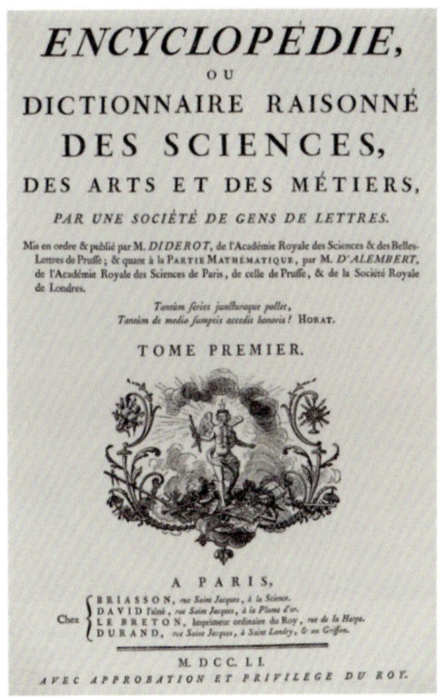

ENCYCLOPÉDIE,
OU
DICTIONNAIRE RAISONNÉ
DES SCIENCES,
DES ARTS ET DES MÉTIERS,
PAR UNE SOCIÉTÉ DE GENS DE LETTRES.
Mis en ordre & publié par M. *DIDEROT*, de l'Académie Royale des Sciences & des Belles-Lettres de Prusse; & quant à la PARTIE MATHÉMATIQUE, par M. *D'ALEMBERT*, de l'Académie Royale des Sciences de Paris, de celle de Prusse, & de la Société Royale de Londres.
Tantùm series juncturaque pollet,
Tantùm de medio sumptis accedit honoris! HORAT.
TOME PREMIER.
A PARIS,
Chez BRIASSON, *rue Saint Jacques, à la Science.* DAVID l'aîné, *rue Saint Jacques, à la Plume d'or.* LE BRETON, Imprimeur ordinaire du Roy, *rue de la Harpe.* DURAND, *rue Saint Jacques, à Saint Landry, & au Griffon.*
M. DCC. LI.
AVEC APPROBATION ET PRIVILEGE DU ROY.

백과전서 표지

꾸어지고, 인간은 교육에 의해 만들어진다"라고 하였다.

디드로(Denis Diderot, 1713~1784)와 달랑베르(D'Alembert, 1717~1783) 등 백과사전파 사람들은 『백과전서』(*L'Encyclopédie*, 1751) 총 33권을 펴내어 과학 지식과 계몽사상을 널리 보급하여 민중 계몽에 힘썼으며, 보마르셰(Beaumarchais, 1732~1799)는 『세빌리아의 이발사』(*Le Barbier de Séville*, 1755)와 『피가로의 결혼』(*Le Mariage de Figaro*, 1784)을 통해 프랑스 대혁명의 불씨를 지폈다.

디드로

보마르셰

5) 19세기

19세기는 프랑스 문학사에서 여러 사조가 우후죽순처럼 등장하며, 많은 걸작들이 배출되는 중요한 시기이다. 19세기 문학은 개인의 감정과 삶이 중심이 되고 18세기 이전의 문학에서 중요시되었던 사회적인 규범이나 도덕은 개인의 상황을 뒷받침하는 배경의 의미를 지니게 된다.

전기 낭만주의(1795-1820)

전기 낭만주의는 문자 그대로 낭만주의가 형성되기 이전의 문학을 말한다. 전통적인 아카데미와 살롱이 폐쇄되고 모든 문학 단체가 해체되는 시기에 태어난 이 사조는 새로운 전통을 창조하지 않을 수 없는 운명이었다. 아직 문학적 형식을 제대로 갖추지 못한 막연한 상태의 문학이었지만 사상의 노예로서가 아니라 독자적인 가치를 가진 새로운 표현을 찾기 위하여 움직이고 있었다. 전기 낭만주의 작품은 전원이나 미국의 대평원과 같은 자연을 배경으로 이성보다는 감성, 사회보다는 개인을 선호하여 사랑의 감정을 주로 다루었으며, 주인공들은 현실세계 뒤에 감추어진 다른 세계가 있다고 상상함으로써 현실세계에 실의를 느끼고 고독과 우수에 젖어 절망과 암흑 속을 헤맨다. 그 후 종교적 감정을 되살아나게 하여 중세를 동경하는 쪽으로 이끌어갔다. 대표 작가로 『아탈라』(*Atala*, 1801)와 『르네』(*René*, 1802)의 샤토브리앙(Chateaubriand, 1768~1848)과 『독일론』(*De l'Allemagne*, 1808~1810)의 스탈 부인(Madame de Staël, 1766~1817)이 있다.

샤토브리앙

스탈 부인

라마르틴

빅토르 위고

낭만주의(1820-1850)

서양의 여러 문예사조 중에서 가장 근간적인 변동의 하나가 낭만주의의 태동이다. 독자적인 문학운동으로 나타난 낭만주의는 문학에서의 대혁명이다.

일반적으로 낭만주의 작품은 불안, 동경, 갈증, 단절의식, 현실에 대한 혐오, 우수와 고뇌, 분노와 열정을 바탕으로 개인적인 서정이 감성적으로 표출되며, 자아의 고양과 예술의 해방을 추구한다. 따라서 연극에서는 고전주의 비극의 규칙들을 배격하고 유연한 질서를 따른다. 고전주의의 작품 소재가 그리스 로마 등 고대 사회에서 빌려 온 것이라면 낭만주의의 작품 소재는 성서와 중세 사회와 외국을 영감의 원천으로 삼고 있다. 대표 작가로는 『명상시집』(*Les Méditations poétiques*, 1820)의 라마르틴느(Lamartine, 1790~1869), 『고대와 근대의 시집』(*Poémes antiques et modernes*, 1826)의 비니(Alfred de Vigny, 1797~1863), 『파리의 노트르담』(*Notre-Dame de Paris*, 1831), 『레 미제라블』(*Les Misérables*, 1862)의 위고(Victor Hugo, 1802~1885), 『초기 시』(*Premières poésies*, 1829~1835)와 『새로운 시』(*Poésies nouvelles*, 1835~1852)의 뮈세(Alfred de Musset, 1810~1857) 등이 있다.

사실주의와 자연주의(1850-1890)

플로베르

모파상

낭만주의의 반동으로 나타난 사실주의는 과학에 의거하여 개인의 삶을 사회적 현실로 다루며, 현실을 객관적으로 묘사하였다. 사실주의 작가들은 인간과 인간 외적인 자연 모두를 대상으로 삼아 현실의 완전한 묘사를 시도하였다. 대표 작가로 『보바리 부인』(*Madame Bovary*, 1857)의 플로베르(Gustave Flaubert, 1821~1880), 『여자의 일생』(*Une Vie*, 1883)과 빼어난 단편소설들을 많이 남긴 모파상(Guy de Maupassant, 1850~1893), 『적과 흑』(*Le Rouge et le noir*, 1830)의 스탕달(Stendhal, 1783~1842), 방대한 분량의 『인간희극』(*La Comédie humaine*, 1842)의 발자크(Honoré de Balzac, 1799~1850) 등이 있다.

에밀 졸라(Emile Zola, 1840~1902)는 사실주의의 이론을 극단적으로 밀고 나가 생물학적 방법을 소설에 적용하여 자연주의 문학 이론을 세웠다. 그는 과학자가 실험실에서 실험하듯, 소설은 생각해내는 것이 아니라, 자료와 기록에 의해 저절로 이루어진다고 생각했으며 자기의 예술을 '하나의 기질을 통해 본 자연의 일각'이라 하였다. 그는 『목로주점』(*L'Assommoir*, 1877), 『나나』(*Nana*, 1879), 『제르미날』(*Germinal*, 1885) 등이 담긴 『루공 가와 마카르 가』(*Les Rougon-Macquart*, 1871~1893)를 남겼다.

상징주의(1880-1900)

19세기 후반 보들레르(Charles Baudelaire, 1821~1867)로 시작되는 상징주의는 베를렌(Paul Verlaine, 1844~1896), 랭보(Arthur Rimbaud, 1855~1891), 말라르메(Stéphane Mallarmé, 1842~1898)로 이어졌고, 발레리(Paul Valéry, 1871~1945)에 의해 그 중심 계보가 완성되었다. 상징주의 시인들은 인간의 내면세계로 들어가 존재의 본질과 생존의 신비를 전달하기를 원했고, 사물들이 하는 말에 귀 기울이며 사물들과 서로 상응하려 하였다. 따라서 그들은 시를 암시적인 표현방법을 매개로 사물의 영혼과 시인의 내면세계를 상징적으로 표현하였다.

보들레르는 시집 『악의 꽃』(*Les Fleurs du mal*, 1857)에서 사물들과 교감할 수 있는 암시적인 언어를 시 속에 옮겨놓았고, 『말 없는 연가』(*Romances*

보들레르

베를렌과 랭보

말라르메

sans Paroles, 1874), 『예지』(*Sagesse*, 1881) 등의 시집을 남긴 베를렌은 시법에서 음악성을 강조하였다. '시인은 견자見者가 되어야 한다'고 주장한 랭보는 시집 『지옥의 한 계절』(*Une saison en Enfer*, 1873)을, 말라르메는 '대지를 올페우스적으로 설명하는 것'이 시인의 의무라고 생각하며 장시 『목신의 오후』(*L'après-midi d'un Faune*, 1876) 등을 썼다. 이 시는 인상파 음악가 드뷔시에 의해 교향곡 〈목신의 오후 서곡〉(*Prélude à l'après-midi d'un faune*, 1894)으로 작곡되었다.

6) 20세기

20세기의 전반부는 제1·2차 세계대전으로 정치·사회적으로 위기의 시대였음에도 불구하고 문학에서는 다양한 문예사조와 거장들이 등장한 풍요로운 시기였다. 사상 면에서는 베르그송(Henri Bergson, 1859~1941)이 출현했으며, 시에서는 앙드레 브르통(André Breton, 1896~1966)과 로베르 데스노스(Robert Desnos, 1900~1945)로 대표되는 초현실주의가 나타나며, 대작 『잃어버린 시간을 찾아서』(*À la recherche du temps perdu*, 1913~1927) 7권을 쓴 마르셀 프루스트(Marcel Proust, 1871~1922)도 이때 등장한다.

우선 시에서 상징주의 작가 발레리와 초현실주의 시인 아폴리네르를 들 수 있다. 발레리(Paul Valéry, 1871~1945)는 장시를 통해 삶과 죽음에 대한 성찰을 그린 『해변의 묘지』(*Le Cimetière marin*, 1920)와 자아와 자연의 살아있는 관계를 다룬 『나르시스 단장』(*Fragments du Narcisse*, 1919)을 남겼다. 아폴리네르(Guillaume Apollinaire, 1880~1918)는 자연주의와 상징주의 이후의 모든 유파를 포괄하는 하나의 문학정신을 창조하고자 했다. 그의 시 『미라보 다

발레리

앙리 루소의 〈시인에게 영감을 주는 뮤즈〉에서
마리 로랑생과 아폴리네르

리』(*Le Pont Mirabeau*, 1912)는 아름다운 샹송이 되었다.

1950년대 등장한 누보 로망Nouveau Roman은 알랭 로브-그리예(Alain Robbe-Grillet, 1922~2008)의 작품 『누보 로망을 위하여』(*Pour un Nouveau Roman*, 1963)에서 이론화된다. 대표적인 누보 로망 작가로는 『어린 시절』(*Enfance*, 1983)을 쓴 나탈리 사로트(Nathalie Sarraute, 1900~1999), 『모데라토 칸타빌레』(*Moderato cantabile*, 1958)와 『연인』(*L'Amant*, 1984)의 마르그리트 뒤라스(Marguerite Duras, 1914~1996), 『변모』(*La Modification*, 1957)의 미셸 뷔토르(Michel Butor, 1926~) 등이 있다. 한편 소설에서 앙드레 지드(André Gide, 1869~1951)의 『좁은 문』(*La*

앙드레 브르통

로베르 데스노스

장-폴 사르트르와
시몬느 드 보부아르

Porte étroite, 1909), 프랑수아 모리악(François Mauriac, 1885~1970)의 『테레즈 데케루』(*Thérèse Desqueroux*, 1927), 앙드레 말로(André Malraux, 1901~1976)의 『인간조건』(*La Condition humaine*, 1933), 생텍쥐페리(Antoine de Saint-Exupéry, 1900~1944)의 『어린 왕자』(*Le Petit Prince*, 1943) 등이 있다. 실존주의 소설에서 알베르 까뮈(Albert Camus, 1913~1960)의 『이방인』(*L'Étranger*, 1942)과 장—폴 사르트르(Jean-Paul Sartre, 1905~1980)의 『구토』(*La Nausée*, 1938)가 있다. 또한 사르트르와의 계약결혼으로 유명한 시몬느 드 보부아르(Simone de Beauvoir, 1908~1986)는 20세기 페미니즘의 시발점이 된 『제 2의 성』(*Le Deuxième sexe*, 1949) 외에 『초대받은 여자』(*L'Invitée*, 1943) 등의 소설과 『얌전한 소녀의 회상』(*Mémoires d'une jeune fille rangée*, 1958) 등의 자서전을 썼다.

20세기의 후반부에서 미셸 투르니에(Michel Tournier, 1924~)의 『방드르디』(*Vendredi ou les Limbes du Pacifique*, 1967), 르 클레지오(Le Clézio, 1940~)의 『조서』(*Le Procès-verbal*, 1963) 등이 출현한다. 희곡에서는 사뮈엘 베케트(Samuel Beckett,

알베르 카뮈

1906~1989)의 『고도를 기다리며』(*En attendant Godot*, 1953), 이오네스코(Eugène Ionesco, 1909~1994)의 『대머리 여가수』(*La Cantatrice chauve*, 1950) 등 부조리 극작품들이 대표 작품이다.

프랑스의 대표적인 문학상, 공쿠르 상(Prix Goncourt)

프랑스 문학상중 최대의 명성을 자랑하는데, 상금은 10유로이다. 소설가 공쿠르 형제의 유언에 따라 1903년부터 아카데미 공쿠르(Académie Goncourt)가 매년 그 해의 소설에 수여하는 상이다. 수상자를 12월 첫 월요일에 발표한다. 수상자에게는 수상식장인 파리의 드루(Drouant) 식당에서 점심 식사가 제공되고, 팁은 심사위원들이 대신 내주는 재미있는 전통도 있다. 수상작은 매년 평균 약300,000권 정도가 판매되어 작가와 출판사는 한 해에 각각 약 8억 원 정도의 수입을 올릴 수 있다. 프루스트의 『아름다운 처녀들 그늘에서』, 말로의 『인간의 조건』, 뒤라스의 『연인』, 에밀 아자르의 『자기 앞의 생』, 모디아노의 『어두운 상점들의 거리』 등이 우리에게 알려진 역대의 수상작이다. 이외에 페미나 상(Prix Fémina), 르노도 상(Prix Renaudot), 엥테랄리에 상(Prix Interallié) 등 1,500여 개의 문학상이 프랑스에 있다.

2. 사유의 연금술—데카르트에서 들뢰즈까지

현대 프랑스 철학은 여타의 문화, 예술 분야에서와 마찬가지로, 수세기에 걸쳐, 좁게는 유럽 내에서 넓게는 전 세계적으로 지대한 영향력을 행사하였다. 19세기에 약화되었던 철학의 영향력은 1940년대 사르트르의 실존주의 이후 다시 강화되었다. 이어 1950년대부터 프랑스 철학은 세계 철학의 흐름을 이끌어 왔다. 20세기 후반기에 세계의 철학계와 지성계에 절대적 영향을 끼친 구조주의, 기호학, 포스트구조주의와 같은 독창적인 철학 사조들은 모두 프랑스에서 발생한 것이다. 프랑스 철학의 이러한 사유들에 대한 이해는 프랑스 문화의 근원적 토대를 이해하고 세계 인문학의 흐름을 파악하는 데 꼭 필요하다.

1) 근대 철학의 효시

데카르트(René Descartes, 1596~1650)는 대륙의 합리주의와 근대철학의 문을 연 철학자이다. 그는 모든 인식이 수학적 방법에 의하여 확실한 지식에 도달할 수 있다고 생각하고, 철학의 확고한 기초가 될 수 있는 출발점을 찾기 위해 모든 것을 의심하는 데서부터 시작하였다. 이를 방법적 회의

데카르트

라 한다. 그는 우선 세계에 관한 인식의 기초로서의 감각적 경험의 가치에 대한 확실성을 의심한다. 그리고 '나'를 둘러싼 이 세계가 실제 존재하는가, 아니면 한낱 상상에 불과한가, 나에게 지각된 것과 같은 성질의 존재인가에 대해 의심한다. 이러한 회의로부터 인간의 이성이 명석하게 인식한다면 결코 오류를 범하지 않는다는 것이다. 그는 다음과 같은 결론에 다다른다. "나는 생각한다. 고로 나는 존재한다. Je pense, donc je suis."

동시대의 수학자이면서 물리학자인 사상가 파스칼(Blaise Pascal, 1623~1662)은 데카르트의 이성 중심주의를 비판하면서도 보완하는 입장을 견지하였다. 그는 인간의 인식행위에서 이성과 더불어 심정의 중요성을 강조한 것이다. 그는 인간의 유한성을 인식하였지만 "인간은 생각하는 갈대"라는 인식하에 인간의 위대함을 강조한다.

2) 계몽사상

18세기의 계몽사상은 신, 이성, 자연, 인간 등의 개념을 하나의 세계관으로 통합한 사상운동이다. 당시의 사람들 사이에서 폭넓은 공감대를 형성하고 예술, 철학, 정치에 혁명적 발전을 가져온 계몽사상의 핵심은 이성 중심적인 철학 사상이다. 이성의 힘에 의해 인간은 우주를 이해하고 자신의 삶을 개선할 수 있으며, 지식, 자유, 행복이 합리적 인간의 목표라고 보았다. 계몽사상은 기독교와 군주제에 대해 적대적이었으며, 세계주의를 표방하였다.

볼테르

계몽사상은 17세기 자유사상가들의 인식을 비판적으로 수용하면서도 심화시켜 인간의 해방에 주력하여 프랑스 대혁명의 사상적 토대가 된다. 이 사상은 전반기에 몽테스키외, 볼테르를 중심으로 다소 온건하게 나타났으나, 후반기에 매우 강한 투쟁적 성격을 띤다. 볼테르, 디드로, 루소 등을 중심으로 한 사상적 비판이 프랑스인들을 각성시켜 구체제를 타파하는 혁명적인 정신 상태로 이끈다.

몽테스키외(Montesquieu, 1689~1755)는 『법의 정신』(1748)에서 개인의 자유에 필수적인 입법, 사법, 행정의 삼권분립의 원칙을 제시하였다. 루소(Jean-Jacques Rousseau, 1712~1778)는 『인간 불평등 기원론』(1755)에서 불평등을 소수에 의한 토지와 노동수단의 소유에서 찾음으로써 마르크스Karl Marx에게 많은 영향을 주었으며, 『사회계약론』에서는 인간의 사회성은 인정하지만 변질된 사회계약을 비판하고 개인의 자유의지를 강조하였다. 『에밀』은 교육론으로서, 자유로운 교육을 강조하는 근대 교육에 영향을 주었다. 루소의 모토는 "자연으로 돌아가자"는 것이다.

3) 실증주의

프랑스의 19세기 전반을 지배하는 철학 경향은 실증주의이며, 대표 이론가는 콩트(Auguste Comte, 1798~1857)이다. 형이상학에 대해 부정적인 실증주의는 주어진 것, 사실적인 것, 실증적인 것에서부터 출발한다. 즉 주어진 사실에만 의존하며, 사회적으로 유용한 것만을 존중하고, 논란의 여지가 있는 것은 배제하여 분명히 규정될 수 있는 것만을 다루고자 하였다. 콩트는 인간 정신의 발전 단계를 신학적 혹은 가상적 단계, 형이상학적 혹은 추상적 단계, 과학적 혹은 실증적 단계의 3단계로 나누었다. 그에 의하면 실증적인 시대란 전체의 의미가 개인의 의미보다 강조되고, 개인이 전체에 동화하는 이성적인 사회구조를 지향하며, 실증적인 탐구정신으로 인류의 미래를 제시하는 시대이다. 이를테면, "사람이 원칙이고 질서가 그 근거

오귀스트 콩트

이며 목표는 진보"인 것이다.

4) 생의 철학

실증주의 이후에 나타난 베르그송(Henri Bergson, 1849~1941)의 사유는 생의 철학으로 지칭된다. 생의 철학은 삶을 그 중심 과제로 하는 철학 사상으로서, 쇼펜하우어와 니체로부터 영향을 받았고, 계몽주의와 합리주의에 대해 비판적이었으며, 낭만주의적 사유를 계승하였다. 생의 철학은 생을 사유의 수단으로 파악되지 않는 살아 있는 어떤 것으로 간주하며, 변화, 생성, 발전을 중요시 한다. 베르그송은 철학적 출발점을 공간과 시간의 관계에서 찾았으며, 공간은 존재하는 것이므로 오성에 의한 파악이 가능하지만, 시간은 흐르는 것이기에 오성에 의한 파악이 불가능하여, 직관으로만 파악이 가능하다고 보았다. 또한 끊임없는 삶의 충동이 생을 이끌고 가는 것이며, 이러한 충동이 인간의 자유를 나타내는 형식이라는 것이다. 그의 철학의 과제는 약동하는 삶을 직관으로 파악하는 것이다. 종교도 두 가지로 구분하여, 정적인 종교는 인간을 결속하고, 유지하며, 양보해서 조화를 찾게 하는 역할과 환상을 통해 완전한 신을 만듦으로써 인간이 고통을 감당하도록 해 주는 것이고, 동적인 종

베르그송

교는 도달할 수 없는 어떤 것을 예감으로 파악하면서 생명의 샘이 흘러나오는 곳으로 되돌아가고자 하는 것으로서, 도덕에서처럼 비범한 인간에게만 가능하다고 하였다.

5) 실존주의

실존주의의 대표자는 사르트르(Jean-Paul Sartre, 1905~1980)이다. 실존주의는 제2차 세계대전 이후 프랑스에서뿐만 아니라 전 세계적으로 매우 큰 영향력을 끼친 철학 사상이다. 사르트르는 프랑스 최고의 파리 고등사범학교를 수석으로 졸업할 정도로 명민하였다. 1940년대 초반에는 독일군에 항거하여 레지스탕스에 참여하였고, 1964년에는 노벨문학상 수상자로 결정되었지만, 수상을 거부하였다. 그의 수많은 저서 중 대표적인 저서는 초기의 『존재와 무』(1943), 후기의 『변증법적 이성비판』(1960)을 꼽을 수 있다.

그는 철학자이면서도 소설, 희곡, 문학평론 등 많은 작품을 남긴 문학가이다. 그는 자신의 사상을 단지 철학서만이 아니라 문학서를 통해 표출한 것이다. 그는 참여문학론을 전개하고, 스스로를 참여문학가라 칭하였다. 그는 작가가 언어를 사용하는 것은 결국 행동하는 것이며, 작가의 역할은 사회의 변혁을 목표로 숨겨져 있는 진실을 드러내고 폭로해 내는 동적인 역할을 하고, 모든 인간에게 자유를 인식하게 함으로써, 자유의 억압에 대처해 나가기를 호소하는 것이라고 하였다.

그는 인간의 행위를 다른 사물의 작용과 구분하였다. 사물의 작용은 어떤 상태에서 그것의 작용에 의해 다른 상태로 변하는 것이지만, 인간의 행위는 아직 존재하지 않은 것, 즉 도달하려는 목표에 의해 규정된다.

따라서 사물의 현재는 과거에 의해 규정되지만, 인간에게는 미래에 의해 현재가 규정된다는 것이다. 이러한 의미에서 사르트르는 "실존은 본질보다 앞선다"고 하였다. 인간 행위에서 가장 중요한 요소는 계획 속에 있지만 아직 도달되지 않은 어떤 것이며, 자유는 인간에게 생득적으로 부여된 것이 아니라, 가능성을 향한 계획과 더불어 획득되는 것이라고 하였다. 그에 의하면, 가능성에 대한 계획이란 많은 가능성 중에서 하나를 선택한다는 의미이고, 선택이란 인간에게 있어 존재한다는 것과 동일한 것이며, 인간은 자유롭도록 즉 선택하지 않으면 안 되도록 저주 받은 존재이다. 자유는 자의를 의미하는 것이 아니고 스스로 선택한다는 것을 의미하며, 따라서 자유는 필연적으로 책임을 수반하지 않을 수가 없는 것이다. 그리고 대상은 자유에 방해되는 것이 아니고 자유가 실현될 수 있는 전제이며, 자유는 선택을 통한 자기규정이고 그것이 실현되기 위해서는 대상이 필요할 뿐더러, 자유는 나와 독립해 있는 대상에 의해 방해 받지 않으며 인간의 과거도 현재의 자유를 속박할 수 없다. 타인은 나와 마찬가지로 또 다른 하나의 자유이며, 타인과의 접촉은 시선에서부터 시작되어, 타인의 시선 속에서 '나'는 하나의 대상이 되는 것이다. 내가 타인의 자유를 인정하는 것처럼 타인도 나의 자유를 인정해 주고, 내가 그의 존재

사르트르

에 의해 제한 받는 것처럼 그도 나의 존재에 의해 제한 받을 때 서로의 가능성이 인정된다.

인간은 상황 속에 존재하며, 상황은 자유와 사실성과의 상호작용이다. 인간은 주어진 것을 창조하는 것이 아니라 그것에 의미를 부여하는 존재인 것이다. 상황은 주어진 것의 의미가 복합된 것으로서, 그것은 순전히 나의 계획과 선택에 의한 것이므로 결국 나에 의해 야기된 것과 마찬가지인 것이다. 주어진 것에 대한 태도 여하에 따라 상황의 의미가 달라짐으로 이 상황에 대한 책임은 전적으로 나에게 있는 것이다. 결국 사르트르에게 자유, 선택, 책임은 항상 불가분의 관계에 있는 것이다.

6) 구조주의

구조주의는 실존주의 이후 1950년대에 프랑스에서 발생하여 이후 전 세계로 파급되었다. 구조주의는 모든 문화 현상이 언어처럼 구조화되어 있다는 인식 하에 인간의 문화 현상 속에서 언어 구조와의 유사성을 찾고자 한 철학적, 문화적 사유 체계라 할 수 있다. 1950년대 이후, 프랑스의 구조주의자들이 많이 있지만, 레비스트로스(인류학), 바르트(문학과 문화), 라캉(정신분석학), 푸코(철학) 등이 주요 구조주의자들이다. 이 외에 철학 분야의 알튀세르(Louis Althusser, 1918~1990), 비평 분야의 주네트(Gérard Genette, 1930~), 토도로프(Tzvetan Todorov, 1939~), 크리스테바(Julia Kristeva, 1941~) 등이 있다.

구조주의의 선구자는 레비스트로스(Claude Lévi-Strauss, 1908~2009)이다. 그는 『슬픈 열대』(1955)라는 책을 통해 구조주의적 사유를 전파하고 대중화시키는 데 성공한다. 이 책에서 그는 자신의 사상적 토대를 형성한, 세 스승을 지질학, 정신분석, 마르크시즘으로 꼽는다. 야콥슨의 영향을 받은 그는 자신의 글 속에서 끊임없이 언어학의 중요성을 설파하여, 언어학이 구조주의의 본질적인 요소로 인식되도록 하는 데 많은 영향을 준다. 레비스트로스는 소쉬르의 언어 이론을 문화에 적용하여 언어가 작동하는 것처럼 문화도 하나의 구조로 이해하고자 하였고, 인간의 사유는 문화의 산물이며, 문화는 사람들이 그 내부에서의 행위 방식에 영향을 주는 의미체계로 파악하였다. 그는 브라질 원시 부족의 친족 관계가 언어에서의 음운 체계처럼 조직화되어 있다는 것을 규명했다. 그리고 각각의 규칙은 따로 분리해서 바라볼 때는 별 의미 없어 보일지라도 전체 체계의 부분으로는 타당한 의미를 지닐 수 있다는 입장을 갖는다. 이러한 맥락에서 음식을 음운론적 시각에서 파악하였고(날 것/익힌 것, 구운 것/삶은 것), 신화 속의 어떤 진술은 다른 진술과

레비-스트로스

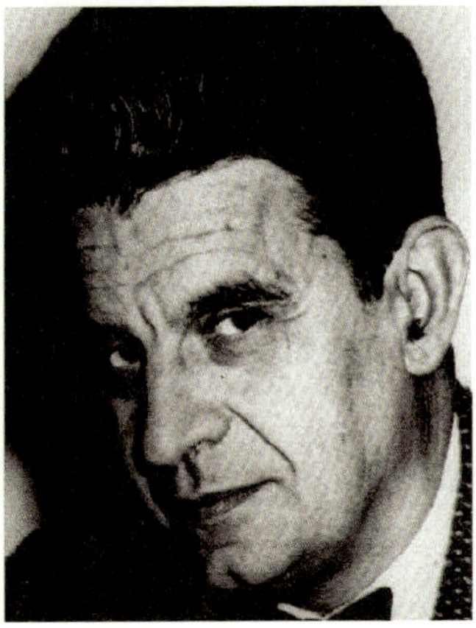
라캉

의 관계 안에서만 타당성을 지닌다고 보았다. 그는 원시 부족과 산업화된 사회에는 우열이 없다는 입장을 지니고 있었는데, 이것에 대해 역사와 사실을 무시하고 미개문화를 이상화시킨다고 비판받을 수 있지만, 인간 사회에서 의미가 어떻게 작동하는가 하는 중요한 근거를 발견한 점에서 높이 평가받을 수 있다. 그에 의하면, 문화를 구성하는 상이한 의미 체계들이 존재하며, 이러한 체계들의 통합은 집합적인 인간의 마음을 반영한 것으로서, 사람들의 행위는 자신의 자각과는 무관하게 문화적으로 결정된다. 그의 구조주의적 사유가 밝히고자 하는 것은, 의미는 언어체계와 상동적인 체계 안에서 형성된다는 것이다. 언어는 인간을 다른 동물과 구분하는 압도적인 변별적 특징으로서, 문화적 현상의 원형이다. 때문에 인간에 대해 말하는 것은 언어에 대해서 말하는 것이고, 언어에 대해서 말하는 것은 사회에 대해서 말하는 것이다. 그는 궁극적으로는 문화 전체가 하나의 거대한 언어인 것으로 파악한 것이다.

라캉(Jacques Lacan, 1901~1981)은 프로이트와 소쉬르의 계승자로서, 구조주의적 정신분석학자로 분류된다. 그는 무의식이란 마치 언어처럼 구조화되어 있다고 주장한다. 라캉에게 의식은 무의식의 일부분인 까닭에 무의식이 의식보다 중요하다. 라캉은 무의식적 욕망으로부터 인간의 자아를 보호해야 한다는 식으로 프로이트를 수용하는 정신분석학자들을 폄하한다. 그것은 자아는 의식 그 자체를 의미하며, 자아가 강해질수록 무의식이 그만큼 부인되기 때문이다.

푸코(Michel Foucault, 1926~1984)는 소쉬르를 비롯한 구조주의의 계승자로서, 지식이 언어에 의해 구조화 되어온 방식에 주목하며 구조주의자로 출발하였다. 그는 사상이 특출한 개인의 정신을 통해 만들어지는 것이 아니라, 언어체계의 일부분으로 발전하는 것으로 보았다. 그에 의하면, 지식은 권력에 의해 생산된다. 그것은 권력이 사람들에게 어떤 것은 받아들이고 어떤 것은 거부하게 만들기 때문이다. 권력은 사람들의 사유와 행동을 통제하기 위해 지식을 사용하는 것이고, 자유와 이성의 개념은 어떤 사회에서 구조화된 권력의 방식에 따라 행동하지 않는 사람들을 다루기 위한 사회적 통제로서 만들어진 것으로 푸코는 파악했다.

푸코

7) 기호학

기호학은 "기호의 기능과 본성, 의미 작용과 표현, 의사소통과 관련된 다양한 체계를 연구하는 학문" 분야로 정의될 수 있다. 달리 말하면, 사람들이 사용하는 "기호를 지배하는 법칙과 기호 사이의 관계를 규명하고, 기호를 통해 의미를 생산하고 해석하며 공유하는 행위와 그 정신적인 과정을 연구하는 학문" 인 것이다.

구조주의와 불가분의 관련성을 지닌 기호학 역시 소쉬르 언어학에 그

바르트

주요한 사유기반을 두었다. 소쉬르(Ferdinand de Saussure, 1857~1913)는 1900년대 초에 『일반 언어학 강의』에서 기호학을 미래에 탄생할 학문으로 예견하였다. 그는 기호학을 "사회생활 내에서 기호들의 삶을 연구하는 과학"으로 정의하면서, 언어학이 기호학의 일부분이 되어야 한다는 입장을 지니고 있었다.

1957년 롤랑 바르트(Roland Barthes, 1915~1980)가 저서 『신화론』에서 처음으로 자신의 작업을 "기호학"이라 칭하면서 기호학이 인문학의 전면에 등장하기 시작한다. 그는 점차 소쉬르와는 달리 기호학이 언어학 속에 편입되어야 한다는 입장을 갖는다. 학문으로서의 기호학이 세인들의 집중적인 관심을 이끌게 된 것은 바르트를 중심으로 한 프랑스의 기호학자들에 의해서이다. 오늘날에는 언어기호학, 문학기호학, 영화기호학, 광고기호학, 연극기호학, 건축기호학, 음악기호학 등 다양한 분야로 발전하고 있다. 요컨대 기호학은 인간의 삶 속에서 인간과 관련된 모든 것은 기호로 이루어져 있다는 입장을 견지하고 있다. 기호학의 가능성을 처음 예견한 사람은 소쉬르이고, 기호학의 가능성을 처음 제시한 사람은 바르트이지만, 기호학을 끝까지 자신의 주요 주제로 설정한 사람은 그레마스(Algirdas-Julien Greimas, 1917~1992)라고 할 수 있다.

8) 포스트구조주의

데리다

들뢰즈

시기적으로 68혁명 전후에 등장한 이 사유는 구조주의와 많은 것을 공유하나, 한편으로 그것으로부터 벗어나거나 절연하고자 하는 경향을 보인다. 이 시기를 대표하는 인물로, 해체주의 철학자 데리다(Jacques Derrida, 1930~2004), 마르크스주의와 정신분석학을 비판적으로 수용하면서 정신분석학자 가타리(Felix Guattari, 1930~1992)와 많은 공동작업을 통하여 현대 사회를 심층적으로 분석한 들뢰즈(Gilles Deleuze, 1925~1995)를 들 수 있다. 그러나 레비스트로스를 예외로 한다면, 대부분의 구조주의자들은 포스트구조주의자로도 분류된다.

구조주의적 사고에서 포스트구조주의적 사고로 이행하게 된 데에는 라캉, 알튀세르, 푸코, 크리스테바, 바르트, 리오타르Jean-François Lyotard, 보드리야르Jean Baudrillard 등의 작업이 주요했다. 포스트구조주의는 '구조'라는 개념과 거리를 두고, '차이', '다원성', '개방성', '즐김' 등을 강조한다. 포스트 구조주의적 담론의 출발 또는 대표적 저작 중의 하나로 일컬어지는 『에스/제드S/Z』의 바르트는 러시아의 민담 연구가 프로프Vladimir Propp, 레비스트로스, 크리스테바, 푸코, 데리다, 들뢰즈, 라캉 등의 인식체계들이 자신의 포스트구조주의적 사유 기반이라고 밝혔다. 바르트 이래로 일군의 포스트구조주의자들은 다양한 분야와 성향의 철학자들, 사상가들로부터 이론적 요소들을 수용하고 이를 결합, 가공, 전위시켜 독창적인 이론들을 생산하였다. 구조주의자들과 포스트구조주의자들의 화려한 철학 작업 덕분에 프랑스 철학은 20세기 하반기 내내 세계 철학의 흐름을 이끄는 중심에 있었다.

프랑스문화 테마기행

5장 프랑스의 예술

1. 회화

1) 중세 회화

중세 회화는 프랑스 회화의 근원이다. 중세 초기에 프레스코 벽화는 대부분 사라졌지만, 로마네스크 성당 내부에 남아 있다. 프레스코 벽화는 후에 12~13세기에 걸쳐 본격적으로 발달한 고딕 교회 건축에서 스테인드글라스로 대체되었다. 성당 벽의 넓은 부분인 창을 통해 들어오는 빛의 신비한 효과 때문에 스테인드글라스는 교회 건축에서 불가결한 것이었으며, 주로 성경을 주제로 이에 부합하는 색과 빛을 이용하여 종교

샤르트르 대성당의 색유리

노트르담 대성당의 색유리

적 영혼 고양을 강조하였다. 생 드니 대성당, 파리 노트르담 대성당, 샤르트르 대성당의 스테인드글라스가 유명하다.

14세기에는 시청, 대학, 궁전, 사무실 등 세속적 건물 중심으로 모든 분야의 미술이 발달하였다. 스테인드글라스에 의해 교회에서 밀려난 벽화는 성의 벽면을 장식하였다. 궁정 생활의 일상 장면과 아름다운 종교화로 채워진 아비뇽 교황청의 벽화는 이탈리아 시에나 화가들의 영향을 받은 가장 중요한 벽화이다. 14세기 회화에서 빼놓을 수 없는 것이 성경의 채색삽화이다. 화가이며 귀금속 공예가인 퓌셀(Jean Pucelle, 1300~1355)은 채색삽화의 대표적 화가로서 고딕 미술에도 큰 영향을 미쳤다. 벨빌의 〈성무일도서〉와 데브뢰의 〈성무일도서〉의 채색화가 그의 대표작이다. 또한 이탈리아 화가들의 영향으로 나무판이나 금판에 그린 종교화나 휴대용 제단과 같은 사치품이 파리에서 발달한다. 이 때 주로 사치스러움, 여성적인 우아함, 세속적인 관심 등이 전 유럽으로 확산되어 '국제고딕양식'이 탄생했다.

국제고딕양식

국제고딕양식은 미술이나 회화를 중심으로 모자이크, 태피스트리, 칠보세공, 자수 및 스테인드글라스 등에서 공통으로 나타난 양식으로 14세기 중엽부터 프랑스 궁정에 모여든 플랑드르 화가들과 아비뇽에서 활약한 시에나 화가들 사이에 국제 교류를 통해 이루어졌다. 주된 특징은 유연한 곡선 형식으로 인위적이고 목가적인 분위기에 세속적인 상류사회에 대한 관심이 두드러지게 표현된 것들이다.

앙제 성의 태피스트리 〈요한 묵시록〉

도를레앙 〈선량왕 장 2세〉

랭부르 〈베리 공작의 기도서〉

한편 태피스트리가 교회와 성의 중요한 벽면 장식 요소로 등장하였다. 지금까지 알려진 가장 오래된 걸작은 바타이유(Nicolas Bataille, 1330~1405)가 앙제의 공작을 위해 1373년에서 1380년까지 파리에서 제작한 70개의 그림으로 짜인 앙제 성의 〈요한 묵시록〉이다. 14세기의 초상화는 사실적이다. 도를레앙(Girard d'Orléans, 1344~1361)은 옆모습을 그린 독창적인 최초 초상화로 〈선량왕 장 2세〉의 초상화(1360)를 남겼다.

카롱 〈아우구스투스와 티부르의 여자 마법사〉

퐁텐블로파 〈가브리엘 데스트레와 드 비라르 공작부인〉

15세기는 회화에서 가장 찬란한 시기 중 하나이다. 랭부르 형제(Paul, Herman, Jean Limbourg, 1385~1416)의 〈베리 공작의 기도서〉와 푸케(Jean Fouquet, 1420~1481)의 〈르네 왕의 연서〉로 대표되는 15세기 채색화는 14세기에 이어 형식의 우아함과 세련미, 돋을새김의 부드러움, 길이와 방향이 돋보이는 세밀화로 완성되었다. 르네상스 기법을 회화에

클루에 〈나바라 왕비 마르그리트의 초상화〉

가장 먼저 도입한 화가가 푸케이다. 벽화는 '죽음의 무도'라는 당시의 독특한 주제를 다루었으며, 셰즈-디외Chaise-Dieu 수도원의 〈죽음의 무도〉가 뛰어난 비장미를 보여준다.

2) 16세기 회화

프랑수아 1세와 앙리 2세의 통치 하에 이탈리아주의는 건축과 조각보다 그림에 더 많은 영향을 끼쳤다. 1530년 프랑수아 1세는 퐁텐블로로 이탈리아의 르로소와 프리마티체를 초빙하여 성의 내부 장식을 맡긴다. 그들은 기교주의를 구가했으며, 이탈리아 르네상스 예술을 프랑스에 퍼트렸다. 이들의 뒤를 이은 프랑스 작가 쿠쟁(Jean Cousin, 1495~1560?)(《판도라》)과 카롱(Antoine Caron, 1521~1599)(《아우구스투스와 티부르의 여자 마법사》)은 이탈리아인들을 능가하여 통일된 주제와 양식을 만들어냈다. 같은 시기에 클루에(Jean Clouet, 1480~1541)(《나바라 왕비 마르그리트의 초상화》)와 드 리옹(Corneille de Lyon, 1500?~1575) 등 초상화 화가가 대거 등장하여 발루아 왕궁의 인물들의 기품과 활기로 가득한 초상화들을 그렸다. 이들은 유화보다는 신속하고도 우아한 연필화를 이용하였다.

퐁텐블로파라는 일련의 작가 미상의 화가들이 이탈리아 매너리즘Maniérisme 양식(일정한 기법이나 형식 따위가 습관적으로 되풀이되어 독창성과 신선한 맛을 잃어버리는 것을 일컫는다)을 수용하여 고대 신화와 우화를 주제로 나체 여인의 관능미와 왕궁의 기교적인 우아한 내부나 귀족들의 화려한 모습을 그렸다(〈가브리엘 데스트레와 드 비라르 공작부인〉). 이는 바로크 시대의 회화에 곧바로 연결된다.

루이 르 냉 〈농부의 저녁식사〉

3) 17세기 회화

17세기 전반기에 르 냉 형제와 조루주 드 라 투르가 있다. 르 냉(Antoine, 1599~1648), (Louis, c.1593~1648), (Mathieu le Nain, 1607~1677)의 〈농부의 저녁식사〉는 플랑드르 지방 장르화의 주제 중 하나로, 북유럽 미술의 사실주의에서 영향을 받아 인물들이 사실적이고 엄격하며 무게감을 준다. 로렌 지방에서 활동한 드 라 투르(Georges de La Tour, 1593~1652)는 강한 빛의 대비(카라바지오의 명암법)를 사용하여 종교적 영감이 짙게 녹아 있다(〈양치기의 경배〉). 밤의 호롱불이나 촛불에 비추어지는 광경을 소재로 삼아 소박하고 온화한 분위기와 장면에 신비감을 감돌게 한다.

드 라 투르 〈양치기의 경배〉

로랭 〈타르수스에 도착한 클레오파트라〉

푸생 〈아르카디아의 목동들〉

17세기 중엽, 유럽에서 가장 풍요롭고 강력한 프랑스는 유럽 예술의 중심지가 되었다. 일명 베르사이유 세기라고 불리는 17세기의 예술은 바로크의 등장으로 고전주의적, 귀족적, 영웅적이며, 바로크의 대표적 특징인 양감, 광채, 동감은 빛과 어둠 사이의 역동성, 극적인 긴장감, 운동감, 격렬한 감정 등을 표출한다.

대표적인 풍경화가인 로랭(Claude Lorrain, 1600~1682)은 현실과 다르게 보이게 만드는 햇살과 대기 속에 화면 전체의 장면이 녹아 들어가게 하는 묘사로, 색채를 이용하여 빛을 탐색하고, 동틀 무렵과 대낮, 저녁을 통하여 빛의 미묘한 유희를 추구하였다. 처음으로 자연의 숭고한 아름다움에 사람들의 눈을 뜨게 한 화가이다(〈타르수스에 도착한 클레오파트라〉, 연작 〈아침〉, 〈낮〉, 〈저녁〉, 〈밤〉 등).

풍경의 목가적인 성격을 띤 로랭과 대조를 이룬 푸생(Nicolas Poussin, 1594~1665)은 '아카데믹한' 거장들 중에서 가장 위대한 작가로서 감수성과 지성의 결합을 통하여 이탈리아의 고전 바로크 양식을 프랑스의 고전주의와 결합시켜 고전주의 회화를 완성했다. 격동적인 리듬과 관능적이며 극적인 정경들이 이를 대변한다. 그는 신화, 고대사, 성서 등에서 소재를 골

랐다(〈사비나 여인들의 납치〉, 〈계단 위의 성 가족〉, 〈아르카디아의 목동들〉). 그의 고전주의 그림의 장대하고 세련된 구성과 정취는 그 후 프랑스 회화에 커다란 영향을 끼쳤다.

1648년 프랑스 '왕립 회화 아카데미'의 창립은 17세기 이후 미술에서 매우 중요한 사건이었다. 고전주의는 신아카데미의 영향과 르 브룅Charles le Brun의 지도하에 아카데미즘으로 바뀌었다. 아카데미는 서사적인 역사화를 회화의 최고로 여겼기 때문에 고대 그리스 미술, 라파엘로의 르네상스 회화, 당대의 푸생의 작품은 아카데미 화가들에게 최고의 모델이었다. 프랑스 아카데미의 엄격한 학습방식은 19세기 쿠르베나 마네가 등장하기 전까지 오랫동안 미술의 이념과 생산을 독점하였으며, 미술가들의 창조성을 억누르는 폐단을 가져오기도 하였다.

루이 14세 후반기부터 아카데미즘에 연결된 화려한 초상화 기법들이 이미 18세기를 예고한다. 고전적인 부동의 표정 대신에 인물의 내면성을 표현한 리고(Hyacinthe Rigaud, 1659~1743)의 초상화가 이에 해당한다(〈루이 14세〉, 〈보쉬에〉).

4) 18세기 회화

18세기 초 회화의 활동 무대는 여전히 교회와 왕실이었지만 부르주아의 등장으로 살롱이 새로운 무대로 등장하였다. 자유롭고 향락적인 인간 감정이 존중되기 시작하면서 로코코Rococo 예술이 등장한다. 부르주아들은 바로크의 묵직한 미감 대신에 가벼움을, 지적인 구성 대신에 관능적인 로코코를 선호했다. 로코코는 그들의 연애와 우아한 연회를 주제로

바토 〈질〉

샤르댕 〈담뱃대와 물병이 있는 정물〉

유희적이고 변덕스럽지만, 동시에 사치스럽고 우아하고 부드럽고 내면적인 성격을 띤다. 그러나 시간이 지나면서 향락적이고 퇴폐적인 분위기로 변질되었다.

18세기 대표적인 화가 바토(Antoine Watteau, 1684~1721)는 섬세하고 은유적인 묘사로 프랑스 회화사에서 가장 위대한 채색화가였다(〈질〉, 〈키테라 섬으로의 출항〉). 그는 궁전풍속과 상류사회의 취미에 적합한 로코코회화 특유의 우아하고도 관능적인 테마와 정서를 확립했다.

로코코 화가 샤르댕(Jean-Baptiste-Siméon Chardin, 1699~1779)은 평범한 아름다움에 대한 민감한 감수성과 공간 질서에 대한 명쾌한 감각으로 가정적인 정경을 화폭에 담았으며, 신중하게 구사된 색조의 미묘한 농담의 변화를 구사한 풍속화가이면서 정물화가였다(〈차 마시는 여인〉, 〈교사〉, 〈셔틀콕을 든 소녀〉). 부셰(François Boucher, 1703~1770)는 '신흥부자들'과 자유주의적 궁정인사들에게 가장 환영받는 에로틱한 장르의 대가이며 로코코 회

프라고나르 〈그네〉

화의 가장 중요한 주제인 연애신화의 창조자이다(〈퐁파두르 후작부인의 초상〉, 〈일몰〉). 프라고나르(Jean-Honoré Fragonard, 1732~1806)는 움직임의 정열이 수반된 채색의 조화와 거장다운 소묘로 회화사에 기록되었다(〈그네〉). 18세기에는 조각이나 회화에서 모두 초상이 선호되었다. 18세기의 초상화는 17세기보다 덜 심오하고 덜 장엄하지만, 표정이 갖는 내면성과 자연스러움과 생동감을 추구했다. 대표적인 초상화로는 드 라 투르(Maurice-Quentin de La Tour, 1704~1788)의 〈마담 퐁파두르〉와 루이 15세의 〈왕비 마리아 레친슈카〉를 꼽을 수 있다.

다비드 〈마라의 죽음〉

5) 19세기 회화

대혁명 이후 19세기 중엽까지 상대적으로 짧은 이 시기에 문학처럼 신고전주의, 낭만주의, 사실주의, 자연주의 예술사조가 등장하였다.

신고전주의

신고전주의는 로코코와 후기 바로크에 대한 반발과 고대 그리스-로마에 대한 새로운 관심에서 18세기 말부터 19세기 초에 걸쳐 프랑스를 중심으로 유럽 전역에 나타났다. 신고전주의 회화는 고대적인 모티브를 많이 사용하고 형식의 정연한 통일과 조화, 표현의 명확성, 형식과 내용의 균형을 중요하게 여기며, 엄격하고 균형 잡힌 구도와 명확한 윤곽과 입체적인 형태의 완성을 위해 공간의 압축화, 실제 사건의 주제화를 우선시하였다. 따라서 이 시기의 그림들은 건축 못지 않게 로마 풍의 웅장함과 화려함을 추구하였다.

신고전주의 유파의 지도자 다비드(Jacques-Louis David, 1748~1825)는 나폴레옹의 선전 작가로서 뚜렷한 정치 성향을 지니고 신고전주의를 실현시켰다. 고대에서 빌려 온 주제를 가지고, 정의 실현을 위한 애국심을 강조하면서 고대의 압축된 공간을 배경으로 연극적인 분위기를 연출하였다(〈호라티우스 형제의 맹세〉, 〈브루터스와 그의 죽은 아들〉). 〈마라의 죽음〉에서 다비드는 대혁명의 지도자인 마라가 반혁명파의 젊은 여성에게 목욕탕에서 피살된 사건을 순교자의 죽음처럼 묘사하여, 죽는 순간까지 혁명의 완성과 인민을 위해 노력하던 혁명가로서의 이미지를 살렸다.

신고전주의의 방향을 다비드가 결정하였다면, 그의 제자 앵그르가 그 완성을 이루었다. 앵그르(Jean-Auguste-Dominique Ingres, 1780~1867)는 전통적 주제에서 벗어나지 않았지만, 추상적인 선까지 나아간 데생의 독창성으로 그림을 현실의 변형으로 이끌었고, 거기서 화가의 주관성을 주장하였다. 그는 다비드의 정치성을 배제하고 철저한 미의 구현에 매진한다. 수많은 여인의 누드에서 이국적인 소재와 오리엔탈리즘의 경향을 통한 이상향의 실현인 '낭만주의 정신'이 나타난다(〈그랑드 오달리스크〉, 〈터키 목욕탕〉, 〈샘〉). 역사화나 인물화도 그렸다.

앵그르 〈그랑드 오달리스크〉

그로 〈자파의 흑사병 환자를 방문한 나폴레옹〉

낭만주의

19세기 산업혁명의 결과 도시화가 급속히 진전되면서 사람들은 자신의 일상이 너무 인공적이라고 생각했다. 신고전주의가 유행하는 가운데 아카데미즘과 신고전주의에 대립하여 낭만주의 회화가 등장하였다. 낭만주의 미술가들은 특이한 체험과 상상력을 바탕으로 신화나 이국적인 풍물, 극적인 사건 등 이상적이고 공상적인 것을 강렬한 색채로 정열적으로 그렸다. 그들은 형태와 선묘보다는 색채를, 지식보다는 상상력을 그림의 주요 요소로 생각했다.

낭만주의 회화의 선두주자는 다비드의 제자인 그로(Antoine-Jean Gros, 1771~1835)이다. 그의 새로움은 눈부신 색채와 생생한 움직임의 정확성에 있다(〈자파의 흑사병 환자를 방문한 나폴레옹〉, 〈에일로 전투〉). 제리코(Jean-Louis-André-Théodore Géricault, 1791~1824)는 대담한 색과 선의 움직임과 격렬함을 잘 나타냈다(〈빈 말의 경주〉, 〈돌격하는 경기병 장교〉). 그가 메두사호의 구조된 선원들에게서 상황설명을 듣고 실감나게 그린 〈메두사호의 뗏목〉은 격렬한 동세, 강한 명암과 색채효과 등으로 극적인 정경을 박진감 있게 표현하여 그때까지 회화에서 볼 수 없었던 극적 요소로 가득 차 있다.

들라크루아(Eugène Delacroix, 1798~1863)는 신고전주의를 완전히 거부하고 자연에서 빌려온 색채와 상상력을 중요시하였으며, 낭만적 개인주의와 현실 관찰에서 비롯된 힘찬 율동, 격정적 표현, 풍요한 주관적 상상력이 그에게서 완성되었다. 그림의 주제를 문학(《단테의 배》), 당대의 역사(《민중을 이끄는 자유의 여신》), 고대사(《사르다나팔루스의 죽음》), 종교(《올리비에 산의 그리스도》), 아랍문화(《알제의 여인들》) 등에서 얻었다.

들라크루아 〈사르나다팔루스의 죽음〉

쿠르베 〈안녕하십니까, 쿠르베 씨〉

도미에 〈삼등열차〉

사실주의

19세기 산업화로 대부분의 사람들은 임금 노동자로 전락하였고 도시의 밑바닥 생활을 영위하였다. 사회질서는 엉망이었고 불안정했다. 사실주의 회화는 자기 주변에서 벌어지는 이러한 현실을 마치 사진으로 기록하듯이 묘사하였다.

쿠르베(Gustave Courbet, 1819~1877)는 자기 눈으로 본 것만을 밀도 있게 그려나갔다. 그는 1855년 파리의 한 낡은 건물에서 개인전을 열고 이것을 '사실주의'이라 불렀다. 그의 사실주의는 미술에서의 혁명을 의미하였다. 그는 아름다움이 아니라 진실을 원했다. 그의 그림 속 주된 주인공들은 평범한 동네 사람과 일꾼들이다(〈오르낭의 장례식〉, 〈돌 깨는 사람들〉). 그는 〈안녕하십니까, 쿠르베 씨〉에서 자신의 그림이 당시의 인습에 대한 항의가 되길 원했고, '부르주아에게 충격을 주어' 그들이 자만으로부터 벗어나길 바랐으며, 상투적이고 능란한 조작에 타협하지 않는 예술적 순수함을 선언하려 했다. 이러한 쿠르베의 노력은 다른 많은 미술가들을 고무하여 인습을 경멸하고 오직 자신의 예술적 양심만을 따르도록 이끌었다.

도미에(Honoré-Victorin Daumier, 1808~1879)는 루이 필립을 풍자하고 파리의 모리배들을 비난한 훌륭한 풍자화가이자 데생화가였다. 그는 서민의 일상생활을 주제로 한 유화나 수채화 연작을 시도, 날카로운 성격묘사와 명암대조를 교묘히 융합시킨 이색적인 화풍을 남겼다(〈세탁하는 여인〉, 〈삼등열차〉).

자연주의

낭만주의가 절정을 이루는 가운데 1830년부터 형성된 자연주의 유파는 이상주의와 낭만주의에 대한 반발로서 개인적 감정의 득세에 대항하여, 현실의 목적론적 설명을 거부하고, 현실을 선입견 없이 실험적으로 관찰하는 방법을 예술에 적용하였기 때문에, 실재하는 자연에 깊은 애정을 가지고 아름다운 전원과 농민의 생활을 화폭에 담아 자연의 아름다움을 표현함으로써 근대 풍경화의 시초가 되었다.

자연주의 유파는 그들이 머문 파리 교외 지역의 이름을 따서 '바르비종파'라고 불린다. 밀레(Jean-François Millet, 1814~1875)는 바르비종에서 농사를 지으면서 농민생활의 모습과 주변의 자연풍경을 그렸으며, 독특한 시적 정감과 우수에 찬 분위기가 감도는 작풍을 확립하였다(〈씨 뿌리는 사람〉, 〈이삭줍기〉, 〈만종〉). 루소(Thédore Rousseau, 1812~1867)의 작품은 훨씬 어둡고 네덜란드 풍경화의 모습을 지니고 있으나, 자연에 대한 그의 개방적 태도는 회

코로 〈모르트퐁텐의 추억〉

테오도르 루소 〈퐁텐플로의 숲〉

화사에서 빼놓을 수 없다(〈봄의 풍경〉, 〈퐁텐블로의 숲〉). 코로(Jean-Baptiste-Camille Corot, 1796~1875)는 투명한 대기가 있는 로마풍의 시골이나 변화무쌍한 하늘을 보이는 일-드-프랑스의 풍경을 그렸다. 그는 착실한 관찰자로서 자연을 감싸는 대기와 광선의 효과에도 민감하여, 빛의 처리 면에서 훗날의 인상파에 영향을 끼쳤다(〈모르트퐁텐의 추억〉, 〈옹플뢰르〉).

인상주의

19세기 중반 사진의 발명과 빛의 과학적 분석은 새로운 그림을 모색하도록 화가들을 자극했다. 산업의 발달은 도시번영과 부르주아 계급의 대두를 부추겼다. 이러한 변화는 회화의 주제를 신화나 역사에서 생활주변으로 옮겨오게 했으며, 부르주아 계급의 시대적 기호, 즉 풍속화나 풍경화를 요구하는 반이상주의적 특징이 나타났다. 또한 휴대가능한 물감의 발명으로 야외에서 그림을 그릴 수 있게 되자

태양의 빛에 따라 미묘하게 변화하는 풍경의 색채를 그리는 인상주의가 등장했다. '인상주의'는 모네(Claude Monet, 1840~1926)가 그린 〈인상, 해돋이〉라는 작품을 보고 적의에 찬 비평가들이 붙인 명칭이다.

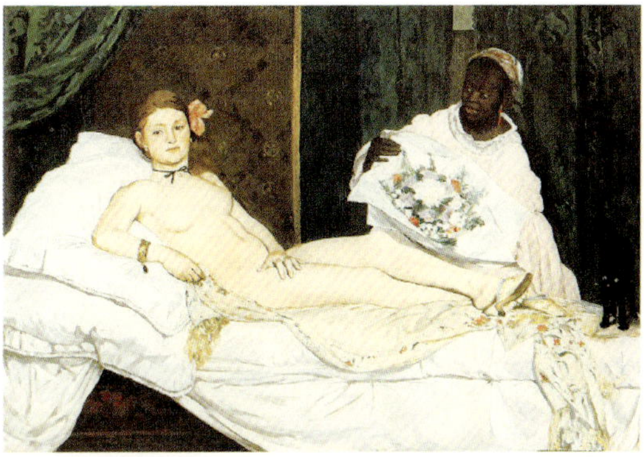

마네 〈올랭피아〉

인상주의를 개척한 마네(Edouard Manet, 1832~1883)와 그의 친구들은 우리가 옥외에서 자연을 볼 때 각 대상들이 그들 고유한 색깔의 개체로 보이는 것이 아니라, 우리의 눈에서 뒤섞여 훨씬 더 밝은 색조의 혼합물로 보인다는 사실에 주목하였다. 그들은 외광, 즉 옥외의 자연 광선을 취급하였을 뿐만 아니라 움직이는 형태들에도 관심을 기울였다. 현대 미술의 출발점으로 간주되는 1863년의 '낙선전'에 마네는 〈풀밭 위의 식사〉를 출품하여 큰 반향을 일으켰다. 〈올랭피아〉와 같은 마네의 사실적이고 현실적인 그림은 당대 예술가들과 비평가들의 대단한 비판을 받았다. 그 이유는 이 작품이 시대 흐름에 정면으

모네 〈생라자르 역〉

시슬리 〈포르 마를리의 홍수〉

피사르 〈몽마르트르 거리〉

로 도전한 것으로 받아들여졌기 때문이다. 그의 마지막 대작인 〈폴리—베르제르의 바〉는 번쩍이는 거울의 반사상이 나이트클럽의 내부 전체를 보여준다. 모든 배경으로부터 독립해 있는 듯 한 우울한 여급은 배경의 화려함과 날카로운 대조를 이룬다.

인상주의의 3대 거장인 모네, 시슬리, 피사로의 독창성은 바로 빛과 형태에 대한 유희적 분석에 있다. 모네는 마네의 회화 개념을 풍경화에 적용시켰다. 1868년의 작품 〈강〉은 대단히 밝은 빛으로 꽉 차 있다. 강에 반사되는 일렁이는 빛의 향연은 이전의 어떤 풍경화보다도 사실적이다. 어쩌면 그 반사가 실제의 사물들보다도 더 박진감 있다. 그는 빛을 나타내는 원색의 점에 형태가 잠겨있는 시리즈로 〈생라자르 역〉, 〈건초더미〉, 〈루앙 성당〉, 〈수련〉을 남겼다. 시슬리(Alfred Sisley, 1839~1899)는 균형을 존중하는 감각을 기조로 온건하고 섬세한 색의 뉘앙스를 통해 대상을 부드럽고 안정된 분위기 속에 젖게 하여, 훨씬 더 자연적이고 신선함을 나타냈다. 그는 인상파 중에서도 특출하게 순수한 풍경화가로서, 일-드-프랑스 지역을 중심으로 물과 숲의 반짝임을 묘사한 수작들을 남겼다(〈포르 마를리의 홍수〉, 〈마를리의 슈닐 광장〉, 〈모레 쉬르 루앙의 다리〉). 반면 피사로(Camille Pissarro, 1830~1903)의 작풍은 인상파 특유의 기법을 바탕으로 수수하면서도 견실성을 보인다. 만년에는 시력이 약화되었으나 최후까지 제작활동을 계속하였다(〈붉은 지붕〉, 〈사과를 줍는 여인들〉, 〈몽마르트르의 거리〉).

르누아르(Pierre-Auguste Renoir, 1841~1919)는 특히 인물에 집착하여, 여성을 정원의 빛이 있는 분위기에 위치시키기도 하고, 따뜻한 색조

르누아르 〈물랭드 라 갈레트의 무도회〉

드가 〈무대 위의 무희〉

툴루즈-로트렉 〈디방 자포네〉

와 관능적인 행위를 통해 여성의 얼굴이나 나체의 둥글고 관능적인 형태를 조화시키기도 했다(〈피아노 치는 소녀〉, 〈물랭 드 라 갈레트의 무도회〉, 〈뱃놀이 하는 사람들의 점심식사〉). 드가(Edgar Degas, 1834~1917)는 구도와 전체 화면의 조형에 훨씬 더 냉철하고 지적인 관찰자였다. 최대한 자연스러우면서도 주제를 효과적으로 보여 주기 위해 마치 우연히 셔터가 눌려서 찍힌 스냅사진처럼 인물이 화면의 중심에서 빗나간 경우가 많다. 극장과 음악당의 예술가들(〈장갑을 낀 여가수〉), 여자 무용수들(〈무대 위의 무희〉, 〈발레수업〉), 카페의 손님들(〈압생트〉), 세탁소 여주인들(〈다리미질하는 여인〉), 경마 기수들의 자세와 움직임(〈경주에서〉, 〈승마〉, 〈기수〉)을 재빨리 포착해 낸 데생화가였다. 드가는 대상을 아틀리에에서 구상하고 제작하였으며, 풍경화의 경우에는 기억이나 상상력에 의지하여 그렸다. 툴루즈-로트렉(Henri de Toulouse-Lautrec, 1864~1901)은 데생을 우위에 두었고, 주제를 선택하는 데에 드가를 많이 따랐으며, 파리의 밤 풍경과 밑바닥 사회를 생생하게 묘사하였다(〈물랭루즈 라굴뤼〉, 〈몸단장〉). 〈디방 자포네〉에서는 일본 판화와 인상주의 회화의 접목을 엿볼 수 있다.

점묘파(신인상주의)

쇠라 〈그랑드자트섬의 일요일오후〉

시냐크 〈펠릭스페네옹의 초상〉

인상파 화가들이 덧칠한 색들은 순도가 떨어져 원하는 밝은 색의 효과를 얻을 수가 없었다. 이러한 인상파 그림의 결점을 보완하고 인상파 화가들이 경험에서 발견한 색채원리를 과학적 원리로 수용, 분석하여 인상주의의 이론을 발전시킨 화풍이 점묘파라 불리는 신인상주의이다. 신인상파는 색이 탁해지는 것을 방지하기 위해 색이 서로 섞이지 않게 원색의 물감으로 색점을 찍어 칠했다. 시냐크(Paul Signac, 1863~1935)의 〈펠릭스페네옹의 초상〉, 쇠라(Georges-Pierre Seurat, 1859~1891)의 〈그랑드자트섬의 일요일 오후〉는 신인상주의 화법의 특징을 살린 대표작이다. 쇠라가 죽은 후 신인상주의 운동은 쇠퇴하였다. 그러나 과학성과 이론성의 추구라는 신인상주의의 특성은 20세기의 큐비즘에 지대한 영향을 미쳤다.

후기인상주의

출현 초기 미술계와 대중에게 격렬한 비난을 받은 인상주의는 미의식의 변화와 빛에 대한 과학적 인식의 확산으로 19세기 후반 파리의 미술계를 주도한다. 그러나 이때 인상파에 반대하는 후기인상파가 등장한다. 이들은 인상파가 빛에 따라 순간순간 변화하는 색과 형태만을 좇다보니 그림이 본질적인 것을 잃어버렸다고 생각한 것이다. 인상파 화가들에 의해 가물가물한 빛 속에서 확실한 윤곽이 없어지고 채색된 그림자가 등장함으로써 다시 새로운 문제가 제기된 것이다. 후기인상파는 명료성과 질서를 파괴하지 않고 인상주의를 보존하는 방법을 고심하면서 그림을 그리는 것은 불변을 찾는 것이라고 생각했다. 세잔은 본질적인 형태를, 고흐는 진실한 감정을, 고갱은 순수한 감성을 그림의 본질이라고 주장하며 독자적인 미술세계를 구축해 나갔다.

인상파와 동시대 인물인 세잔(Paul Cézanne, 1839~1906)은 인상파 화가들이 눈의 감각만을 좇아 그림을 그린 결과, 형태가 마치 화면에서 녹아 없어져버릴 것 같다고 생각했다. 세잔은 원기둥, 기하입방체와 같은 본질적인 형태의 탐색과 색들의 조화를 정확하게 표현하여 굳건한 형태를 그리고자 결심했다. 그가 여러 번 시도 끝에 그려낸 〈생트빅투아르 산〉은 빛을 담뿍 받고 있지만 동시에 명확하고 견실하다. 그는 세계를 한 점 투시에 기초한 원근법으로 그리기를 거부하고 눈이 주는 착시와 다시점을 적극 그려내고자 했다. 특히 세잔은 정물(〈사과와 오렌지가 있는 정물〉)을 그릴 때 형태와 색채 사이의 관계를 탐구하고자 했고 자신의 특수한 실험에 필요할 때에만 원근법을 포기했다. 풍경화뿐만 아니라 정물화와 초상화에서도 이러한 노력이 엿보인다(〈세잔부인〉, 〈노란 안락의자에 앉아 있는 세잔 부인〉). 고

세잔 〈생트빅투아르 산〉

고흐 〈별이 빛나는 밤〉

고갱 〈마리아를 경배하며〉

흐(Vincent van Gogh, 1853~1890)는 정확한 묘사에는 별다른 관심을 두지 않고 원색의 색점과 붓놀림을 좋아했다. 그는 대상에 대해 느꼈던 감정을 표현하자 했기 때문에 자신의 목적에만 들어맞으면 사물의 형태를 과장하거나 변화시키는 것도 주저하지 않았다(〈오베르 쉬르 와즈의 교회〉, 〈별이 빛나는 밤〉, 〈사이프러스가 있는 풍경〉). 고갱(Paul Gauguin, 1848~1903)역시 인상주의의 영향을 받았으나, 타히티 섬의 원시림에 묻혀 강렬한 색채와 단순한 윤곽을 통해 인간의 본질적 감성(〈마리아를 경배하며〉)을 탐구하였다. 그는 일본의 우키요에로부터 영향을 받아 단순한 화면분할과 강렬한 색면의 활용을 즐겼다(〈천사와 격투하는 야곱〉). 그는 자연의 순수한 강렬함을 그리는데 도움이 된다고 생각했을 때는 전통적인 미술의 문제들도 기꺼이 무시해 버렸다.

후기인상주의의 3대 화가 세잔, 고흐, 고갱의 업적은 20세기 현대 미술운동의 이념과 바탕이 되었다. 굳건한 형태를 찾으려는 세잔의 방법은 입체파, 더 나아가 추상 미술로 전개되었다. 개인적 감성을 표현한 고흐의 방법은 20세기 표현주의에, 고갱의 방법은 야수파에 영향을 미쳤다.

보나르 〈여인과 개〉

뷔아르 〈불빛 아래 두 여인〉

세뤼지에 〈의식〉

나비파

1890년대에 활동한 나비파('나비'란 히브리어로 '예언자'라는 뜻)는 고갱의 영향을 받은 젊은 반인상주의 화가 그룹으로 세뤼지에(Paul Sérusier, 1864~1927)를 중심으로 일어났으나 20세기가 되면서 각자 독자적인 방향으로 나아갔다. 신비적, 상징적 경향과 관념적, 장식적 경향이 강한 것이 그들의 표현상의 특색이다. 그들은 우키요에 판화의 영향을 받아 평탄한 색면으로 아주 대담한 화면 구성을 즐겼다. 이런 경향은 보나르(Pierre Bonnard, 1867~1947)(〈여인과 개〉), 발로통(Félix Vallotton, 1865~1925)(〈달빛〉), 뷔야르(Edouard Vuillard, 1868~1940)(〈불빛 아래 두 여인〉), 모리스 드니(Maurice Denis, 1870~1943)(〈푸른 나무〉), 세뤼지에(Louis-Paul-Henri Sérusier, 1864~1927)(〈의식〉)의 작품에서 현저하게 나타난다.

6) 20세기 회화

야수파

고흐와 고갱의 작품의 영향이 두드러지게 나타나 입체적 묘사와 원근법을 무시할 만큼 참신한 방식이 자리잡게 되자, 이 시기의 젊은 화가들은 솔직하고 단도직입적으로 형태와 색채를 다루었다. 이들은 나중에 레포브Les Fauves, 즉 "야수" 또는 "야만"을 뜻하는 명칭으로 불리게 되었다. 이렇게 불리게 된 까닭은 그들이 관람객에게 창작자의 감정을 직접 전달하고자 자연의 형태를 변형하고 섬세한 묘사를 거부하고 강렬한 색채를 적극적으로 사용했기 때문이다.

야수파에서 가장 유명한 화가는 순수한 색채의 극대화에 의한 감각의 해방과 조형미를 추구한 마티스(Henri Matisse, 1869~1954)이다. 그는 오리엔트 양탄자와 북아프리카 경치에서 색채의 짜임새를 연구했고(〈붉은 방〉, 〈오달리스크〉), 그의 장식적인 단순화는 현대 디자인에 커다란 영향을 끼쳤다(〈왕의 슬픔〉, 〈춤〉). 루오(Georges Rouault, 1871~1958)는 고통받는 민중의 내면세계를 종교적 감동으로 표현하고자 성화를 많이 그렸다(〈베로니카〉, 〈성스런 얼굴〉).

마티스 〈붉은 방〉

루오 〈성스러운 얼굴〉

큐비즘(입체파)

큐비즘이란 말은 1908년 처음으로 브라크의 그림에 대한 평에 사용되었다. 이 유파는 '자연을 원추, 원통, 구球에 따라 취급한다'는 세잔의 예술세계와 흑인 조각에서 큰 영향을 받았다. 이 운동은 3단계로 나누어 다시점을 사용하여 대상

브라크 〈기타치는 여인〉

들로네 〈에펠탑〉

피카소 〈아비뇽의 여인들〉

샤갈 〈창문을 통해 본 파리〉

의 형태를 기본적인 기하학적 형상으로 환원한 세잔 풍의 입체주의(1907~1909), 대상을 극도로 분할한 분석적 입체주의(1910~1912), 트롱프 뢰이유trompe l'œil나 파피에 콜레papier collé 기법을 사용한 종합적 입체주의(1913~1914)로 고찰할 수 있다. 입체파 화가들은 사상을 통해 자연을 재창조하는 주지적인 입장을 취하였다. 입체파는 제1차 세계대전 발발로 종말을 맞았으나, 그 성과는 후대의 미술, 디자인, 건축에 많은 영향을 끼쳤다. 대표적인 화가로 브라크(Georges Braque, 1882~1963)(〈기타치는 여인〉)와 피카소(Pablo Picasso, 1881~1973)(〈아비뇽의 여인들〉, 〈바이올린과 포도〉), 들로네(Robert Delaunay, 1885~1941)(〈에펠탑〉), 루소(Henri Rousseau, 1844~1910)(〈결혼식〉, 〈시인과 여신〉), 발라동(Suzanne Valadon, 1865~1938)(〈가슴을 드러낸 자화상〉)과 파리 유파의 모딜리아니(Amedeo Modigliani, 1884~1920), 샤갈(Marc Chagal, 1887~1985)(〈꿈〉, 〈결혼〉, 〈창문을 통해 본 파리〉)이 있다.

표현주의

표현주의 회화는 인간의 고통, 가난, 폭력, 격정에 대해 아주 예민하게 느꼈기에 추함의 미학을 미술에 도입했다. 그들은 삭막한 현실을 직시하고 불우하고 추한 인간들에 대한 연민을 표현하려 했다. 예쁘장하고 매끈한 냄새를 풍기는 것은 일체 피하고 "부르주아"의 현실적 또는 가상적인 자기만족에 충격을 주는 것이 그들의 사명처럼 여겼다.

레제 〈오댕쿠르 성당의 색유리〉

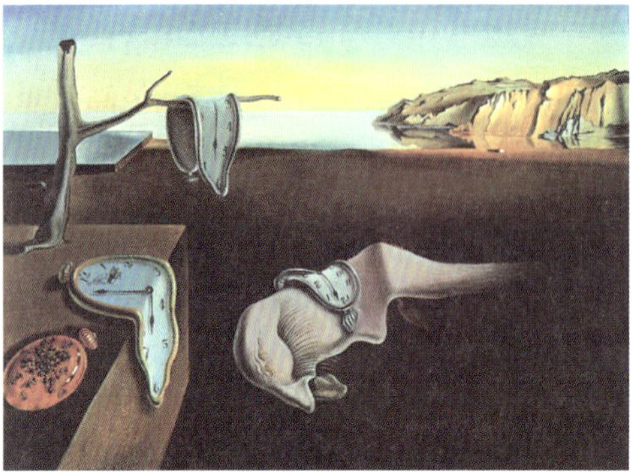

달리 〈기억의 집착〉

탕기 〈무한의 분할〉

피카소는 큐비즘에서 탈피하여 그 시대의 다양한 현실과 환각을 표현하거나 큐비즘을 뛰어넘기 위한 여러 가지 형식을 시도하였다. 그는 때로 〈게르니카〉와 같이 폭력이 난무하는 세계에 대한 괴로운 공포를, 때로 활력이 넘치는 휴머니즘을 표현하였다. 그의 개인적 지향은 구야수파와 구입체파의 서로 다른 변화가 나타내는 것과 같이 유파 정신을 마음대로 표현할 권리를 다시 갖는 것을 의미한다.

구야수파에는 루오(〈안시 성당의 스테인드글라스〉), 마티스(〈모자를 쓴 여인〉), 뒤피(Raoul Dufy, 1877~1953)(〈오케스트라〉 시리즈)가 속하고, 구입체파에는 브라크(〈당구와 새의 시리즈〉), 페르낭 레제(Fernand Léger, 1881~1955)(〈오뎅쿠르 성당의 스테인드글라스〉) 등이 속한다.

초현실주의

에른스트 〈초현실주의의 승리〉

20세기 초 젊은 예술가들은 프로이트 심리학의 영향으로 인간의 잠재의식이나 무의식 속의 환상, 꿈, 광기와 같은 소재에 주목했다. 초현실주의자들은 이성이 행사하는 모든 통제로부터 벗어나 비합리적인 것이나 의식 속에 숨어있는 비현실의 세계를 표현하고자 한 것이다. 살바도르 달리(Salvador Dali, 1904~1989)는 꿈의 세계 속에서 일어나는 이상야릇한 혼돈 상태를 모방하려 했다. 마치 꿈속에서처럼 다른 형태들은 흐릿한 반면, 밧줄이나 천 같은 것은 이상스럽게 선명하게 부각되어 있다(〈기억의 집착〉). 이브 탕기(Yves Tanguy, 1900~1955)(〈무한의 분할〉), 앙드레 마송(André Masson, 1900~1955)(〈지구〉, 〈달〉), 막스 에른스트(Max Ernst, 1891~1976)(〈초현실주의의 승리〉, 〈부부〉)가 이 유파에 속한다.

파리 유파(에콜 드 파리)

제1차 세계 대전 후 20여 년 동안 파리는 현대 미술의 중심지가 되었다. 이때 파리의 몽파르나스를 중심으로 모인 외국인 예술가들의 집단을 파리 유파라 부른다. 이들은 1880~1900년 사이에 태어났으며 몽파르나스나 몽마르트르에서 살았다. 이탈리아인 모딜리아니, 러시아인 샤갈,

모딜리아니 〈커다란 모자를 쓴 잔 에뷔테른〉

네덜란드인 반 동겐, 독일인 에른스트, 스페인인 피카소와 미로, 프랑스인 위트릴로 등이 있다. 이들은 공통적으로 무국적자로서의 고독감, 고국에 대한 향수, 불안이 깃든 고뇌를 작품 전체에 표현하였으며, 특정 유파에 속하기 어려운 독자성을 강하게 띠고 있었다. 동시대의 입체파 화가들과 친근한 교우관계를 맺었으나 그들의 이론이나 작풍에는 동조하지 않았다. 제2차 세계대전 발발로 파리 유파는 해체되었다.

모딜리아니는 회화공간을 한정한 탈인상주의와 색채를 제한한 큐비즘의 방법을 이용하였으며, 아프리카, 그리스, 중세초기 조각에서 보이는 인물상, 두상에 관심을 보인 초상화와 누드화의 대가였다. 단순하고 우아한 긴 선으로 구사한, 애수가 깃든 관능적인 아름다움을 담고 있는 긴 목을 가진 그의 초상화들은 원시 미술에서 유래한 개성적인 형태를 사용하였다(〈첼로를 켜는 사람〉, 〈몽마르트르의 젊은 여자〉, 〈모자를 쓴 잔 에뷔테른〉). 파리의 몽마르트르에서 여성화가 쉬잔 발라동의 사생아로 태어난 위트릴로(Maurice Utrillo, 1883~1955)는 어릴 때부터 알코올 중독과 혼란스러운 청소년기를 보내면서 병원에서 치료요법인 그림 그리기가 계기가 되어 독학으로 그림을 그렸다. 30세에 이미 충실한 독자적 조형세계를 구축하였다. 그의 그림은 오래된 파리의 거리 묘사에 흰색을 많이 사용한 미묘한 조합을 통하여 거친 필치의 질감과 차분한 색채로 우수에 찬 시정을 발산한다(〈거리의 풍경〉, 〈코탱의 골목〉).

위트릴로 〈코탱의 골목〉

2. 조각

1) 중세 조각

중세 조각은 로마네스크 성당이나 고딕 성당에서 건축과 밀접한 관계를 맺으며, 그 빛을 발한다. 11세기에서 12세기 전반에는 로마네스크 조각이 석주나 석벽에 다듬어졌다. 로마네스크 조각은 건축의 기하학적 구성에 속해 있으면서도 기념비적인 성격을 지니며, 동시에 복잡한 문양의 도형을 응용했다. 특히 이 시기의 조각은 대건축물의 정문이나 기둥머리에 들어가거나, 주로 대성당의 정면 현관 위의 삼각면에 아치형으로 장식되며, 현관의 상층부에는 왕들의 묘사나 조각상으로 장식되었다. 무아삭 수도원 정문의 조각, 오툉 성당의 〈최후의 심판〉, 카오르 성당의 〈예수 승천〉, 베즐레 성당의 〈사도를 파견하는 예수〉 등 종교적 주제를 다루었다. 기둥머리 조각은 다양한 묵상

1130년경 오툉의 생 라자르 성당의 팀파눔 〈최후의 심판〉

내용이나 괴물, 짐승과 같은 몽상적인 내용을 담고 있다.

전성기인 12~13세기의 고딕 예술에서 중세 조각이 화려한 꽃을 피운다. 고딕 조각가들은 로마네스크 양식에서 벗어나 인간 감정의 더 명확한 표현을 추구했다. 전형적인 고딕 조각은 랭스와 방베르 대성당 조각들과 함께 13세기 초에야 결실을 맺는다. 고딕 조각의 진수는 샤르트르 대성당의 정면 현관과 측문, 파리 노트르담 대성당의 정면(특히 서문의 왼편에 있는 성모 마리아와 정면 현관, 북쪽의 좌우에 있는 아기 예수를 안고 있는 성모 마리아), 아미앵 대성당(그리스도와 조화를 이루고 있는 성 피르맹)의 정면, 랭스 대성당(테데움)에서 찾아볼 수 있다.

중세 전성기의 조각은 건축에서 분리되어 자율성을 갖추는 큰 변화를 이룬다. 14세기 조각도 대성당의 수많은 석조물이 주를 이루며 대부분 로마네스크 양식과 마찬가지로 종교적 영감을 따른다. 인간적 매력

베즐레 성당 〈사도들을 파견하는 예수〉

슬뤼테르의 〈모세의 우물〉

을 더해주는 '아기 예수를 안고 있는 성모 마리아'나 '노래하는 천사'라든지, 격렬하고 사실적으로 묘사된 죽음의 비장함을 담고 있는 '예수의 수난', '피에타' 등이 중요한 주제였다.

중세 말기에 이르러, 궁인이 된 조각가들은 익명 대신에 본명을 사용했으며, 플랑드르, 네덜란드, 프랑스 북부 출신이 많았다. 조각이 가장 발달한 곳은 부르고뉴 지방으로 1390~1406년 사이에 네덜란드 출신 슬뤼테르(Claus Sluter, 1340~1405?, 1406?)가 조각한 생 폴 수도원의 성당 정문 장식(〈공작과 공작부인이 에워싼 성모 마리아〉)은 그 표현과 조형적인 기교가 훌륭한 조화를 이룬다. 6명의 예언자들이 받치고 있는 웅장한 〈예수 수난상〉과 〈모세의 우물〉은 명작이다. 15세기의 조각은 부르고뉴 지방의 아틀리에를 제외하고는 기교가 좀 떨어진다.

구종 <님프>

2) 16세기 조각

중세 이후 특히 초상 조각이 돋보인다. 이 전통은 16세기 이래 근대까지 계승되었다. 16세기 조각은 근본적으로 15세기의 주제와 동일한 분묘 조각과 성상들이다. 분묘 조각 중에서 피렌체 사람들이 프랑스에 조성한 〈루이 12세와 안 드 브르타뉴의 무덤〉, 왕과 왕비의 자문관인 〈루이 드 퐁셰의 무덤〉, 올리베의 황

홀한 〈성모상〉은 가장 아름다운 것들로, 여성미의 인간성이 이미 신성을 능가하고 있다. 16세기 중반기에 르로소, 프리마티체, 첼리니와 같은 이탈리아 예술가들이 프랑스에 초청되어 그들의 작품이 들어오면서 이탈리아 르네상스의 영향을 받은 이탈리아 양식이 유행함으로써 이탈리아를 통해 고대 그리스의 예술을 재발견하는 계기가 되었다. 이 작품들은 프랑스 조각가들의 주제로 오랫동안 채택될 고대에 대한 모방을 드러낸다.

필롱 〈슬픔의 마리아〉

구종(Jean Goujon, 1510~1572)은 신화적 형상을 조각한 최초의 조각가이자 이론가였다. 카르나발레 저택과 루브르의 우화조각상(〈님프〉, 〈석주조각〉), 파리의 이노상 분수(〈요정상〉)가 뛰어나며, 여성 형상의 관능적이고 정숙한 매력으로 사람들의 마음을 사로잡는다. 구종은 초상 조각에서 뛰어났을 뿐만 아니라, 우아한 자태의 여성상으로 루브르 궁정을 장식하였다. 필롱(Germain Pilon, 1537~1590)은 새로운 육체감각으로 강한 개성적 성격을 살렸다. 그는 〈앙리 2세와 카트린 드 메디치의 무덤〉, 〈드 비라그 재상 묘석의 꿇어 엎드린 상〉, 왕실화폐에 돋을새김을 한 메달, 동정성모상 등을 남겼다. 필롱의 심오한 심리묘사는 충격적이었다. 그의 〈슬픔의 마리아〉과 〈성 프란체스코 상〉은 바로크를 예고한다.

지라르동 〈님프들의 시중을 받는 아폴론〉

쿠아즈보 〈머큐리〉

3) 17세기 조각

17세기 조각은 바로크 양식을 보이면서 건축과 함께 큰 발전을 이룬다. 루이 13세 때 로마에서 조각을 배운 사라쟁(JacquesSarazin, 1588/90~1660)은 로마적인 영감으로 연극적인 작품에서 그리고 움직임과 생명으로 가득한 메종 성의 치장과 웅변적인 무덤 조각에서 바로크적 특성을 소개했다.

가장 위대한 바로크 조각가 퓌제(Pierre Puget, 1622~1694)는 로마와 피렌체에서 조각을 익혔다. 그의 작품은 훌륭한 기교와 더불어 다소 연극적이면서, 비극의 심오함에서 영감을 얻은 외관의 비장함이 보인다(툴롱 시청 정면의 〈남상주〉와 베르사이유의 〈크로토나의 밀론〉, 〈큐피트에 둘러싸인 크로노스〉). 퓌제의 작품이 강하고 격렬한 반면 조용하고 절도가 있는 지라르동(François Girardon, 1628~1715)은 베르사이유를 비롯하여 퐁텐블로 등 궁전의 장식을 맡았고 재상 리슐리외의 묘를 조각하였다. 그는 정원에 놓는 군상을 많이 만들었다(〈님프들의 시중을 받는 아폴론〉, 〈페르세포네의 약탈〉).

1648년 조각과 회화의 왕립 아카데미가 설립됨에 따라 15년 후의 베르사이유 공식 예술은 고요한 환희와 질서라는 총체적 개념을 갖고 건축적 장식을 위한 공동 작업을 통해 고대 예술을 엄격하게 모방하는 조각술로 체계화되었다. 이시대의 주요 건축가와 조각가들은 루이 14세의 궁전 건축에 참여했다. 베르사이유의 르노트르 정원은 예술 책임자 르 브룅의 지휘아래 지라르동, 쿠아즈보 등 중요 조각가의 조각으로 꾸며졌다. 쿠아즈보(Antoine Coysevox, 1640~1720)는 루이 14세의 궁정 수석 조각가로 지냈다(〈루이 14세의 기마상〉, 〈머큐리〉, 〈마자랭상〉).

4) 18세기 조각

18세기 조각은 17세기의 바로크 양식이 답습되는 듯이 보이지만 당대를 풍미한 로카이유 양식과 세련된 프랑스적인 감성이 가미되어 로코코양식으로 발전한다.

쿠아즈보의 뒤를 이은 조각가들로 〈마를리의 말들〉의 쿠스투 형제(Nicolas, 1658~1733), (Guillaume Coustou, 1677~1746)와 〈사계의 분수〉의 부샤르동(Edmé Bouchardon, 1698~1762) 등이 대표적이다. 18세기 중반에 피갈(Jean-Baptiste Pigalle, 1714~1785)의 〈퐁파두르 부인의 흉상〉, 스트라스부르에 있는 〈삭스 원수의 무덤〉 등은 움직임과 정지상태의 균형을 나타내는 고전주의에로

쿠스토 〈마를리의 말들〉

피갈 〈삭스 원수의 무덤〉

팔코네 〈큐피트〉

우동 〈앉아있는 볼테르〉

의 복고경향을 보였다. 피갈은 연극적이고 귀족적인 스타일로 파리 노트르담 대성당에 있는 〈아르쿠르 백작의 묘비〉를 제작하고 극단적인 자연주의로 벌거벗은 〈볼테르〉를 만들었다. 섬세한 감각으로 대리석을 다룬 거장 팔코네(Etienne-Maurice Falconet, 1716~1791)는 부드러우며 우아한 로코코의 매력과 장엄한 이상을 표현한 바로크의 매력을 동시에 보여준다(〈큐피트〉). 루이 16세 때 얼굴 조각상에 탁월함을 보여, 프랑스에서 가장 위대한 초상화가이자 조각가인 우동(Jean-Antoine Houdon, 1741~1828)은 베르니니의 전통을 이어 받아 단순성과 자연미로 인물의 특징을 표현하였다. 국립극장 코메디 프랑세즈에 있는 〈앉아 있는 볼테르〉는 필치의 집약성과 날카로운 시선으로 유명한 작품이다.

5) 19세기 조각

신고전주의의 대두와 함께 19세기 조각도 고대 모방을 중요시하는 아카데미즘의 영향을 받지만 나폴레옹 시대의 취향을 반영하여 낭만주의적인 성격을 띠고 있다.

뤼드(François Rude, 1784~1855)는 에투알 개선문의 외벽 네 부조 중 하나인 혁명 서사시 〈라 마르세예즈〉를 만들었다. 바리에(Antoine-Louis Barye, 1796~1875)는 낭만적 정열과 동물을 결합하여 조각한 뛰어난 동물 조각가였다(〈사자와 뱀〉). 19세기 후반, 능숙한 기교로 나폴레옹 3세 치하의 화려한 삶을 자유분방하게 표현한 카르포(Jean-Baptiste Carpeaux, 1827~1875)는 파리 오페라 극장 정면의 〈춤〉에서 18세기 젊은이의 우아함을 보여준다.

그리고 동시대의 거장 로댕(Auguste Rodin, 1840~1917)은 준엄한 사실적 태도

뤼드 〈라 마르세예즈〉

바리에 〈사자와 뱀〉

카르포 〈춤〉

로댕 〈칼레의 시민〉

부르델 미술관 내부

로 인체를 포착하고, 동시에 조각에서 모든 건축적 장식 요소와 아카데믹한 전통적 형식을 추방했다. 그는 낭만주의에서 출발해 생경함을 뛰어넘는 놀라운 생명력을 표현하였으며, 섬세하고 정확한 돋을새김 기법을 이용해 육감적인 사랑을 표현하였다. 낭만주의 정신에서 단테에게 헌정한 〈지옥문〉과, 〈칼레의 시민〉, 〈생각하는 사람〉, 〈입맞춤〉, 〈발자크 상〉 등 문학에서 착안한 인물상들이 대표작이다. 로댕의 제자 부르델(Emile-Antoine Bourdelle, 1861~1929)은 영웅주의 취향과 서정주의를 표방했으며, 간결하고 거친 양각을 사용하는 낭만주의 기법을 연장하였다. 그의 운동감 가득한 인체는 극적이며 기념비적인 특성을 나타낸다.(〈활을 쏘는 헤라클레스〉, 〈알자스의 동정녀〉, 〈아나톨 프랑스의 흉상〉).

6) 20세기 조각

20세기 조각은 추상 조각과 표현주의 조각을 통해 현대적 감수성을 표현하는 새로운 시도를 하였다.

키네틱 아트

작품 그 자체가 움직이거나 움직이는 부분을 넣은 예술작품이다. 최초의 작품은 M. 뒤샹이 1913년 자전거 바퀴를 사용하여 제작한 〈모빌〉이다.

마이욜 〈지중해〉

자드킨 〈파괴된 도시〉

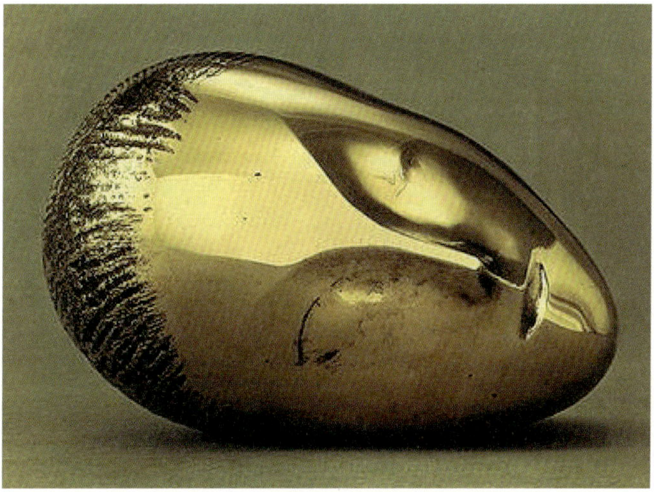

브랑쿠시 〈뮤즈〉

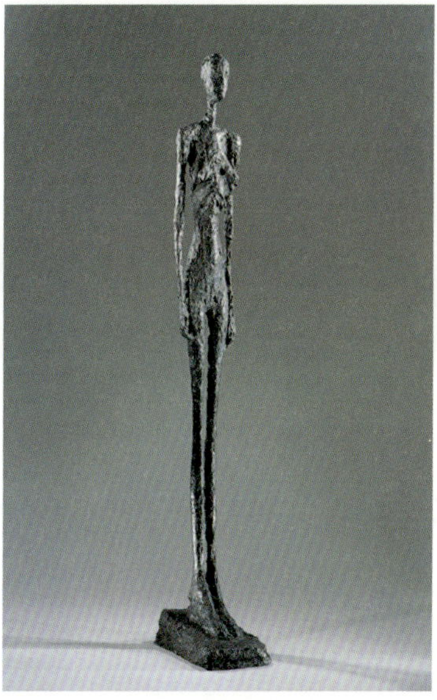

자코메티 〈거대한 여인〉

아르프 〈인체의 응고〉

탱글리 〈망치질하는 사람〉

세자르 〈압축〉

부르주아 〈마망〉

마이욜(Aristide Maillol, 1861~1944)의 테라코타와 브론즈는 대부분 누드 여인상으로 여성의 신체를 통하여 소우주를 재현하고자 했다(〈지중해〉, 〈밤〉). 현대 조각의 아버지 브랑쿠시(Constantin Brancusi, 1876~1957)는 극도의 단순화를 통해 소재의 생명을 최대한 끌어냈으며, 유기적 형태를 조형하여 원시예술이 지닌 근원적인 생명력을 나타내면서 순수 기하학적인 추상조각의 세계를 개척하였다(〈키스〉, 〈뮤즈〉). 러시아 출신 자드킨(Ossip Zadkine, 1890~1967)은 입체파와 흑인 조각의 영향을 받아 환상미와 원시성을 결합하여 변형시킨 작품을 제작하였다(〈파괴된 도시〉, 〈오르페우스〉, 〈고흐상〉). 양감과 볼륨을 배제한 깡마른 인체미를 통해 실존주의 조각의 문을 연 스위스 출신 자코메티(Alberto Giacometti, 1901~1966)는 가늘어져 가는 모습에서 현실에 던져진 존재로서의 인간을 보여준다(〈거대한 여인〉). 추상 조각의 개척자 아르프(Jean Arp, 1886~1966)는 1920년대 '추상—창조' 그룹의 설립에 관여하는 등 일련의 전위예술운동에서 중심적 역할을 하였다. 작품의 특징은 생명성을 보여주는 부드러운 유기체성에 있다(〈인체의 응고〉).

흔히 세자르로 불리는 〈엄지 손가락〉의 작가 발다치니(César Baldaccini, 1921~1998)는 자동차를 압축하여 만든 '압축 조각'으로 유명하다. 그는 일상생활 속의 잡동사니, 폐품을 이용하여 위압적인 효과를 보여주었다. 탱글리(Jean Tinguely, 1925~1991)와 드 생팔(Niki de Saint Phalle, 1930~2002)은 파리 퐁피두 센터 옆 〈스트라빈스키 분수〉의 공동작가로 우리에게 익숙하다. 드 생팔은 남성 지배 사회를 비판한 여성조각상 〈나나〉로 유명하다. 키네틱 아트 작가인 탱글리는 동력과 기계장치를 이용한 금속 조각 작품들을 발표하여 기계문명의 영향을 받는 인간의 모습을 표현하고자 했다.

정신적 공황에 빠졌다가 화분 작업을 통해 이를 극복한 〈빅 팟〉의 레이노(Jean-Pierre Raynaud, 1939~)에게 화분은 자기 치유를 위한 소재이자 생명과 죽음을 상징하는 오브제이다. 대표적인 여성 페미니스트 작가인 부르주아(Louise Bourgeois, 1911~)는 자신의 삶의 경험에 기초한 무의식을 표출하여 현실을 긍정적으로 극복하고 집과 여성을 연결하였으며 자신의 정체성을 사회적 개념으로 확장시켰다(〈마망〉).

3. 건축

1) 고대

인간이 주어진 자연의 환경에 적응해가며 생활의 터전인 주거 시설을 만들면서부터 건축 문화가 시작된다. 프랑스에서 기능뿐만 아니라 지은 이들의 심미안까지 갖춘 최초의 건조물들은 로마 식민지 시절(기원전 50년~기원후 5세기)에 지어진 아를의 원형 경기장, 님의 고대 신전인 〈메종 카레Maison carrée〉, 그리고 수도교 〈퐁 뒤가르Pont du Gard〉 등이다. 이것들은 프랑스 건축이라기보다는 로마의 유산이었다.

2) 중세

476년 게르만 족의 침입으로 서로마가 멸망한 이후의 중세 프랑스 건축은 왕궁과 성채 그리고 가톨릭 성당을 중심으로 전개되었다. 중세의 건축은 로마의 영향을 이어 받은 로마네스크 양식과 12세기 중엽부터 나타나기 시작한 고딕 양식으로 대표된다. 고딕은 로마네스크의 기술인 아치, 궁륭, 부축벽을 물려받았고, 내부 기둥을 줄여 실내 공간을 넓히고 작았던 창을 거대한 스테인드글라스로 대치한 것이다. 고딕 성당의 대표작은 파리의 노트르담 대성당이다.

프랑스의 로마네스크 건축물을 대표하는 앙굴렘 대성당

노트르담 드 파리 대성당

노트르담 드 파리 대성당Cathérale Notre-Dame de Paris

파리 복판의 시테 섬에 1163년부터 1345년 사이에 지어진 노트르담 대성당은 대표적인 중세 고딕 양식의 건물이다. 신을 향해 상승하는 수직감과 넓은 창문을 통한 신비로운 채광 효과를 얻기 위해서 뾰족한 아치, 우산살 같은 천장인 궁륭, 외부에서 아치형 다리를 사용한 버팀벽 등 건축기술이 총동원되었다. 서쪽으로 나 있는 노트르담의 정면은 지름 12미터의 〈장미창〉으로 유명하다. 1804년 나폴레옹 황제의 대관식이 거행되었으며, 빅토르 위고의 동명 소설로 유명한 이 건조물의 규모는 길이 130미터, 너비 48미터, 종탑 높이까지 69미터, 첨탑 높이까지 96미터이다. 노트르담 드 파리 대성당 이외에 샤르트르Chartres, 아미앵Amiens, 랭스Reims, 투르Tours의 대성당도 유명한 고딕 성당의 걸작들이다.

3) 르네상스

중세가 끝나고 이탈리아로부터 불기 시작한 르네상스의 바람이 프랑스 건축에 미친 영향은 지대했다. 특히 루아르 강변에 지어진 미려한 성들은 중세 요새로서 성의 모습을 여전히 갖추고 있으나 왕의 전원 별궁이라는 특징을 띠고 있다.

투르 생탕드레 성당의 외부

샹보르 성 Château de Chambord

루아르 강변의 습지 평야에 하얗게 솟아 있는 르네상스 양식의 이 성은 프랑수아 1세(재위 1515~1547)의 소유였으며, 거대한 누각을 품고 있는 직사각형 성벽에 둘러싸인 요새의 모습을 띠고 있다. 망루가 늘어선 지붕은 환상적이며, 레오나르도 다빈치가 설계했다는 이중 나선형 계단은 올라가는 사람과 내려오는 사람이 만날 수 없도록 되어 있다. 그러나 자신의 문장인 불도마뱀을 천장에 새겨 넣은 프랑수아 1세 자신도 거의 묵지 않아 인력과 집기들을 비치하지 않았고, 성은 미완성인 상태로 버려져 있었다. 후일 이곳에서 사냥을 즐겼던 루이 14세 때

투르 생탕드레 성당의 내부

샹보르 성

에 완공되었지만, 그 후에도 여전히 주거하지 않은 채로 남아 있었다. 변덕스런 왕권의 표본이었던 샹보르 성에는 오늘날 동화 속의 성을 보려는 관광객들이 줄을 잇는다.

앙부아즈 성Château d'Amboise

앙부아즈 성은 왕가 소유로, 이탈리아 원정에서 영향을 받은 샤를 8세(재위 1483~1498)가 그 곳 장인들을 데려와 15세기 말에 르네상스 양식으로 개축했다. 따라서 이 성의 창들에는 고딕 양식과 르네상스 양식이 병존한다. 이 성은 르네상스 시대의 희귀한 가구들을 소장하고 있다. 교회당에는 프랑수아 1세의 초청으로 이곳에서 여생을 마친 레오나르도 다빈치의 무덤이 있다. 성문 앞 광장은 1560년 위그노 반란의 실패로 1200명 이상이 희생된 역사의 현장이다.

슈농소 성Château de Chenonceau

슈농소 성은 1513년부터 르네상스 양식으로 축조되었다. 프랑수아 1세의 차남으로 왕위를 계승한 앙리 2세(재위 1547~1559)가 연상의 애인 디안 드 푸아티에에게 하사한 이 성을, 왕이 죽자 왕비인 카트린 드 메디치가 회수하여 자신의 이름을 딴 아름다운 정원을 조성하였다. 셰르 강 위의 교각에 회랑을 만든 이 또한 그녀였다. 이후에도 여러 차례 바뀐 주인이 지체 높은 여성이었기에 일명 '귀부인들의 성Château des Dames'이라 불린다. 성의 내부에는 르네상스 가구, 16~17세기의 태피스트리, 루벤스 등의 걸작 회화 등이 수집되어 있다.

슈농소 성

블루아 성Château de Blois

이 성은 중정을 둘러싸고 제각기 다른 시대의 건축 양식들로 이루어져있다. 우선 13세기 고딕 양식은 후일 삼부회가 열렸던 '라 살 데제타la salle des États'에서, 후기 고딕인 플랑부아양flamboyant 양식은 루이 12세(재위 1498~1515)의 거처가 있던 익랑翼廊에서, 16세기 프랑수아 1세가 도입한 르네상스 양식은 나선형 층계에서, 그리고 고전주의 양식은 프랑스 고유의 건축 스타일을 만든 건축가 프랑수아 망사르(François Mansart, 1598~1666)가 입구를 개선문처럼 지은 익랑에서 차례로 보여 진다.

루이 12세의 처소에 만든 박물관에는 16~19세기의 다양한 장식미술품들이 모아져 있다. 한편 종교전쟁 와중에 파리에서 쫓겨난 앙리 3세(재위 1574~1589)가 머문 곳이 블루아 성이었다. 그는 1588년 이곳에서 삼부회를 열고, 구교도를 대표하는 자신의 정적 기즈 공작le duc de Guise을 암살하였는데 이를 다룬 그림이 전시되어 있다.

4) 절대왕정기

프랑스의 절대군주제는 "짐은 곧 국가이다!L'État c'est moi!" 라는 루이 14세의 말 한 마디에 함축되어 있다. 물론 역대 프랑스 왕들의 정궁이었던 루브르 궁Palais du Louvre이 있으나, 수 세기에 걸친 증축으로 인해 특정 시기를 대표할 수는 없다. 비례와 균형을 추구하는 17세기 고전주의 양식은 역시 베르사유 성에 응축되어 있다.

베르사이유 성Château de Versailles

어린 시절 귀족 계급의 위협을 절감했던 루이 14세가 그들의 본거지인 파리로부터 멀리 떨어진 곳에 자신의 정치적 기반을 마련할 계획을 실행에 옮긴 것이 베르사이유 성이다. 1682년 그는 조정을 이곳으로 완전히 이전한다. 태양왕 루이 14세의 절대 권력에 어울리는 베르사이유 성은 대리석으로 지어진 전각들과 기하학적으로 설계된 프랑스식의 대칭형 정원들, 조각 분수들, 운하 등으로 이루어진 거대한 건조물의 위용을 자랑한다. 이를 위해 동원된 수많은 예술가와 장인들 중에서 으뜸은 건축가 루이 르보(Louis Le Vau, 1612~1670)이다. 1661년부터 사망 시까지 그가 맡은 일은 성의 확장이었다. 사실 베르사이유는 중앙 테라스를 기점으로 기존의 건물들을 감싸면서 점진적으로 확대된 것이다.

베르사이유 성 최고의 걸작은 역시 거울의 방la galerie des Glaces이다. 궁정 의식을 위한 길이 73미터의 장방형의 이 복도식 홀은 정원 쪽에는 17개의 창문이, 그 반대쪽에는 357개의 거울이 설치되어 있어서 붙여진 이름이다. 이외에도 두 개의 별채인 트리아농Trianon이 있는데, 그 중 대大트리

베르사이유 성과 정원

아농은 루이 14세가 정부情婦를 위해 분홍색 대리석으로 지은 것이고, 소小트리아농은 루이 15세가 자신의 애첩을 위해 지은 것이다. 인근에 1783년 조성된 왕비의 촌락Hameau de la Reine은 마리－앙투아네트가 양치는 아가씨 놀이를 하던 인공 마을이다.

5) 19세기

황제 나폴레옹 1세의 영광과 좌절로 시작된 19세기는 개선문을 남겨주었고, 프랑스혁명 백주년을 기념하여 1889년 열린 만국박람회를 위한 상징물로 일시적으로 지은 에펠 탑은 철거되지 않고 남아 있다. 그러나 19세기 프랑스 건축을 대표하는 것은 어느 개개의 건조물이 아니라, 체계적인 도시계획에 의해 현재의 파리 모습을 만든 오스만 남작의 업적이다. 제2 제정기의 파리 시장으로 낙후된 도시에 획기적인 구역 정리를 하여 도로망을 새로 내고, 특히 600km에 달하는 위생적인 하수도를 건설했다. 오스만 계획의 일환으로 지어진 것이 오페라 가르니에이다.

개선문

개선문 Arc de Triomphe

샹젤리제 거리의 서쪽 끝에 위치하는 드골(에투알) 광장에는 높이 55미터, 너비 45미터, 폭 22미터의 웅장한 석조 개선문이 서 있다. 1806년 나폴레옹이 자신의 전승을 기념하여 세우기 시작하였으나 30년 후에나 완공되었다. 특히 프랑스의 영광을 기리는 부조들이 새겨져 있는데, 그 중 압권은 〈라 마르세예즈〉라는 제목으로 대혁명 시기 의용군의 출전을 역동적으로 조각한 것이다. 궁륭 안쪽에는 1835년부터 60년간 프랑스가 승리를 거둔 전투의 이름들이 각인되어있으며, 그 아래에는 1921년 이래 유해가 이곳에 안장되는 무명용사를 기리는 기념비가 있어 그 불꽃이 매일 밤 타오르고 있다. 1944년 나치독일로부터 파리가 해방되었을 당시 드골 장군이 샹젤리제 거리 행진을 이곳에서 시작할 정도로 개선문은 프랑스 애국심의 심장이다.

오페라 가르니에 Opéra Garnier

건축가 샤를 가르니에(Charles Garnier, 1825~1898)는 청년시절 로마상을 타고 유학하여 이탈리아와 그리스의 건축에 대해 조예가 깊었다. 파리에 오페라를 지으려는 나폴레옹 3세의 공모전에 당선되어 1862년에 화려한 절충식 바로크 스타일의 오페라 공사를 시작하였다. 그러나 제2제정기를 대표하는 이 건물은 보불전쟁 등으로 미루어져 1875년 제3공화국 치하에 완공할 수 있었다. 남쪽을 향하고 있는 오페라의 정면은 시, 기악, 무용, 성악을 상징하는 4개의 조각상들로 장식되어 있다. Y자 형태의 호화로운 중앙계단을 오르면 1,900석 규모의 공연장이 있다.

오페라 가르니에

에펠 탑 Tour Eiffel

보르도에 철교를 만드는 등 철골 건축 전문가인 귀스타브 에펠(Gustave Eiffel, 1832~1923)은 대혁명 백주년을 기념하여 1889년 파리에서 열린 만국박람회를 위한 상징물 주문을 받고 강철을 사용해 거대한 철탑을 만들었다. 현재는 그 늘씬한 아름다운 자태로 파리를 굽어보고 있는 이 탑은 완공 당시 공장 굴뚝을 연상시키는 흉측한 철골 덩어리라는 혹평도 들었다. 3개의 전망층이 있는 에펠 탑은 총 높이가 324미터로, 7,300톤의 철골 구조를 250만개의 리벳으로 조립한 것이다. 텔레비전과 FM라디오의 송신 안테나가 있는 정상에 걸어서 오르려면 총 1,665개의 계단을 통해야 한다. 1차 대전과 2차 대전 전시 동

미라보 다리에서 바라본 에펠탑과 자유의 여신상

안 두 차례 폐쇄되었던 에펠 탑은 2008년에 700만 명의 관광객이 방문했으며, 야간에도 전기조명으로 탑신에 불을 밝히고 있다.

6) 20세기

20세기 전반기에는 파리 지하철역 입구를 아르누보 양식으로 디자인한 엑토르 기마르(Hector Guimard, 1867~1942)와, 마르세유의 '유니테 다비타시옹unité d'habitation'에서 보듯이 녹지에 콘크리트로 고층 아파트를 지어 도시 밀집 문제의 해결을 시도한 건축가 르코르뷔지에(Le Corbusier, 1887~1965) 등의 활동이 두드러진다. 후반기는 자국의 문화국가로서의 사명을 인식한 두 명의 대통령 퐁피두와 미테랑의 건축 분야에 대한 남다른 노력이 빛을 발하는 시기였다.

퐁피두 센터 Centre Pompidou

드골의 뒤를 이은 조르주 퐁피두 대통령(재임 1969~1974)은 파리 한복판에 현대 미술을 위한 박물관과 더불어 도서관, 영화관, 음향 · 음악연구소 등 다양한 예술을 위한 공간을 겸하는 문화센터를 만들기 위해 노력을 기울였는데, 그의 사후인 1977년에 개관한 것이 퐁피두 센터이다. 단순함과 기능성을 극도로 강조한 이 지상 6층, 지하 2층의 건물은 1971년 설계공모 당선작으로, 박물관 전문 설계사인 이탈리아 출신 렌조 피아노와 하이테크를 중시하는 영국인 리처드 로저스의 공동작품이다.

이용자수가 매일 25,000명에 이르는 퐁피두 센터는 건물 자체가 하나의 현대적 예술작품을 이룬다. 외부는 유리와 금속으로 되어 있으며, 내

퐁피두 센터의 전면과 후면

부는 용도에 따라 변경이 가능한 이 건물은 보다 넓은 공간을 확보하기 위해서 모든 인적·물적 흐름을 건물 밖에 설치된 원색의 거대한 원통형 배관시설에 몰아넣었다. 공기 정화 배관은 파란색, 물은 초록색, 전기 시설은 노란색, 지하 환기시설은 흰색이며, 사람들이 사용하는 승강기는 빨간색으로 되어 있다.

그랑다르슈 드 라 데팡스Grande Arche de La Défense와 오페라 바스티유Opéra Bastille

루브르 궁에서 콩코르드 광장을 거쳐 에투알 개선문을 직선으로 잇는 파리 동서축의 연장선상에 높이 110미터의 거대한 아치를 건설하기로 결정한 것은 프랑수아 미테랑 대통령(재임 1981~1995)이었다. 프랑스혁명 이백주년을 기념하여 1989년 개관한 라데팡스의 이 새로운 개선문은 내부에 최신식 전시실과 강당을 두고 있어 개방적인 문화 활동의 무대를 제공한다.

그랑다르슈 드 라 데팡스

오페라 바스티유

한편 성악에 대한 대중의 인기에 따라 오페라 가르니에가 부침을 거듭하며 낡아가자, 오페라 대중화에 걸맞는 새로운 극장을 원하는 미테랑 대통령의 지시에 의해 오페라 바스티유가 역시 대혁명 이백주년을 기념하여 바스티유 감옥 자리에 1989년 개관했다. 우루과이 태생의 캐나다 건축가 카를로스 오트가 설계를 맡은 2700석 규모의 현대식 건물은 유리와 알루미늄으로 된 투명한 외관, 내부와 외부에 동일한 건축자재의 사용으로 유명하다. 오페라 바스티유 최초의 정규 공연은 1990년 3월 17일 정명훈이 지휘한 베를리오즈의 오페라 『트로이 사람들』이었다. 현재 바스티유와 가르니에, 이 두 개의 오페라 극장이 국립파리오페라l'Opéra national de Paris를 이룬다.

4. 음악

1) 클래식

연표(지속기간)	시대부분	연표(지속기간)	대표악파	대표작곡가
250~1150(900)	로마네스크			
1150~1400(250)	고딕	1150~1300(150)	노트르담 악파	
		1300~1400(100)	아르스 노바	비트리
1400~1600(200)	르네상스	1400~1450(50)	부르고뉴 악파	
		1450~1600(150)	플랑드르 악파	오케겜
1600~1750(150)	바로크			
		1650~1750(100)	베르사유 악파	륄리
1750~1820(70)	고전주의			라모
1820~1880(60)	낭만주의			베를리오즈, 비제
1880~1920(40)	인상주의			드뷔시, 라벨
1920~	현대			메시앙

표의 앞부분은 서양음악의 일반적인 시대구분을 보여주며, 뒷부분은 더욱 세분된 연표와 더불어 프랑스 내의 악파들과 대표적인 작곡가들을 나타낸다. 이를 중심으로 중세에서 현대까지 프랑스 클래식 음악의 핵심을 살펴본다.

고딕, 르네상스, 바로크, 고전주의

고딕시대의 세속음악은 음유시인으로 대표된다. 봉건 제후의 성과 궁정을 칼 대신 현악기를 들고 찾아가 노래하던 기사 출신의 유랑하는 시인을 가리킨다. 즉흥성이 강한 이들의 노래는 기사도 정신과 중세 특유의 성모 숭배가 귀부인 찬양으로 표현된 것으로 서정시 탄생의 배경이 되었다. 한편 종교 의식과 관련된 교회음악에서 고딕시대는 전후로 나뉘어 각각 노트르담 악파와 아르스 노바Ars nova(새로운 예술)로 양분된다. 후대의 아르스 노바와 대비하여 아르스 안티콰Ars antiqua(낡은 예술)라고 불리는 노트르담 악파는 파리의 노트르담 대성당을 중심으로 다성음악을 발전시켰다. 기존 그레고리오 성가의 단성부 음악과 다르게, 복수의 독립된 성부에 의해 연주되는 다성음악은 테너를 제1성부로 하여 각자 주선율을 연주하는 제2, 제3, 제4성부가 추가되는 대위법을 사용한 것이다. 급속한 세속화 경향을 보이는 아르스 노바는 필립 드 비트리(1291~1361) 주교가 1325년 펴낸 음악이론서의 제목으로, 이 안에서 현대적 오선지가 처음으로 제시되어 기보법에 있어 혁신을 가져 왔다.

이어지는 르네상스 시대의 음악도 부르고뉴 악파와 플랑드르 악파 시대로 구분된다. 프랑스 동부 도시 디종을 근거지로 한 부르고뉴 공국은 플랑드르 지역을 다스리고 있었다. 부르고뉴 악파 시대가 아르스 노바의 전통 위에 우아하고 세련된 르네상스 음악의 새로운 방향을 찾던 모색기였다면, 이어지는 플랑드르 악파에 와서는 질서와 균형감을 내세우며 유럽 음악을 주도하였다. 이 악파의 시조는 프랑스 궁정 예배당의 성가대장이었던 요하네스 오케겜(1420~1495)이다. 여러 개의 필사본 악보를 남긴 그의 업적은 대위법을 발전시켜 성악의 베이스 성부 영역을 확립한 것이다.

1600년경 이탈리아에서 새로운 음악 형식인 오페라가 처음 만들어지던 바로크 시대 초기 프랑스에는 이렇다 할 음악적 움직임이 없었으나, 후기 바로크 즉 로코코 시기는 루이 14세의 궁전을 중심으로 베르사유 악파가 주도하였다. 사치스럽고 화려한 이 시기의 음악을 대표하는 장-바티스트 륄리(1632~1687)는 이탈리아 출신으로, 희극작가 몰리에르의 도움을 받아 희극과 궁정 발레를 결합한 연회용 코믹 발레를 만들었고, 이탈리아 오페라와는 가창법이 다르며 합창과 무용에 비중을 두는 프랑스식 오페라를 선보였다. 또한 베르사유 궁정예배당의 오르간 연주자인 프랑수아 쿠프랭(1668~1733)은 절대주의 시기 궁정문화를 대변하는 쳄발로(피아노의 전신, 프랑스어로는 클라브생) 곡들을 작곡하였다.

18세기 고전주의 대표 작곡가 장-필립 라모(1683~1764)는 3도 화음에 기초한 화성학 이론의 대가로서 륄리가 고안한 프랑스 오페라 양식을 더욱 발전시켰다. 드디어 1752년 파리 음악계를 양분한 부퐁 논쟁(부퐁은 익살꾼을 뜻함)의 주역이 되었다. 이탈리아 희극 오페라단의 파리 공연을 계기로, 프랑스의 궁정 오페라와 이탈리아의 오페라 부파를 지지하는 쪽으로 나뉘어졌다. 국왕 루이 15세와 귀족층과 라모는 프랑스 음악 편이었고, 외국 출신 왕비와 디드로와 루소 등 계몽주의 지식층은 이탈리아 음악 편이었다.

베를리오즈와 표제음악

엑토르 베를리오즈(Hector Berlioz, 1803~1869)는 19세기를 통틀어 서양음악을 주도한 낭만파 중에서 유일한 프랑스인 거장이다. 의학도였던 그는 가족의 반대에도 불구하고 파리음악원에 진학했다. 기존의 음악적 형식에서 벗어나, 대규모 편성의 관현악을 동원하는 작곡을 하였는데, 특히 그의 출세작인 1830년의 『환상 교향곡*Symphonie fantastique*』은 낭만주의 음악의 걸작으로 꼽힌다. 이 곡은 영국 여배우 해리엣 스미트슨을 만난 후, 격정적인 짝사랑에 휩싸여 작곡한 것이다. 베를리오즈는 1833년 결국 그녀와 결혼하지만 곤궁한 살림에 행복하지 않았다. 작곡가 겸 지휘자로서 유럽 순회공연으로 명성을 얻었지만, 정작 프랑스에서는 사후에나 주목받았다.

베를리오즈를 유명하게 한 것은 표제음악 때문이다. 이전의 서양 고전음악의 근간인 절대음악에 대립하는 표제음악이란 문학적 줄거리를 눈에 보이듯 묘사해 주는 것이다. 그의 대표작 『환상 교향곡』의 5악장 구성이 표제음악의 모범을 보여준다.

악 장	표 제	해 설
1	몽상—열정	애인을 그리워하는 예술가는 꿈을 꾼다.
2	무도회	무도회에서 춤을 추며 스쳐가는 애인
3	들판 장면	전원에서 목동들의 피리소리를 듣는다.
4	처형대로의 행진	환상 속에서 애인을 죽이고 단두대로 끌려간다.
5	마녀들의 밤에 관한 꿈	예술가의 죽음을 애도하는 마녀들의 야연

셰익스피어와 괴테의 『파우스트』에 심취했던 베를리오즈의 『환상 교향곡』은 죽음과 인간 내면의 고통이라는 문학적 감흥을 제목으로 암시해주는 표제음악의 선구작이다. 오케스트라로 만드는 회화라 할 수 있는 표제음악의 대표작은 역시 카미유 생상스(Camille Saint-Saëns, 1835~1921)의 『동

물의 사육제*Le carnaval des animaux*』이다. 오페라 『삼손과 데릴라』로 유명하며, 천재적인 피아니스트인 생상스가 1886년 작곡한 이 관현악 모음곡 안에는 모두 14곡이 들어있다. 동물의 왕인 사자가 행진하며 포효하는 제1곡에서부터 가지가지 동물들의 생태를 유머러스하게 묘사하는데 닭, 당나귀, 거북이, 코끼리, 캥거루, 어항, 뻐꾸기, 새장 등이 차례로 등장한다. 13번째 곡인 〈백조〉는 우아하게 헤엄치는 모습을 첼로 독주에 실었다.

엑토르 베를리오즈

조르주 비제

비제와 오페라 『카르멘』

조르주 비제(Georges Bizet, 1838~1875)는 음악가 가문 출신답게 9세에 파리음악원에 입학하는 등 어려서부터 남다른 재능을 드러냈다. 로마상을 두 차례 수상하여 이탈리아에 장기 유학할 수 있었다. 그는 알퐁스 도데의 단편을 연극적으로 음악화한 모음곡 『아를르의 여인*L'Arlésienne Suite*』을 1872년 작곡하지만, 당시에는 주목받지 못했다. 이때부터 지병인 심장병과 관절염으로 고생하며 대표작인 『카르멘*Carmen*』의 작곡에 매달렸다. 드디어 대중적으로 성공한 이 4막 오페라가 개막된 직후인 1875년 비제는 37세의 짧은 삶을 마감한다.

프랑스를 대표하는 오페라 『카르멘』은 메르메의 동명 소설을 원작으로 한 것으로, 스페인의 세빌리아를 무대로 집시 여인 카르멘과 돈 호세 하사 사이에 벌어지는 사랑, 질투, 죽음을 다루고 있다. 프랑스어로 된 유일한 일급 오페라인 『카르멘』에는 유난히 명 아리아가 많은데, 2막의 〈투우사의 노래〉와 카르멘의 독창곡인 1막의 〈하바네라Habanéra〉가 특히 유명하다.

L'amour est un oiseau rebelle	사랑은 다루기 어려운 한 마리 새
Que nul ne peut apprivoiser,	어느 누구도 길들일 수 없어,
Et c'est bien en vain qu'on l'appelle,	거절하기로 마음먹으면
S'il lui convient de refuser.	아무리 불러보아도 헛된 일.
Rien n'y fait, menace ou prière,	협박도 애원도 소용이 없지,
L'un parle bien, l'autre se tait;	말을 번드럽게 하거나 말 수 없는 사람 중
Et c'est l'autre que je préfère	내 맘에 드는 이는 말 없는 사람
Il n'a rien dit; mais il me plaît.	아무 말도 하지 않지만 내 맘에 들어.
L'amour!— l'amour!— l'amour!— l'amour!	사랑!— 사랑!— 사랑!— 사랑!
L'amour est un enfant de Bohème,	사랑은 어린 집시인지라
Il n'a jamais, jamais connu de loi,	결코 구속받지 않아,
Si tu ne m'aimes pas, je t'aime!	날 사랑치 않는다 해도 난 그대를 사랑해;
Mais si je t'aime, prends garde à toi!—	하지만 내 그대를 사랑하다면, 조심해요!—
L'oiseau que tu croyais surprendre	당신이 잡았다고 여긴 새가
Battit de l'aile et s'envola;	날개짓하며 날아갔지;
L'amour est loin, tu peux l'attendre;	그대가 고대하면 사랑은 멀어지고;
Tu ne l'attends plus, il est là!	더 이상 기다리지 않을 때, 다가오지!
Tout autour de toi vite, vite,	그대 주위를 재빠르게 돌며
Il vient, s'en va, puis il revient;	왔다가는 가고, 또다시 돌아오지;
Tu crois le tenir, il t'évite;	잡았다고 여기면 달아나고;
Tu crois l'éviter, il te tient!—	피했다고 생각하면 그대를 붙들지!~
L'amour!— l'amour!— l'amour!—l'amour!	사랑!— 사랑!— 사랑!— 사랑!

당대의 오페라로 종교가곡 〈아베 마리아〉로 알려진 샤를 구노Charles Gounod의 『파우스트』와 〈타이스의 명상〉이 들어 있는 쥘 마스네Jules Massenet의 『타이스』가 있다.

드뷔시와 인상주의

클로드 드뷔시(Claude Debussy, 1862~1918)는 클래식 음악에서 프랑스를 대표하는 작곡가이다. 어리서부터 음악을 배운 그는 10세에 음악원에 입학할 정도로 천재였다. 차이코프스키의 후원자인 폰 메크 남작부인 덕에 유럽여행도 할 수 있었다. 당시 모스크바에서 러시아 작곡가 무소르크스키를 만났고, 22세에 예술가들이 선망하는 로마상을 수상하고 이탈리아 유학을 하였다. 귀국 후 그를 세상에 알려준 『목신의 오후 서곡*Pré lude à l'après-midi d'un faune*』을 1892년에 발표한다. 이는 상징주의 시인 말라르메의 110행으로 이루어진 시 「목신의 오후」에서 직접적인 영감을 얻어 작곡한 것이다. 관현악이나 피아노 반주의 성악곡들도 작곡했다.

그는 인상파 회화를 음악에 받아들여서 19세기 말에서 20세기 초에 이르는 한 시대를 인상주의 음악으로 풍미하였다. 자연의 빛 속에서 받은 순간적인 인상을 그대로 표현하고자 한 인상주의 화풍의 영향으로 몹시도 시각적이면서도 몽환적인 『목신의 오후 서곡』은 인상주의 음악의 대표작으로서, 우아한 선율에 목가풍인 말라르메의 시적 묘사가 담겨 있다.

『목신의 오후 서곡』 내용

어느 여름날 오후, 잠에서 깬 목신(半人半獸)은 지난밤에 목욕하던 두 님프들이 실제인지 꿈이었는지 알 길이 없다. 그러자 그는 갈대를 꺾어 만든 피리를 분다. 기억 속에서 목신은 잠들어 있는 님프들과 차례로 사랑을 나누지만, 그녀들은 도망쳐 버린다. 허탈해 하는 그에게 사랑의 여신이 나타나 포옹해 보지만 그녀 또한 환영이 되어 사라진다. 이제 그가 할 수 있는 일이란 아름다운 님프들을 재회하려면 다시 잠이 들어 꿈을 꾸는 일일뿐.

클로드 드뷔시

금관악기를 최소화한 이 곡은 플룻, 오보에, 클라리넷, 하프, 첼로 등의 부드러운 음색들로 기억과 꿈, 관능과 명상이 섞여있는 분위기를 우아하게 표현한다. 20년 후 천재무용가 니진스키는 음악의 현대를 연 『목신의 오후 서곡』을 안무하여 무대에 올려 현대무용의 중요한 전기를 마련했다.

라벨과 현대음악

모리스 라벨

드뷔시의 후예인 모리스 라벨(Maurice Ravel, 1875~1937)은 피아노를 배워 15세에 파리음악원에 들어갔다. 이곳에서 가브리엘 포레에게서 작곡을 배워, 1901년 로마상에서 2위를 하였다. 1차 대전 발발 전에는 작곡에 열심이었고, 이후에는 보수적인 음악계에 맞서 새로운 음악 단체를 만드는데 참여하였다. 많은 피아노곡을 작곡하였지만 대표작은 1928년 발표한 관현악곡 〈볼레로Boléro〉이다. 그는 드뷔시의 영향을 많이 받았지만, 자신만의 명쾌하고 집요할 정도로 정밀한 음악세계를 이루었다. 모친이 스페인계인 라벨이 스페인의 3박자 무곡인 볼레로의 리듬을 사용해 발레곡으로 작곡한 〈볼레로〉는 그 리듬이 지속적으로 반복되는 것이 특징이다. 게다가 곡이 진행되면서 무용수의 수가 늘어가고 연주 악기 수도 점차로 증가해 열기는 고조된다. 1961년 모리스 베자르가 안무한 발레로 인해 더욱 유명해졌다.

라벨 이후 다양하게 발전한 클래식 음악 중에서, 다리위스 미요(1892~

1974)를 중심으로 인상주의에 대항하여 1920년 결성된 '프랑스 6인조 Groupe des Six'와 20세기 종교성 강한 오르간 연주자이며 작곡가인 올리비에 메시앙(Olivier Messiaen, 1908~1992)이 이끈 1936년 창단된 그룹 '젊은 프랑스Jeune-France'의 활약이 두각을 나타냈다.

2) 샹송

광의의 샹송은 프랑스어로 노래라는 뜻이다. 여기서 다루는 협의의 샹송은 대중가요를 의미한다. 한 세기 동안 카바레나 뮤직홀 공연에서 시작해 축음기와 토키영화, 라디오와 텔레비전의 발달로 가요시장은 팽창했고, 인기가수에 대한 관심은 커져만 갔다. 클래식 분야에서 상대적으로 고전했던 프랑스는 가요부문에서 열세를 만회하여, 샹송은 프랑스를 대표하는 문화 상품으로 입지를 굳혔다.

샹송의 가사는 한 편의 시이며, 멜로디에 맞추어 춤도 출 수 있고, 또 무대에서 노래하는 가수를 보면 한 편의 연극 공연으로도 보인다. 특히 에디트 피아프, 이브 몽탕, 쥘리에트 그레코로 대표되는 50, 60년대는 샹송의 황금기였다. 각 시대별로 변해가는 샹송은 다른 나라들의 대중가요도 그러하듯, 그 시절 서민들의 주된 관심, 행동양식과 시대정신이 그대로 반영되어 있다. 하지만 샹송은 유난히 수도 파리에 대한 애정을 노래해 온 것도 사실이다.

샹송이 전세계적인 주목을 받던 20세기 전반부에 히트한 대표적인 사랑과 이별을 다룬 곡들과 파리를 주제로 한 노래들의 목록이다.

사랑과 이별	파리
미스탱게트 〈내 남자〉 1920	미스탱게트 〈사, 세 파리!〉 1925
뤼시엔 브와이에 〈내게 사랑의 말을 해줘요〉 1930	조세핀 베이커 〈두 개의 사랑〉 1930
리나 케티 〈기다리겠어요〉 1938	자클린 프랑수아 〈파리의 아가씨〉 1948
	쥘리에트 그레코 〈파리의 하늘 밑〉 1951

'미스'라는 애칭으로 불리며 레뷰쇼의 여왕이었던 미스탱게트Mistinguett, 미국 출신의 흑인 여가수 베이커Joséphine Baker는 "내게는 고향과 파리라는 두 개의 사랑이 있지"라고 노래하며 레지스탕스에 참여했으며, 케티Rina Ketty의 노래 〈기다리겠어요J'attendrai〉는 전시라는 상황에 맞아떨어졌고, 전후 실존주의의 아이돌이었던 그레코Juliette Gréco 등은 샹송 역사에서 중요한 순간들을 만든 가수들이다.

에디트 피아프와 〈파담… 파담…〉

거리의 곡예사였던 아버지의 공연 때 손님을 끌기 위해서 노래하기 시작했던 에디트 피아프(Edith Piaf, 1915~1963)는 20세 때에 파리 환락가에서 가수로 발탁되는데, 이때 왜소한 체구로 깡충대며 노래 잘 한다는 뜻의 '꼬맹이 참새'라는 예명을 얻었다. 위대한 여가수의 탄생이라는 찬사를 들으며 성공한 후, 연하의 가수 이브 몽탕의 데뷔를 도왔다. 미국으로 진출하여 국제적인 명성을 얻을 무렵, 현지에서 프랑스인 권투선수 마르셀 세르당을 알게 되어 열정적인 사랑을 나누었지만 그는 비행기 사고로 사망하고 만다. 죽기 한 해 전에 에펠탑에서 있었던 인상적인 공연을 마지막으로, 강렬한 억양과 풍부한 성량, 영감에 찬 곡 해석으로 전무후무한 샹송계의 거목은 술과 마약, 질병으로 지친 생애를 마감했다. 심한 간질환 환자였던 피아프가 무대에서 기절한 후 깨어나 관객들의 응원 속에 공연을 계속했다거나, 그녀의 사망 소식을 접하고 같은 날 노시인 장 콕토가 충격으로 죽었다는 등 숱한 일화들은 익히 알려져 있다.

피아프의 샹송 256곡 중에서 특히 유명한 〈장미 빛 인생*La vie en rose*〉(1945)은 본인 스스로 작곡한 것이며, 1949년에 마르셀 세르당과의 사별 직후 발표된 〈사랑의 찬가L'hymne à l'amour〉는 그녀가 작사한 것으로 심금을 울렸다. 〈부호富豪〉, 〈아니, 난 아무 것도 후회하지 않아요〉 등 수많은 히트곡 중의 백미는 역시 〈파담…파담…Padam…Padam…〉이다.

Cet air qui m'obsède jour et nuit	밤낮으로 나를 사로잡고 있는 곡조
Cet air n'est pas né d'aujourd'hui	어제 오늘 생긴 것도 아닌 곡조
Il vient d'aussi loin que je viens	내가 온 것 만치 멀리서 왔고
Traîné par cent mille musiciens	수많은 음악가들에 의해 끌려 다녔지
Un jour cet air me rendra folle	언젠가 나를 미치게 할 이 곡조
Cent fois j'ai voulu dire pourquoi	수없이 이유를 말하려고 해도
Mais il m'a coupé la parole	내 말문을 막아버리는 곡조
Il parle toujours avant moi	언제나 나보다 먼저 말하고
Et sa voix couvre ma voix	그 소리가 내 목소리를 덮어 버리네
Padam…padam…padam…	파담…파담…파담…
Il arrive en courant derrière moi	내 뒤를 좇아오는 곡조
Padam…padam…padam…	파담…파담…파담…
Il me fait le coup du souviens-toi	추억하라며 나를 때리는 곡조
Padam…padam…padam…	파담…파담…파담…
C'est un air qui me montre du doigt	이것은 손가락으로 나를 지목하는 곡조
Et je traîne après moi comme un drôle d'erreur	난 이상한 실수인 것처럼 끌고 다니지
Cet air qui sait tout par coeur	모든 것을 꿰고 있는 이 곡조를

Il dit: "Rappelle-toi tes amours Rappelle-toi puisque c'est ton tour 'y a pas d'raison pour qu'tu ne pleures pas Avec tes souvenirs sur les bras…" Et moi je revois ceux qui restent Mes vingt ans font battre tambour Je vois s'entrebattre des gestes Toute la comédie des amours Sur cet air qui va toujours	곡조에 따르면, "네 사랑들을 기억하라 기억하라 왜냐하면 이번에는 네 차례니까 네가 울지 않을 이유란 없어 두 팔로 추억을 부둥켜안고 있다면…" 남아 있는 사랑들을 다시 쳐다보니 스무 살 내 나이가 북을 치게 한다 몸짓들이 서로 치고받고 사랑의 온갖 우스꽝스러움이 언제나 따라다니는 이 곡조에 실리네
Padam…padam…padam… Des "je t'aime" de quatorze-juillet Padam…padam…padam… Des "toujours" qu'on achète au rabais Padam…padam…padam… Des "veux-tu" en voilà par paquets Et tout ça pour tomber juste au coin d'la rue Sur l'air qui m'a reconnue	파담…파담…파담… 들뜬 축제일에 나누는 "사랑해" 파담…파담…파담… 싼 값으로 거래되는 "언제나" 파담…파담…파담… 무더기로 쌓여 있는 "네가 원해" 바로 길모퉁이에서 버려질 이 모든 것이 나를 알아보는 이 곡조 위에 실려 있네
Ecoutez le chahut qu'il me fait Comme si tout mon passé défilait Faut garder du chagrin pour après J'en ai tout un solfège sur cet air qui bat… Qui bat comme un coeur de bois…	그 곡조가 내게 해대는 야유가 들리는가 마치 내 모든 과거가 줄지어 지나가듯 나중을 위해 고통을 간직하라 울리는 이 곡조에 내 모든 선율을 담고... 나무로 만든 심장처럼 울리는 곡조...

검정색 드레스를 차려입은 창백한 안색의 피아프가 가슴을 주먹으로 쳐가며 열창하는 이 노래 안에서 주문처럼 반복되는 "파담"은 피아프 자신이 만든 심장 뛰는 소리의 의성어이다. 특히 〈파담…파담…〉이 주목을

끄는 것은 자신의 예술에 대해 느끼는 강박관념을 표현했기 때문이다. 항상 머리 속을 맴돌지만 막상 입 밖으로 내보낼 수 없는 곡조, 뒤를 따라다니며 야유하고 언젠가는 예술가를 미쳐버리게 만들 곡조로 더 할 나위 없이 감동적인 샹송 한 곡을 이끌어 낸 셈이다.

에디트 피아프

이브 몽탕과 〈낙엽〉

이탈리아의 토스카니 태생인 이브 몽탕(Yves Montand, 1921~1991)은 2살 때가족과 함께 프랑스로 이민와서 마르세유에 정착한다. 가난한 가정환경 때문에 어려서부터 배달부, 이발사 등으로 돈벌이를 해야만 했다. 하지만 쇼 공연에 관심이 많던 그가 카바레 보조가수로 일을 시작한 후 인기를 얻어 20세에 드디어 파리로 온다. 이후 자신의 공연에 찬조 출연시켜 그를 가수로 출세시킨 선배 에디트 피아프와의 염문은 당대 유명 여배우인 시몬 시뇨레와의 결혼으로 끝이 난다. 이때부터 그는 프랑스 영화를 대표하는 대배우로 성장한다. 특히 1953년 칸느 영화제 그랑프리를 수상한 클루조 감독의 영화 『공포의 보수』에서 유전의 화재를 끄기 위해 폭발물을 운반하는 트럭 운전사 역할은 최고의 명연기로 꼽힌다. 70세로 사망할 당시 영화촬영 중이었다. 준수한 외모뿐만 아니라 타고난 미성, 그리고 다양한 무대 매너로 몽탕은 126곡의 샹송을 불렀다. 그중 〈세 시 봉C'est si bon〉과 〈큰 거리들Les grands boulevards〉은 유쾌한 멋이 돋보이지만, 역시 대표곡은 삶의 깊이와 사랑의 추억을 노

이브 몽탕

래한 〈낙엽Les feuilles mortes〉이다. 시인 자크 프레베르의 가사에 그의 단짝 작곡가 조셉 코스마가 곡을 쓴 〈낙엽〉은 가을날 죽어버린 잎새들을 치우며 지나간 사랑에의 회한에 잠긴다는 내용이다.

Oh! je voudrais tant que tu te souviennes	오! 난 네가 기억하기를 그토록 원해
des jours heureux où nous étions amis	우리가 친구였던 그 행복한 날들을
En ce temps-là la vie était plus belle	그땐 삶이 더욱 아름다웠고
et le soleil plus brûlant qu'aujourd'hui	태양은 오늘보다 더 뜨거웠지
Les feuilles mortes se ramassent à la pelle	삽으로 낙엽을 모으고 있지
tu vois, je n'ai pas oublié	거봐, 난 잊지 않았어
Les feuilles mortes se ramassent à la pelle	삽으로 낙엽을 모으고 있지
les souvenirs et les regrets aussi	추억도 미련도 함께
Et le vent du nord les emporte	북풍이 낙엽들을 데려가네
dans la nuit froide de l'oubli	망각의 차가운 밤 속으로
Tu vois, je n'ai pas oublié	거봐, 난 잊지 않았어
la chanson que tu me chantais	네가 내게 불러주던 그 노래를
C'est une chanson qui nous ressemble	그것은 우리를 닮은 노래
toi tu m'aimais et je t'aimais	너는 나를 사랑했고 난 너를 사랑했지
Nous vivions tous les deux ensemble	우리 둘은 함께 살았지
toi qui m'aimais moi qui t'aimais	나를 사랑한 너 너를 사랑한 나
Mais la vie sépare ceux qui s'aiment	하지만 삶은 사랑하는 이들을 갈라놓는 법
tout doucement sans faire de bruit	소리도 없이 아주 조용히
Et la mer efface sur le sable	그러면 바다는 모래 위에서 지워버리지
les pas des amants désunis.	헤어진 연인들의 발자국을

무스타키의 철학과 아다모의 감성

1960년대와 70년대는 미국식 로큰롤 열풍이 프랑스에도 휩쓸어 젊은 이들은 "예예족族"이 되었고, 조니 할리데이Johnny Hallyday로 대표되는 프렌치 팝이 맹위를 떨쳤다. 그 와중에 샹송의 오랜 전통인 음유시인 풍의 면모를 가진 두 명의 가수 조르주 무스타키(Georges Moustaki, 1934~)와 살바토레 아다모(Salvatore Adamo, 1943~)는 자신들만의 음악세계를 펼쳐나갔다. 이 둘은 모두 외국 출신이라는 점, 자신이 작사 작곡한 노래를 부르는 싱어송라이터이며, 기타의 달인들이고 아직도 현역 음악인이라는 점에서 공통점이 많다.

무스타키는 이집트 알렉산드리아 태생의 그리스인으로 프랑스고교 졸업 후 파리에 와서 음악을 시작했다. 1957년 에디트 피아프를 만나 사랑에 빠졌으며 그녀를 위해 〈부호富豪〉를 만들었다. 〈나의 자유〉, 〈나의 고독〉 등 떠돌이 방랑자 풍의 인기곡들을 작곡하던 그는 1969년 자작곡 〈외국인 거류자Le métèque〉로 데뷔한 이래 가수 생활을 계속하고 있다. 텁수룩한 수염에 어울리는 히피풍 리듬과 감미로운 목소리에 실리는 그리스 전통 멜로디로 특징 지워지는 그의 대표작은 〈시간이 너무 늦었다Il est trop tard〉이다.

...	...
Pendant que je t'aimais,	내가 너를 사랑하고 있었을 때,
pendant que je t'avais	내가 너와 함께 있었을 때
L'amour s'en est allè,	사랑은 떠나갔고,
il est trop tard	이제는 늦어버린 일
Tu ètais si jolie,	너는 그토록 예뻤었는데,
je suis seul dans mon lit	지금 나는 침대에 홀로 있네
Passe passe le temps,	흘러흘러 시간은 가고,
il n'y en a plus pour très longtemps	오래 지속되는 건 아무 것도 없지
...	...

조르주 무스타키

이렇듯 진지하고 사색적인 무스타키에 비해 아다모의 악풍은 경쾌하고 감각적이라 대조를 이룬다. 이탈리아의 시칠리아 섬에서 태어난 아다모는 광부로 취업된 부친을 따라 벨기에 남부 프랑스어권으로 이주하게 된다. 17세에 지방방송국이 개최하는 노래 경연대회에서 입상한 것을 계기로 파리로 왔다. 20살에는 최초의 히트곡 〈사랑하는 네가 없이는Sans toi, mamie〉을 내고, 다시 2년 후에는 샹송가수들의 꿈의 무대인 올랭피아 극장에 진출하였다. 이후 단순하지만 정겨운 선율에 천진난만한 서정적 가사가 돋보이는 220곡의 샹송으로 승승장구했던 그는 뉴욕 카네기홀 등 해외순회공연 중에 여러 차례 방한했었다. 〈밤La nuit〉과 같은 샹송에서 잘 드러나듯, 쉿소리가 나는 고음의 음색 때문에 여성으로 오해받기도 했던 아다모의 대표곡은 국제적인 명성을 가져다준 〈눈이 내리네Tombe la neige〉이다.

Tombe la neige	눈이 내리네
Tu ne viendras pas ce soir	오늘 밤 너는 오지 않으리라
Tombe la neige	눈이 내리네
Et mon cœur s'habille de noir	내 마음은 검은 상복을 차려입네
…	…
Tu ne viendras pas ce soir	오늘 밤 너는 오지 않으리라
Me crie mon désespoir	절망이 내게 소리치네
Mais tombe la neige	하지만 눈은 내리고
Impassible manège	무심한 회전목마는 돌아가지 않네

이후의 샹송과 몇몇 경향

시대마다 수많은 샹송이 쏟아져 나왔으며 특색 있는 가수들이 명멸하였다. 그 중에서 1972년 본인이 작사, 작곡한 〈홀리데이〉로 전세계적인 인기를 끈 미셸 폴나레프(Michel Polnareff, 1944~)는 양성적인 외모와 엉덩이를 들어낸 공연 포스터 등으로 화제 거리를 불러 일으켰으며, 1988년 〈내 사내〉로 대히트를 친 파트리샤 카스(Patricia Kaas, 1966~)는 관능적인 음색으로 피아프 이래 최고 가수라는 평가를 받았다.

파리 올랭피아 극장의 야경

이외에도 비슷한 경향의 예술가들이 동시에 활동해서 한 시대를 풍요롭게 하는 경우를 샹송계에서도 찾아볼 수 있다. 탁월한 남성 가수 3인이 무대에서 서로 기량을 뽐내는가 하면, 3명의 샹송계의 요정들이 트로이카를 이루기도 하고, 프랑스 출신의 경음악단이 전세계를 누비기도 했다.

남자가수 전성기	사를 아즈나불 (1924~) 〈쉬르 마 비〉	질베르 베코 (1927~2001) 〈그런데 지금은〉	자크 브렐 (1929~1978) 〈날 떠나지 마〉
샹송요정 시대	실비 바르탕(1944~) 〈춤추러 갈 때는 예쁘게 차리고 갈래요〉	프랑수아즈 아르디 (1944~) 〈어떻게 안녕이라 말할까〉	프랑스 갈(1947~) 1965년 유로비전우승곡 〈꿈꾸는 샹송 인형〉
프랑스 경음악단	프랑크 푸르셀 (1913~2000) 클래식의 경음악화	폴 모리아 (1925~2006) 〈러브 이즈 블루〉 연주	프란시스 레이(1932~) 영화음악〈러브스토리〉, 〈남과 여〉 작곡

3) 뮤지컬

노래와 무용과 연기가 한데 어울리는 뮤지컬은 전통적으로 뉴욕의 브로드웨이나 런던의 웨스트엔드를 유명하게 만들던 장르이다. 19세기 중엽의 파리의 오페레타에서 그 맥을 찾기는 하지만, 프랑스에서 낯설었던 뮤지컬이 20세기 말에서 21세기 초에 이르는 최근 동안에 몇몇 대작으로 세계적인 성공을 거두었다. 이후 프랑스 뮤지컬은 주목받는 장르가 되었다. 프랑스어로는 '코메디 뮤지칼comédie musicale'이라 불리는데, 이때 코메디는 희극이라기보다는 연극이라는 뜻이다.

노트르담 드 파리

노트르담 드 파리

1998년 가을 파리에서 초연된 이 뮤지컬은 프랑스의 문호 빅토르 위고의 소설을 원작으로, 퀘벡 출신의 뤽 플라몽동이 가사를 리카르도 코시앙트가 작곡을 맡았다. 뮤지컬의 불모지였던 프랑스를 세상에 알리는 시발점이 된 『노트르담 드 파리*Notre-Dame de Paris*』는 아름다운 집시처녀를 둘러 싼 세 남자(사제, 군인, 종지기 꼽추)의 비극적 사랑을 그리고 있다. 세계 순회공연 중 2005년 내한 공연도 가졌다. 대표곡으로 서곡인 〈대성당의 시대Le temps des cathérales〉, 콰지모도 등 사랑에 빠진 남자들의 삼중창인 〈아름다운 그녀Belle〉, 에스메랄다가 애절하게 부르는 〈산다는 것Vivre〉 등이 있다. 현대적인 브레이크 댄스가 활용되는 도발적인 안무, 성당과 감옥을 동시에 보여주는 무대 등 화려한 볼거리를 제공한다.

십계

엘리 슈라키가 대본을 쓰고 파스칼 오비스포가 작곡하여 2000년 가을에 파리에서 초연된 『십계*Les dix commandements*』는 구약성서의 모세 이야기를 다룬 것이다. 제2막에서 갈등의 벽을 사이에 둔 모세와 파라오의 이중창 〈나의 형제Mon frère〉, 공연의 대단원에서 모든 출연진들을 한 무대에 불러 모으며 모세가 부르는 〈사랑하고 싶은 마음L'envie d'aimer〉 등이 대표곡이다. 이국적인 분위기의 이집트와 홍해가 갈라지는 스펙타클이 압권인 이 뮤지컬은 2008년 내한 공연을 했다. 노래와 무용 이외에 대사가 전혀 없는 프랑스 뮤지컬의 특징을 잘 보여준다.

십계

로미오와 줄리엣

로미오와 줄리엣

셰익스피어의 연극을 새롭게 해석하여 2001년 1월 초연된 이 뮤지컬의 원제는 『로미오와 줄리엣, 증오에서 사랑으로*Roméo et Juliette, de la haine à l'amour*』이다. 1953년생 가수 출신인 제라르 프레스귀르빅이 작곡과 대본을 맡았다. 두 가문의 상징색을 사용하여 몬태규 가는 파랑색을, 캐플렛 가는 빨강색을 사용한 의상과 조명이 매우 화려하다. 가죽 의상과 버버리 코트가 등장하고, 청바지를 입은 로미오, 그리고 연인들의 죽음을 다룬 부분은 원작과 차이를 보인다. 로미오는 독약을 마시고 줄리엣은 애인의 단검으로 자살하는 대신에, 파리 초연에서는 죽음의 신이 등장해 로미오를 포옹하고 줄리엣에게 칼을 건낸다. 제1막에서 로미오와 친구들이 거리를 누비며 부르는 〈세상의 왕들Les rois du monde〉과 비밀결혼 장면에서 로미오와 줄리엣의 이중창 〈사랑한다는 것Aimer〉이 유명하다. 이 뮤지컬은 2007년 내한공연도 갖은 바 있다.

5. 영화

오늘날 영화 종주국 프랑스는 블록버스터급 할리우드 영화의 시장 잠식으로 어려움을 겪고 있는 가운데 스크린 쿼터제를 사수하면서 자국 영화를 하나의 문화로서 보호하고 있다. 프랑스 영화인들은 문화의 획일성을 반대하며 문화의 다양성과 문화 상대주의를 강조한다. 영화는 굴뚝에서 연기를 내지 않는 고부가가치 산업이자, 일종의 오락이며, 예술적 표현의 한 방법이다.

1) 영화의 탄생과 초창기 영화

영화의 선구자인 뤼미에르 형제(루이 뤼미에르Louis Lumière와 오귀스트 뤼미에르 Auguste Lumière)는 에디슨의 키네토스코프 원리를 발전시켜 1895년 12월 28일 파리의 그랑카페에서 최초로 시네마토그래피cinématographie(영화를 찍고 필름에 대상을 담고 그것을 영사하는 과정에 사용되는 기계)라는 스크린 투사방식으로 관객들로부터 1프랑을 받고 공개 영화 시사회를 열었다. 이것이 바로 영화를 알리는 최초의 역사적인 사건이다.

최초의 영화들은 형식면에서 아주 단순했다. 대개는 상영시간이 1분내지 2분 정도로 편집을 전혀 하지 않은 프레임이 고정된 하나의 쇼트shot(영

뤼미에르 형제 〈라시오타역에 도착하는 기차〉

조르주 멜리에스 〈달세계 여행〉

화 구성의 최소 단위)로 이루어졌다. 초창기 대표 영화는 뤼미에르 형제의 〈뤼미에르 작업장의 퇴근〉(*La sortie des usines Lumière*, 1895), 〈라시오타 역에 도착하는 기차〉(*L'arrivée d'un train en gare de La Ciotat*, 1895), 〈물 뿌리는 정원사〉(*L'arroseur arrosé*, 1895) 등이다. 영화 시대의 개막을 알리는 〈라시오타 역에 도착하는 기차〉가 상영되었을 때 관객들은 기차가 실제로 자신들 앞으로 달려오는 줄 알고 놀라서 소리 지르며 뛰쳐나가 카페가 아수라장이 될 정도였다.

1896년 조르주 멜리에스George Méliès는 간단한 특수효과의 가능성들을 발견하고, 1897년에는 몽트뢰이에 자신의 스튜디오를 세웠다. 이 스튜디오는 촬영하는데 태양광선을 이용할 수 있도록 온실과 비슷하게 지어졌다. 마술사 출신인 멜리에스는 그의 영화에서 마술적인 변형이 일어날 수 있는 환상적인 세계를 창조하기 위하여 정교한 배경 장치들을 이용하였다. 뤼미에르 형제가 사물의 모습을 있는 그대로 재현한 사실주의적인 작품을 주로 만들었다면 멜리에스는 최초로 스토리텔링 형태의 공상적인 극영화를 만들었다. 멜리에스의 영화에서 배우들은 마치 연극 무대 위에서 연기하는 배우들과 유사한다. 멜리에스는 20개의 연극적 장면으로 구성된 최초의 스토리 영화 〈신데렐라〉(*Cendrillon*, 1899)를 만들었고, 이어 30개의 장면으로 이루어진 〈달세계 여행〉(*Le Voyage dans la Lune*, 1902)도 제작하였다.

프랑스 영화는 뤼미에르 형제와 멜리에스 영화들을 발판으로 영화사 초기의 세계 영화 흐름을 주도하면서 급속한 성장을 거듭하였다. 또한 파테Pathé 와 고몽Gaumont 영화사의 창립은 프랑스 영화 산업의 발전에 결정적인 계기가 되었다. 1896년 파테 형제들이 세운 파테 영화사는 필름 생산, 영화 제작, 극장 상영 등 영화 산업의 전 분야를 아우르면서 단기간에 급성장하였다. 파테 영화사는 1901년부터 여러 국가에 제작과 배급지사를 설치하면서 영화 제작으로 사업을 번창시켜 세계에서 제일 큰 영화 관계 업체가 되었다. 제1차 세계대전의 발발로 제작편수를 줄일 수밖에 없었던 1914년까지 영화계에서 막강한 위치를 고수하였으며, 레옹 고몽이 같은 해인 1896년 설립한 고몽 영화사도 프랑스 제2의 영화사로서의 입지를 굳힌다.

1908년 피에르 라피트Pierre Lafitte는 자신의 재산과 파테 영화사의 투자 자본을 합쳐 예술 영화사Société du Film d'art를 창립하여 수준 높은 예술 영화들을 만들었다. 그는 아카데미 프랑세즈 회원들에게 시나리오 집필을 부탁하고 코메디 프랑세즈의 연극배우들을 등장시켜 〈율리시즈의 귀향〉(*Le Retour d'Ulysse*, 1908), 〈유다의 키스〉(*Le Baiser de Judas*, 1908), 〈기즈 공의 암살〉(*L'Assassinat du duc de Guise*, 1908) 등을 제작하였다. 높은 예술적 완성도를 보인

〈기즈 공의 암살〉은 영화가 하나의 예술로 공인 받는데 커다란 기여를 하며, 훗날 프랑스 예술영화 운동에 깊은 영향을 미친다.

두 명의 영화 이론가인 '제7예술론'을 창안한 리치오도 카뉴도Ricciotto Canudo와 씨네 클럽 운동을 일으킨 루이 델뤽Louis Delluc에 의해 영화는 공식적으로 예술로 인정받게 된다. 1911년 리치오도 카뉴도는 영화를 '활동사진motion picture'이나 '영화극photoplay'이 아닌 '제7예술'이라고 명명하였다.

2) 예술 영화의 개화 : 인상주의와 초현실주의(1918~1930)

제1차 세계대전은 프랑스 영화산업에 심각한 타격을 입혔다. 영화종사자들은 징집되고 회사들은 전시업무로 전환되었고, 수출은 대부분 중단되었다. 더구나 1915년부터 미국영화들이 물밀듯이 프랑스로 들어오기 시작하였고 프랑스 관객들은 자국영화보다 할리우드 영화를 훨씬 많이 보게 되었다. 그러나 다행히도 제작자들이 젊은 감독들을 후원하였다.

1920년대는 여러 예술가들이 영화의 다양한 가능성을 실험하는 시기였다. 영화의 독자적인 예술성과 실험성을 추구하던 아방가르드 영화인들의 눈에 기존의 영화들은 허구적인 스토리 위주로 제작되어 영화가 마치 문학과 닮아 있는 것처럼 보였다. 그들은 이러한 사실을 비판하며, 영화는 보는 예술이기 때문에 장면의 움직임 속에서 시각적인 조화의 미학을 추구해야 영화만의 독자적인 예술성을 찾을 수 있다고 주장하였다. 제르멘 뒬락Germaine Dulac은 "영화는 삶을 향해 넓게 열려 있는 눈이다. 그것은 우리의 눈보다 더 강력한 눈이며, 우리가 보지 못하는 것을 보는 눈이다."라고 말하며 루이 델뤽이 강조한 '포토제니photogénie'를 영화에 담아야 한다며 눈으로 보이는 시각적 아름다움을 강조하였다. 따라서 영화의 쇼트는 형상, 색, 운동 등이 다양하게 결합될 수 있는 화가의 캔버스로서 예술가의 주관적인 의지와 예술적 표현력을 담아야 했다. 이렇게 다양한 이미지들로 영화의 쇼트들이 채워지는 과정에서 아이리스, 마스크, 이중 노출 등의 다양한 촬영기법이 사용된다. 영화촬영기구들은 물론이고 서사와 편집 등 영화의 형식적인 부분에 이르기까지 광범위한 실험이 이루어진다. 따라서 이 시대의 영화는 현대시와 회화, 특히 음악과 더 밀접한 관계가 있었다.

영화를 음악에 비유하던 인상주의 감독들은 인물의 심리적 상태를 묘사하기 위하여 리듬감 있는 운율적 편집과 시점 편집을 시도하는 등 그들의 미학을 실천에 옮겼다. 인상주의 영화 형식은 새로운 영화 형식, 기법, 기술상의 혁신을 낳았다. 아벨 강스Abel Gance는 〈나폴레옹〉(*Napoléon*, 1927)에서 새로운 렌즈(275mm 망원), 다중영상(폴리비전), 와이드 스크린을 대담하게 시도하였다. 카메라가 인물의 눈을 대신하기 위해서는 자유롭게 움직일 수 있어야 했으므로 인상주의자들은 자신들의 카메라를 차나 회전목마 앞에 매달기도 하였다. 카메라 제조가 드브리는 아벨 강스의 〈나폴레옹〉을 위해 촬영기사가 롤러 스케이트를 신고 움직일 수 있는 핸드헬드 카메라를 만들었다. 인상주의 감독들은 자신들의 형식, 기법, 기술상의 혁신으로 만든 영화가 할리우드 영화의 인기를 능가하리라는 희망을 가졌지만 그들의 시도는 엘리트 취향에만 맞는 것이었다. 따라서 인상주의의 초대작 아벨 강스의 〈나폴레옹〉과 마르셀 레르비에Marcel

아벨 강스 〈나폴레옹〉

L'Herbier의 〈돈〉(*L'argent*, 1929)은 실패했고, 제작자들에 의해 재편집되었다. 그러나 인상주의의 형식인 심리적인 서사방법, 주관적 카메라 사용과 편집 등은 미국영화에도 영향을 미쳤다.

인상주의가 전위적인 양식에도 불구하고 기존 상업 영화계 안에서 기존 영화사의 기재를 사용한 반면, 초현실주의 감독들은 기존 영화계 밖에서 활동하며, 다른 예술 분야의 초현실주의 운동과 연대하였고 자신의 자본이나 개인적 후원에 의존하였다. 초현실주의 영화들은 공간의 변형과 영화적인 시를 통해 인간의 무의식을 추상적으로 표현하고 사회의 부조리를 비판하였다. 대표적인 초현실주의 영화인 〈안달루시아의 개〉(*Un Chien Andalou*, 1928)는 살바도르 달리Salvador Dali와 루이스 브뉴엘Luis Buñuel이 공동으로 시나리오를 쓰고 브뉴엘이 연출하였다. 이 영화에서 우리는 한쪽 눈동자가 면도칼로 잘려 나가는 장면, 당나귀의 시체가 방을 가로질러 끌려가는 장면 등 현실에서는 일어나기 어려운 여러 이미지들이 엉켜 있음을 볼 수 있다. 이처럼 충격적인 표현 효과를 통한 전통적 가치의 전복을 나타내는 초현실주의 영화에서 논리적으로 설명될 수 있는 대사나 행위는 없다. 따라서 초현실주의 영화에서 각각의 장면들은 독립적으로 의미를 전달한다고 볼 수 있다.

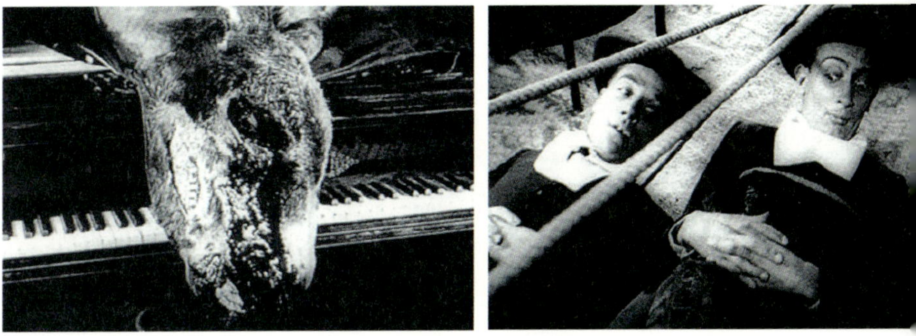

루이스 브뉴엘 〈안달루시아의 개〉

아방가르드(Avant-garde) 예술(전위예술)

예술에서 아방가르드는 가장 앞서 있는 개념과 이미지에서 다시 탈피하여, 만들고, 그리고, 보는 방식을 새롭게 제시하는 것을 의미한다. 아방가르드는 열린 개념이기 때문에 어떤 시대에도 아방가르드 예술과 예술가는 존재할 수 있다. 영화에서는 새로운 경향의 '전위영화' 또는 '실험영화'를 아방가르드 영화라 부른다.

3) 시적 리얼리즘

시적 리얼리즘은 무성영화에서 유성 영화로 넘어가는 1930년대 세계 영화사의 흐름과 일치하면서 더욱 발전하였다. 이때 프랑스 영화는 제2 중흥기에 접어들었다. 감독들은 당대의 현실을 충분히 반영하기위해 시적이고 문어체적인 대사로 사실적이면서 서정적인 대사와 영상을 통해 몽환적인 분위기를 표현하였다. 시적 리얼리즘의 창시자는 줄리앙 뒤비비에, 마르셀 카르네, 자크 프레베르 등이다. 특히 시인이자 시나리오 작

장 비고 〈품행 제로〉

장 르누아르 〈게임의 규칙〉

가인 자크 프레베르Jacques Prévert는 아름답고 정제된 언어를 사용하여 명성이 높았다. 시적 리얼리즘은 1920년대 중반 독일의 '슈트라센슈필 필름Strassenspiel film(거리의 영화)' 운동으로부터 직접적인 영향을 받는다. 감독들은 '거리'를 작품의 주요 무대로 삼았고, 소외당한 이들의 비참한 실상을 보여주었다. 그러나 시적리얼리즘의 영화는 독일 영화들과는 달리 아름다운 시적 정서가 비참한 현실을 압도하는 양상으로 바뀌었다.

장 비고Jean Vigo는 오직 네 편의 작품만 남기고 1934년 29세로 요절한 비운의 천재적 감독이다. 그의 작품 〈라탈랑트〉(L'Atalante, 1934)는 일상의 단면들을 사실적으로 전개하면서 동시에 초현실적인 환상성과 서정을 표현하여 시적 리얼리즘의 효시작으로 손꼽힌다. 〈품행 제로〉(*Zéro de conduite*, 1933)는 어느 시골 중학교 기숙사 학생들의 반란을 44분에 담았다. 사실적인 묘사와 풍부한 감정, 강렬한 충동이 뒤섞인 충격적인 화면으로 당시에는 상영금지 되었다가 1945년에 해금되었다. 마르셀 카르네Marcel Carnet는 전형적인 시적 리얼리즘 영화를 만든 감독으로 시나리오 작가이자 시인인 프레베르와 공동작업을 많이 하여, 〈안개 낀 부두〉(*Quai des brumes*, 1938), 〈천국의 아이들〉(*Les Enfants du paradis*, 1943) 등을 남겼다. 쥘리앙 뒤비비에Julien Duvivier

도 앙리 장송 같은 뛰어난 시나리오 작가와 공조해 〈무도회의 수첩〉(*Un carnet de bal*, 1937), 〈내 청춘의 마리안〉(*Marianne de ma jeunesse*, 1954) 등을 발표하였다. 장 르누아르Jean Renoir는 시적 리얼리즘의 영역을 확장한 감독으로 〈나나〉(*Nana*, 1926), 〈마담 보바리〉(*Madame Bovary*, 1934), 〈게임의 규칙〉(*La Règle du Jeu*, 1939) 등에서 예리한 사회비판의식을 사실적이면서 몽환적으로 표현하면서 '딥 포커스Deep Focus' 같은 다양한 촬영기법을 사용하여 마치 오케스트라와 같은 종합적인 영화세계를 만들었다.

4) 누벨 바그Nouvelle Vague

고전영화와 현대영화의 분기점인 누벨 바그Nouvelle Vague는 프랑스어로 '새로운 물결'을 의미한다. 누벨 바그는 1950년대 후반과 1960년대 초반에 등장한 새로운 경향의 프랑스 영화와 영화인을 지칭한다. 세계영화사에서 큰 획을 그은 누벨바그가 태어나기까지 탄탄한 토대가 된 일련의 노력들이 그 이전에 이미 존재하였다. 첫째, 앙리 랑글루아Henri Langlois는 1936년 영화박물관 '시네마테크 프랑세즈'Cinémathèque Française를 설립하여 훗날 누벨바그를 이끄는 감독들이 10대나 20대 때부터 영화에 관한 여러 자료들을 접하고, 영화에 대한 감성을 키우며, 새로운 영화미학을 창조할 수 있게끔 터전을 제공해주었다. 둘째, 앙드레 바쟁André Bazin은 1950년 영화비평잡지 『카이에 뒤 시네마』*Cahiers du cinéma*를 창간하여 영화미학을 한층 더 발전시킨다. 감독이야말로 총체적으로 영화의 영상화를 책임지며, 자신의 개성과 특성을 영상적 스타일로 표현해 내는 창조적 주체라는 앙드레 바쟁의 사상을 이어받아 프랑수아 트뤼포는 1954년 『카이에 뒤 시

프랑수와 트뤼포 〈400번의 구타〉

장-뤽 고다르 〈네 멋대로 해라〉

네마』지에 「프랑스 영화의 어떤 경향」Une certaine Tendance du Cinéma Français이라는 논문을 발표한다. 이 글에서 그는 '작가주의'란 말을 등장시켜 작가주의 논쟁을 불러일으켰다. 셋째, 알렉상드르 아스트뤽Alexandre Astruc은 『에크랑 프랑세』*L'Écran français*지에서 '카메라 스틸로'Caméra-stylo라는 표현을 사용하여 전통적인 스토리텔링 방식을 거부하고 새로운 정신과 방법으로 영화를 만들도록 권하였다. 그가 주장한 '카메라-스틸로'는 영화감독이 카메라로 작품을 써야 하며, 영화도 그 작품만의 독특한 스타일적 특성을 지녀야 한다는 것이다. 알렉상드르 아스트뤽의 '카메라 스틸로'와 앙드레 바쟁의 '미장센mis en scène'을 중심으로 한 사실주의 영화 연구 등은 작가주의의 이론적 토대를 이루며, 영화감독의 역할을 강조하는데 힘을 실어 주었다. 이러한 환경 속에서 기존 영화기법에 대하여 강한 반감을 갖고 있던 새로운 세대의 젊은 누벨 바그 영화감독들은 대부분 영화학교에서 전문적인 영화 수업을 받았던 사람들로서 영화 잡지 『카이에 뒤 시네마』에 영화 비평문을 기고하며 영화비평 감각을 키운 후에 스스로 감독이 된 인물들로 새로운 양식의 영화들을 만들었다. 누벨바그의 대표작으로는 고다르Jean-Luc Godard의 〈네 멋대로 해라〉(*A bout de souffles*, 1960), 프랑수와 트뤼포François Truffaut의 〈400번의 구타〉(*Les 400 coups*, 1959)와 〈쥘과 짐〉(*Jules et Jim*, 1961), 알랭 레네Alain Resnais의 〈히로시마 내 사랑〉(*Hiroshima mon amour*, 1959), 자크 드미Jacques Demy의 뮤지컬 영화 〈쉘부르의 우산〉(*Les Parapluies de Cherbourg*, 1964) 등이 있다. 누벨바그 감독들은 영화 자체를 탐구하는 자세로, 형식적인 면에서 여러 가지 실험을 하여 영화를 주관적이고 자유분방하게 해석하는 감독 개인의 작품으로 발전시켜 프랑스 영화에 비로소 현대성을 갖추게 하였다.

알랭 레네 〈히로시마 내 사랑〉

누벨 바그 감독들은 개성적인 인물을 등장시켜 독창적인 이야기를 만들어 냈으며, 과감한 생략법, 편집 기술, 시각적인 구도, 카메라의 움직임, 작품의 각색 등을 세밀하게 연구 분석하여 작가주의적(이때 작가란 시나리오를 쓰는 작가가 아니라 영화감독을 지칭) 관점 하에서 영화를 다루었다. 영화가 무엇인지에 대하여 끊임없이 질문하며 새로움을 추구하는 누벨바그 감독들의 실험정신은 세계영화사에 많은 영향을 끼쳤다.

5) 포스트 누벨바그 : 누벨 이마주Nouvelle Image

'누벨 이마주'는 영화가 문학에서 벗어나 영상으로 말하는 영상시대의 도래를 예고한다. 80년대 이후 프랑스 영화는 영화에 대한 참신한 접근 방식을 시도하는 20대 초반의 젊은 감독들에 의해 방향이 크게 바뀐다. 누벨 이마주 영화들은 팝 문화의 영향을 받은 음악, 세트 디자인, 의상 등이 많이 나타나지만 기본적으로는 '반反할리우드 의식'이 바탕에 깔려있다. 이들은 자신의 직관과 개성에 의존해 정치와 역사와는 무관한 영화를 만들었기 때문에 도피적이라는 비판을 받기도 하였다.

누벨 이마주의 대표 감독으로는 장-자크 베넥스Jean-Jacques Beineix와 레오 카락스Leos Carax, 뤽 베송Luc Besson 등이 있다. 누벨 이마주의 포문을 연 베넥스 감독은 그의 데뷔작 〈디바*Diva*〉(1980)에서 스피디한 영상 위에 광고, 록 뮤직, 팝 아트 등 현란한 조명과 세트를 담아내어 종래의 장르 개념으로는 분류할 수 없는 복합 영화라는 평을 얻었다. 그의 신선하고 충격적인 영상은 신세대 영화인들에게 큰 영향을 끼쳤다.

한편, 누벨 이마주 감독 중에서 예술적인 측면에서 가장 높은 평가를 받는 레오 카락스 감독은 1984년 첫 번째 장편 영화 〈소년이 소녀를 만나다〉(*Boy Meets Girl*, 1985)가 칸느 영화제에 소개되면서 데뷔하였고, 장 뤽 고다르 이후 가장 주목할 만한 영화감독이라는 평가를 받았다. 이후 그는 〈나쁜 피〉(*Le Mauvais Sang*, 1986), 〈퐁네프의 연인들〉(*Les Amants du Pont-Neuf*, 1991)을 발표하였다.

뤽 베송Luc Besson은 영화 학교를 다니지 않고 17살에 할리우드에서 스텝으로 일하며 영화 기술을 익히고, 프랑스로 돌아와 데뷔작 〈마지막 전투〉(*Le Dernier Combat*, 1983)를 만들었다. 이 영화는 핵 전쟁을 치른 제3차 세계대전 직후 모든 인간 문명이 파괴된 세계를 감각적인 영상과 음악의 정교한 조화로 그려내 실험성 높은 영화로 평가를 받았다. 이후 그는 〈지하철〉(*Subway*, 1984), 〈그랑 블루〉(*Le Grand Bleu*, 1988) 등을 발표하며 누벨바그 이후 프랑스 영화의 부흥을 가져올 것이라는 기대를 모았으나 영화 〈레옹〉(*Léon*, 1994)에서 할리우드 영화에 경도되어 자신의 색채를 잃어버렸다는 비판을 받기도 하였다.

장-자크 베넥스 〈디바〉

레오 카락스 〈퐁네프의 연인들〉

누벨 이마주의 감독들은 공통적으로 공유하는 특징들을 갖고 있지 않았으나 굳이 공통점을 지적하자면, 첫째, 강렬하면서도 자연스러운 색채를 통해 표현되는 감각적 이미지, 둘째, 영상으로 표현되는 시각적 이미지에 초점이 맞추어진 이미지들의 상징성, 셋째, 서사구조의 단순화와 절제되고 취사선택된 대사, 넷째, 사건이 진행되는 공간의 뚜렷한 대조 등을 통해 주제를 전달하였다는 점이다.

누벨 이마주 계열의 영화들은 누벨바그 이후 프랑스 영화계에 모처럼

뤽 베송 〈그랑 블루〉

새로운 형태의 영화를 제시하였다. 따라서 프랑스는 누벨 이마주 계열의 영화가 할리우드 영화에 대항할 수 있는 프랑스 영화의 자존심이며 대안이 되기를 원하였다.

프랑스문화 테마기행

6장 프랑스의 생활문화

1. 가정과 일상

프랑스에서 가정은 전통적 결혼 이외에도 사회에서 널리 용인되는 동거, 동거를 법제화한 '시민연대협약'으로 이루어진다. 독립적 가구인 독신도 한 가정으로 자리 잡고 있다.

1) 결혼

중세부터 대혁명 이전까지 프랑스는 종교 결혼만을 인정했고 이혼을 엄격히 금지했다. 그러나 대혁명 직후에 비종교적인 시민결혼을 법적으로 인정했고, 이혼도 가능해졌다. 1972년부터 혼외 자녀에게도 법적 권리를 인정하면서 결혼이 감소하고 이혼이 증가하였으며 혼외 자녀수가 자연히 증가하였다. 현재

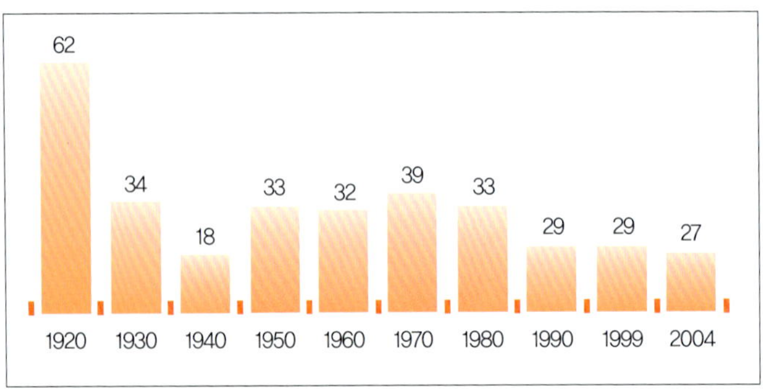

20세기 프랑스인의 연간 결혼 건수(단위:만건)

프랑스는 유럽에서 스웨덴과 함께 결혼률이 가장 낮은 국가이다.

결혼 연령이 점차 낮아져 1980년에는 평균 결혼 연령이 남자가 25세, 여자가 23세였으나, 2003년에는 남자가 31세, 여자가 29세로 남녀 모두 6년씩 늦어졌다. 혼전 동거 후에 결혼을 결정하는 삶의 방식이 반영된 결과이다. 혼전 동거 없이 결혼하는 경우는 전체 부부의 10%에 불과하다.

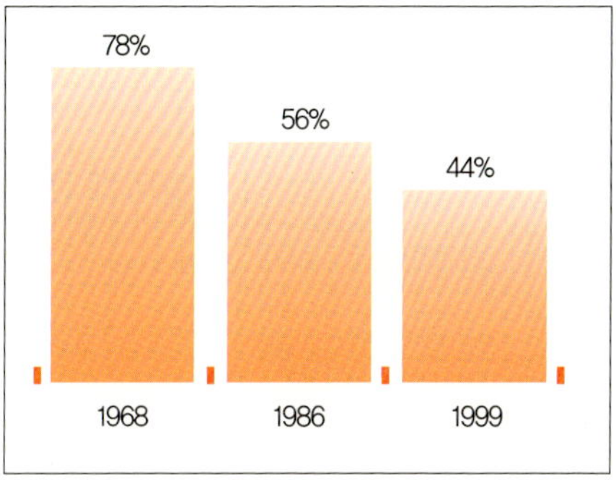

종교결혼 비율

결혼은 일반적으로 시민 결혼과 종교 결혼으로 이루어진다. 시민 결혼만이 법적 효력을 갖는다. 가톨릭 신자인 경우 시민 결혼 후에 성당에 종교 결혼을 하는데, 종교 결혼의 비율은 점차 줄어드는 추세이다.

2) 동거

동거는 프랑스에서 보편화된 삶의 한 형태가 되었으며, 결혼의 필수적인 예비 과정으로 여기고 있다. 혼전 동거를 거치지 않고 결혼하는 경우는 전체 부부의 10%에 불과하다는 사실이 이를 뒷받침한다. 2008년 1월 1일에 발표된 국립통계청 자료에 의하면 2007년도에 프랑스에서 80만 명의 아기가 태어났으며, 그 중 50%가 혼외 관계로 태어났다. 이 비율은 1999년의 40%보다 10% 포인트가 증가한 것으로, 동거는 인구의 유지에서 점점 큰 비중을 차지함을 알 수 있다.

동거가 보편화된 원인은 대학생을 포함한 젊은 층의 재정적 어려움과 자유로운 애정관에 있다. 특히 대도시의 경우, 혼인 적령기의 젊은이들은 비싼 주거비와 생활비가 큰 부담이므로 정식 결혼보다는 동거를 택하는 것이다. 동거 중 태어난 자녀도 법적 혜택을 받기 때문에 사실상 결혼의 필요성이 줄어들었다. 그러나 동거가 정식 결혼과 완전히 동등한 법적 지위를 갖지 않는다. 동거인 중 한 사람이 사망하는 경우 상대 동거인에게 유산을 상속하기 어렵다. 이는 인구 증가의 한 축을 이루는 동거 체제가 취약해질 수 있어, 이런 문제점을 보완하여 건전한 가정 체제를 보장하기 위해 만든 시스템이 바로 '시민연대협약'이다.

3) 시민연대협약PACS, Pacte civil de solidarité

'시민연대협약', 즉 팍스는 18세 이상의 동거인들에게 동거계약을 체결하게 하여 법적 부부와 같은 사회적 혜택을 주기 위한 제도이다. 1999년 여당인 사회당이 이 법안을 준비하고 있을 때 야당과 국민 모두가 환영했다. 결혼보다 동거를 선호하는 사회적 분위기를 국가가 법으로 인정하고 체계화하여 보다 안정적인 사회를 구축하자는 의견에 이견이 없었던 것이다. 그러나 팍스 법안을 구체화하는 과정에서 파리를 중심으로 대도시의 동성애자들이 '팍스는 이성 커플만이 아니라 동성 커플도 적용 대상으로 허용한다'는 조항을 추가하라는 시위를 벌리자 여당은 당혹스러워했고, 야당은 팍스 법안을 국회에 상정시키는 자체를 철회하도록 요구했다. 이때부터 팍스에 대한 찬반의 입장이 표명되면서 뜨거운 논쟁이 일었다. 결국 젊은 층과 동성애 단체의 거센 시위, 조스팽Jospin 총리의 끈질긴 국민 설득에 힘입어 사회당은 팍스 법안을 우여곡절 끝에 통과시켰다(찬성 315, 반대249).

팍스는 1999년 11월 16일부터 시행되었으며, 약 100~200만 명으로 추산되는 동성애자들도 팍스의 혜택을 누리게 되었다. 팍스에 가입하기 위해서 이성 또는 동성 동거커플이 동거계약서를 법원에 제출만 하면 된다. 이렇게 간단한 절차를 밟으면 결혼에서와 같은 사회보장 권리나 조세 혜택, 팍스 이후에 습득된 재산을 공유할 권리를 보장 받는다. 결혼과는 달리 팍스는 어느 한 편의 요구만으로 계약이 파기되어, 복잡한 이혼 수속을 밟을 필요가 없다는 점에서, 젊은 층의 관심을 끌었다. 프랑스 법무부의 통계에 따르면, 2000년에 22,776쌍, 2006년에 77,362쌍으로 팍스에 등록된 커플이 3배 이상 증가하였다. 그러나 최근 불거진 동성애자들의 양육권 주장은 팍스의 문제점으로 등장하였다.

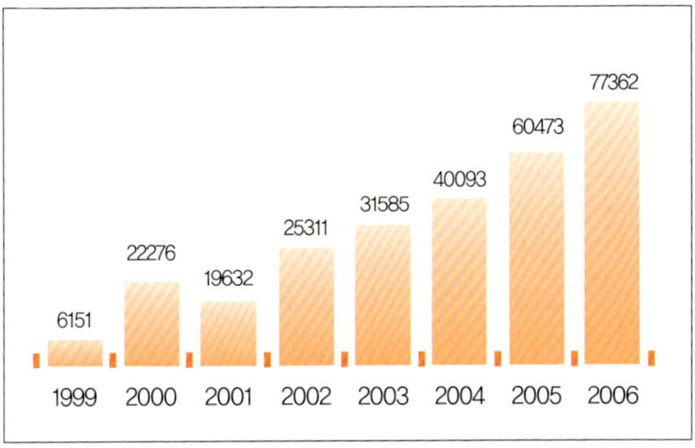

팍스등록현황(연간 커플수)

4) 독신

2006년 9월 18일자 『르 피가로』지는 프랑스에서 독신자의 수가 1,500만 명에 이른다는 기사를 게재했다. 이 중에서 한 번도 결혼한 적이 없는 독신은 전 인구의 14%인 830만 명으로, 1962년의 6.1%에 비해 두 배 이상 증가했다. 1,500만 명 중 830만 명을 제외한 나머지는 이혼 남녀나 배우자와 사별한 남녀들이다. 가구 당 독신 비율은 3가구당 1가구이고, 파리와 같은 대도시는 2가구당 1가구로 집계되어, 시골보다 대도시에 독신 인구가 많다는 사실이 확인되었다.

성별로는 여자 1명당 남자 1.18명으로 남자의 독신 인구가 더 많았다. 남성 독신자 중에는 사회적 지위가 낮은 사람이 많이 분포된데 반해, 여성 독신자 중 많은 수가 경제적 여유와 안정된 사회 기반을 갖고 있다. 독신 남녀들의 91%가 현재 독신 생활을 긍정적으로 여겼으며, 동거나 결혼으로 인한 구속된 삶에 부정적인 의견을 나타냈다. 독신자들의 여가 중에 TV 시청과 독서가 가장 많아 사교적인 생활보다는 홀로 조용히 즐기는 여가 성향을 보였다.

5) 가정에서의 남성과 여성

프랑스에서 대혁명 시기를 제외하고는 전통적으로 가부장적 사고방식이 지배했다. 그러나 68혁명 이후 사회적 평등과 탈권위주의가 팽배해지자, 가정에서도 남녀의 동등한 권리가 실현되기 시작했다. 게다가 여성들의 사회 진출도가 높아지면서 부부가 자녀를 함께 돌보며 가사를 분담하는 것이 일반적이 되었다. 따라서 프랑스에서는 아침 등교 시간에 아버지가 아이들을 유치원과 학교에 데려가는 모습을 흔히 볼 수 있다.

6) 바캉스와 여가

2008년 4월 17일자 『르 피가로』지는 프랑스의 연간 휴가 일수가 37일로 세계에서 가장 많은 나라라는 해리스 인터액티브 연구소의 조사결과를 보도했다.

프랑스인들은 여행을 무척 좋아하기 때문에 가장 중요하게 여기는 휴가는 역시 여름 바캉스이다. 여름 바캉스를 위해 한 해를 살 정도로 연초부터 여정을 잡고, 여행 서적들을 읽으며, 싼 티켓을 찾아 인터넷을 뒤지고, 숙박 장소를 미리 예약한다. 7, 8월에 전 국민의 55%인 약 3,500만 명이 긴 휴가를 떠난다. 평균 3주 정도를 지중해나 대서양 연안, 아니면 알프스나 피레네 등지에서 보낸다. 경제적 여유가 있는 가족은 외국으로 행선지를 정하는데, 프랑스인들이 가장 선호하는 국가는 스페인으로 조사되었다. 대부분의 상점이나 교육기관도 8월 중에는 휴가로 문을 닫는다. 시청과 같은 관공서는 공무원들이 교대로 바캉스를 떠나 반 정도만이 업무를 본다. 특히 파리는 파리 사람들이 휴가를 떠나 비워지면 외국 관광객들로 채워진다.

겨울에는 크리스마스 휴가와 2월의 스키 바캉스가 있다. 성탄절을 전후로 2주 간 방학 동안 주로 스키를 즐길 수 있는 알프스, 피레네, 쥐라 등이 동계 바캉스 행선지이다. 장기간의 경기 침체로

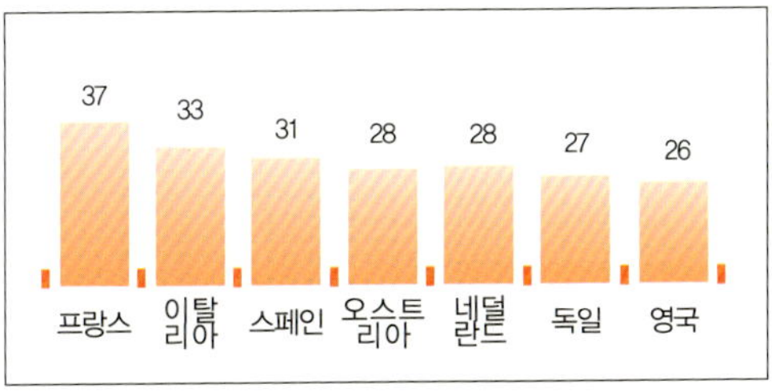

국가별 연간 휴가일수

인해 겨울 스포츠를 즐기는 사람들이 많이 줄고 있다. 2008년도에 전체 국민의 7%만이 스키를 즐겼을 정도이다. 참고로 프랑스에서 4인 가족이 일주일을 스키장에서 보내는 데 약 2,000유로 정도 지출된다.

프랑스인들은 주말 여가활동으로 수영, 테니스, 산책, 자전거 타기, 테마공원에 가는 것을 즐긴다. 노년층은 정원 일을 주요 여가활동으로 생각한다. 삶에 여유가 있는 대도시인들은 식구와 함께 시골 별장에서 주말을 보내는 것을 무척 좋아한다. 2006년 에미시클L'Hémicycle과 대형 유통업체인 카지노 그룹이 18세 이상의 남녀(1,000명)를 대상으로 설문 조사를 한 결과 프랑스인들은 일상 여가활동으로 텔레비전 시청을 가장 선호하는 것으로 나타났다. 이어서 음악, 독서, 영화, 인터넷과 같은 비활동적 여가를 선호하는 것으로 조사되었다. 프랑스인들은 활동적인 여가활동으로 스포츠를 즐긴다. 인구의 약 50%가 스포츠를 즐긴다고 주장할 정도이다. 프랑스에서 매년 개최되는 스포츠 행사로는 '롤랑 가로스Roland Garros(프랑스 오픈)'와 '파리 오픈Open de Bercy'(파리 동남쪽에 위치한 Bercy에 종합 경기장이 있다.) 등 테니스 대회, 역사와 전통을 자랑하는 '투르 드 프랑스Tour de France' 사이클 대회(프랑스 전국 일주 도로 사이클 대회), 지옥의 자동차 경주라고 불리는 '파리-다카르 랠리Rallye Paris-Dakar' 등이 유명하다.

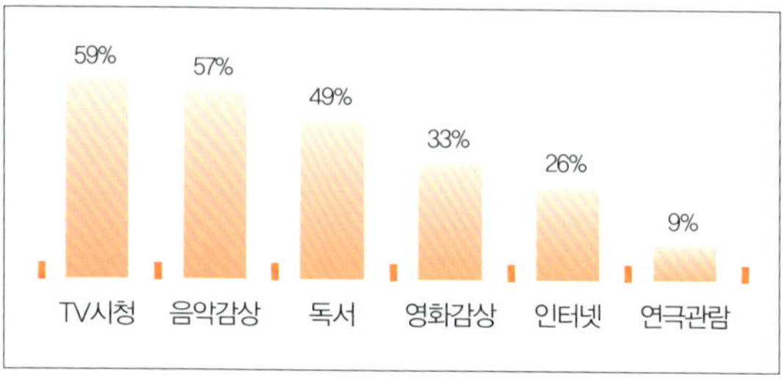

여가활동 선호도

2. 포도주와 요리

프랑스의 대표적 문화 아이콘인 포도주와 요리는 프랑스 음식 문화와 밀접하다. 포도주는 아침을 제외한 일정 코스의 식사에 늘 동반되며, 프랑스 요리에 맛과 향을 돋우는 주재료로 사용된다. 고급 요리 기준이 어떤 포도주를 썼느냐에 따라 정해질 정도이다. 최고급 요리의 미묘하고 다양한 맛을 내는 데 포도주는 없어서 안 될 존재이다.

1) 포도주

프랑스인들은 좋은 포도주 제조를 위해 오랜 정성을 기울여왔을 뿐만 아니라, 포도주를 장기간에 걸쳐 체계적 학문을 배경으로 한 문화로 승화시켰다. 포도 작황이 좋은 해에 생산된 포도주는 대부분 고가에 거래된다. 포도주는 보통 크게 적포도주Vin rouge, 백포도주Vin blanc, 분홍색의 로제포도주Vin rosé로 나뉜다.

마리아주

마리아주Mariage는 결혼을 의미하는 프랑스어로 음식과 포도주의 궁합을 표현할 때 흔히 사용된다. 빨간 살코기와 치즈에는 적포도주가, 흰 살

생선과 해산물 요리, 닭고기 같은 가금류를 사용한 요리에는 백포도주가, 로제포도주는 어느 요리나 잘 어울린다. 프랑스인들은 음식의 맛을 더 깊게 해주는 이런 마리아주에 따라 포도주를 선택한다.

적포도주, 백포도주, 로제포도주

이 세 종류 포도주의 전체 제조과정은 크게 다르지 않다. 백포도주는 백포도로 만드는 것으로 알고 있으나 적포도로도 만든다. 둘 다 과즙은 투명한 색이기 때문이다. 포도를 으깬 후 압착하여 생긴 주스를 발효시킨 것이 백포도주이고, 씨와 껍질이 함께 1차 발효 과정을 거치면서 적색 색소가 추출되는 것이 적포도주이다. 그래서 적포도주는 씨와 껍질이 함유한 타닌 성분으로 인해 강한 떫은맛이 나는 반면, 백포도주는 떫은맛이 거의 없는 상큼한 맛이다. 로제포도주는 적포도주처럼 적색 품종을 사용, 침용 기간을 짧게 가져 껍질의 색소가 조금만 백색의 포도즙에 용해되도록 한 것이다.

보관

포도주에 무엇보다 중요한 것은 개봉 전까지의 보관 상태이다. 일단 포도주를 개봉하면 다 마시는 것이 가장 좋다. 공기와의 접촉으로 산화되기 때문이다. 빛이 차단되어 어둡고 서늘하며 진동이 없는 지하 창고 같은 곳이 제일 적당한 보관 장소이다. 적정 보관 온도는 10~15도로서, 16도부터 서서히 맛이 변질되기 때문에 15도를 넘지 말아야 맛이 유지된다. 코르크 마개가 포도주에 항상 담기도록 병을 눕혀 보관해야 한다. 병을 2~3개월 똑바로 세워두면 건조해진 코르크의 미세한 틈새로 공기가 침입, 포도주가 쉽게 산화되어 식초로 변하기 때문이다.

보르도, 부르고뉴, 보졸레, 루아르, 알사스 포도주

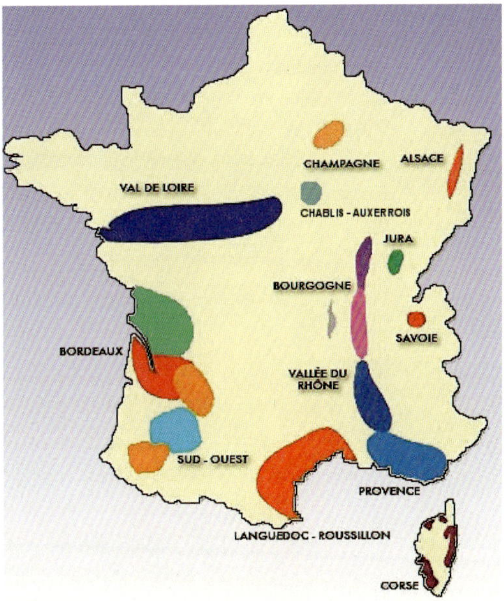

프랑스 포도주 생산지역

세계적으로 인정받는 최고의 적포도주 산지는 부르고뉴와 더불어 보르도이다. 보르도Bordeaux는 프랑스 AOC(원산지명 통제) 포도주의 4분의 1을 점유하는 고급 포도주 주산지이다. 메독, 그라브, 생테밀리옹이 보르도 지방의 대표적 산지이며, 라피트 로칠드, 라투르, 마고, 오브리옹, 무통 로칠드 등 5개 샤토Château는 명성이 높다. 샤토는 포도밭과 양조장의 복합시설을 가리키며, 이를 부르고뉴 지방에서는 도멘Domaine이라고 부른다. 보르도에서는 여러 포도 품종을 적절히 섞어 포도주를 만든다. 보르도 산의 주요 품종은 카베르네 소비뇽Cabernet Sauvignon과 메를로Merlot를 들 수 있다. 카베르네 소비뇽은 세계적으로 유명한 적포도주의 대표적인 품종이다. 이 품종의 포도주는 색깔이 짙고, 타닌이 많아 매우 떫고 강한 맛을 낸다. 그에 비해 메를로로 만들어진 포도주는 향이 풍부하며 맛이 부드럽다.

포도주 등급

프랑스 포도주는 기본적으로 다음 4가지 등급으로 분류된다.

AOC(Appellation d'Origine Controlée, 원산지명 통제) : '포도주의 원산지명 통제에 관한 법령'에 의거, 엄격하게 품질이 관리되는 최상급이다. 생산지, 품종, 수확량, 알코올 함량, 재배, 양조, 숙성 등에 대해 설정된 기준을 충족시키고 화학분석과 시음검사를 거친다. 'Appellation, 원산지명, controlée' 표기되며, 원산지명이 좁고 세분화될수록 고급 포도주임을 나타낸다.

VDQS(Vins Délimités de Qualité Supérieure, 우수품질한정 포도주) : AOC 못지않은 기준을 통과해야 지정 받을 수 있는 우등급의 표시이다. 성적에 따라 AOC로 승격하기도 하는데 전체 포도주 생산량의 2% 가량으로 찾아보기 어렵다.

VDP(Vins de Pays, 지방 포도주) : 제도적 규제가 엄격하지 않은 중급의 대중적 포도주이다. 큰 단위의 지역명으로 원산지가 표기된다. 얼마 전 부터 한 가지 품종으로 만들고 품종명을 표시하는 VDP가 증가하고 있다.

VDT(Vins de Table, 식탁용 포도주) : 가장 낮은 등급으로 프랑스인들의 식탁에서 흔히 오르는 포도주이다. 원산지나 수확 연도 표시가 없다. 여러 지역의 포도를 배합해서 만들며 섞는 포도에 따라 품질이 달라진다.

부르고뉴Bourgogne 포도주(버건디)는 생산량에서 보르도 포도주보다 적지만 세계적 명성에서는 다름이 없다. 매우 제한된 장소에서 한 가지 포도 품종으로 포도주를 만드는 부르고뉴에서는 적·백포도주 모두 세계 최고급을 생산한다. 부르고뉴의 대표적 산지는 백포도주 명산지 샤블리Chablis와, 세계에서 가장 비싼 로마네 콩티를 비롯해, 샹베르텡, 클로드부죠, 몽라쉐 등 유명 포도주를 생산하는 코트도르Côte d'Or이다. 부르고뉴에서는 주로 적포도주용 포도 품종인 피노 누아르Pinot Noir와 백포도주용 포도 품종인 샤르도네Chardonnay가 재배된다. 전자는 과실향이 나며 섬세하고 화려한 풍미를 지니고 있고, 후자는 향기가 그윽하고 맛이 좋다.

테루아르(terroir)

토양을 의미하는 프랑스어 테르(terre)에서 파생된 테루아르는 우리말로 굳이 번역하자면 포도 산지에 해당한다. 테루아르는 토양, 하층토, 경사도 및 방향, 기후 등 환경 조건, 포도 품종, 가지치기 형식, 양조 기술과 숙성에 따라 다르게 특징지어진다. 자연 환경에는 일조량, 습도, 토질 등의 요소들도 덧붙여진다. 같은 품종의 포도라도 포도 수확 전까지의 자연 환경과 인간의 노력이 담긴 테루아르의 차이에 의해 포도주의 특성과 품질이 달라질 수 있다.

보졸레Beaujolais 포도주는 기존의 적포도주와 전혀 다른 유형으로 따로 구분한다. 과일향이 풍부하고 타닌이 적어 가볍고 신선한 맛이다. 보졸레는 보르도와 부르고뉴의 명성에 가렸었으나, 보졸레 누보Beaujolais Nouveau라는 기발한 착상으로 세계적으로 인지도를 높였다. 이는 늦여름에 수확한 가메Gamay 품종으로 숙성을 짧게 하여 11월에 출하하는 햇 포도주로서, 값이

2008년도 보졸레 누보 에티켓

비싸지 않고 맛이 좋은 대중주이다. 매해 11월 셋째 목요일에 프랑스와 세계 여러 나라에서 동시에 출시된다.

루아르Loire 강 계곡 일대에서 생산되는 포도주는 비교적 저렴하면서도 질 좋은 백포도주와 로제 포도주로 잘 알려져 있다. 총 포도주 생산량의 약 75%를 백포도주가 차지한다. 주요 포도 재배지는 낭트 외곽, 앙주·소뮈르, 투렌, 상트르이며, 뮈스카데, 슈냉 블랑, 소비뇽 블랑 품종으로 빚어지는 백포도주인 뮈스카데, 부브레, 상세르, 푸이이 퓌메, 그리고 앙주 로제포도주Rosé d'Anjou가 유명하다.

알사스Alsace는 서늘한 날이 많아 거의 백포도로 주조하는 백포도주를 생산(90%)한다. 독일적인 성격을 지녔지만, 당도를 중시하는 독일 포도주에 비해 향과 알코올 도수를 중시하는 전통적인 차이가 있다. 알사스 포도주는 목이 가늘고 긴 녹색 병flûte d'Alsace의 외형으로 여타 포도주들과 쉽게 구별된다. 에티켓(라벨)에 포도 품종을 관습적으로 기입한다. 리슬링, 피노 블랑, 게뷔르츠트라미네르, 피노 그리가 주요 재배 품종이며 각각 독특한 향과 맛을 낸다.

수퍼마켓의 포도주

포도주 고르기와 음미

싸고 맛이 좋고 건강에도 좋은 포도주도 많이 있다. 포도주 전문점에서 가장 많이 팔리는 포도주는 평균 5~10유로짜리이고, 그보다 더 저렴하고 품질 좋은 포도주들도 많이 소비된다. 포도주의 등급, 포도

파리 동네마다 있는 포도주 전문점 니콜라(Nicolas)

품종, 생산자와 생산 지역, 밀레짐(빈티지) 등 유용한 정보가 명기된 에티켓이 포도주 구입 시에 많은 도움이 된다. 한 가지 유의 사항은 오래된 밀레짐이 포도주의 질과 가격에 꼭 비례하지 않는다는 것이다. 밀레짐을 따지는 이유는, 기상조건에 큰 영향을 받는 그 해의 포도 작황을 알기 위해서이다.

포도주를 제대로 맛보려면 입술과 닿는 부분이 얇고 가벼우며 투명도가 좋은 포도주 잔을 이용한다. 잔에 3분의 1 정도를 부은 후 조명 아래 비스듬히 뉘어 뉘앙스(색)를, 살짝 돌려 농도를 관찰한다. 이어 잔 깊이 코를 넣어 향을 맡은 후, 한 모금을 입에 머금은 채 숨을 들이마시듯이 공기를 넣고 오물오물하면서 혀를 굴려 맛을 본다. 잔은 계속 흔들지 않아도 된다. 끝으로 목으로 넘어가는 감촉과 마신 후의 여운을 즐긴다. 포도주의 가장 큰 즐거움은 코로 음미하는 복합적인 향에 있다.

포도주 병의 에티켓

포도주 에티켓의 이해

① 보르도 메독 포도주 등급의 종류 : 크뤼 부르주아.

② 장식 포도원 삽화. 포도원의 상징 혹은 무통 로칠드처럼 세계적 유명 화가의 그림이 배경으로 들어가기도 한다.

③ 포도주 이름 : 샤토 말레스카스. 제품명으로 샤토에서 병입되어서 샤토명이 그대로 포도주명으로 쓰였다.

④ 포도 생산지역명 : 보르도 지방 오메독

⑤ 밀레짐 : 2000년 수확한 포도로 만든 포도주

⑥ 등급 : 보르도 오메독 지역에서 생산된 AOC급

⑦ 병입 회사명과 소재지 : 프랑스 남서부 아키텐 지역권 지롱드주 라마르크에 포도밭을 소유한 '샤토 말레스카스' 사. 포도주명과 회사명이 항상 동일하지는 않다.

⑧ 병입지 : '미장부테유 오샤토', 즉 포도를 재배 · 수확하고 포주주를 생산한 샤토에서 병입도 이루어짐. 도멘인 경우에는 'mis en bouteille au domaine'으로, 네고시앙(négociant, 포도주 거래인)을 통했으면 'mis en bouteille par 네고시앙명'으로 표기된다.

⑨ 알코올 함량

⑩ 병입 용량 : 750ml가 기준량이고 작은 병은 375ml. cl 단위로도 표시한다.

그리고 맨 하단에 포도주 원산지 국가, 프랑스가 표기돼 있으며, 그밖에 단일 품종이 사용된 포도주에 포도 품종 표시가 역시 대문자로 추가된다.

소믈리에(sommelier)

소믈리에는 포도주의 감정과 포도주 양조학, 요리와 포도주의 조화에 정통한 고급 레스토랑의 포도주 전문가를 일컫는다. 레스토랑의 포도주를 관리할 뿐만 아니라 음식에 가장 잘 어울리는 포도주를 손님에게 선별하여 추천·설명할 수 있는 실력을 갖추기 위해 전문 교육을 받는다.

2) 요리

프랑스 요리는 서양 요리의 토대이자 중심이다. 그 이유는 음식의 전통과 조리법뿐만 아니라 지리적 특성과 기후에 있다. 이런 좋은 여건 속에서 프랑스 요리는 예술의 영역에 들어갔다. 문화부는 요리를 루브르, 카페와 함께 프랑스 문화의 3대 상징으로 지정하였다.

프랑스 요리의 특징

프랑스 요리의 특징으로 향신료, 포도주 등을 이용한 수많은 소스, 350가지 이상의 치즈와의 조화, 온갖 식재료를 사용한 다양한 종류의 요리를 들 수 있다. 요리의 발달은 질 좋은 농축산물 생산에 적합한 기후와 비옥한 국토, 풍부한 해산물을 제공하는 대서양과 지중해의 혜택 덕분이다. 다양한 코스와 예술적인 테이블 세팅은 다소 복잡한 격식의 식사 예절을 낳았고, 프랑스 요리를 고급 요리로 만들었으며, 음식 문화를 세계 최고 수준으로 올려놓은 데 기여하였다.

역사적 배경

프랑스가 오늘날 세계적인 미식의 나라가 되기 전, 중세까지만 해도 음식 문화는 나이프로 자른 고기를 손으로 집어먹을 정도로 미개했었다. 16세기 카트린 드 메디치Catherine de Médicis가 앙리 2세와 결혼하면서 피렌체에서 데려온 요리사들이 당시 최고의 이탈리아 요리를 궁정에 전수하여 프랑스에서 요리가 획기적으로 발전한다. 17세기에는 대식가이자 미식가인 루이 14세 때에 화려한 궁중 문화와 더불어 최고의 궁중 요리가 개화한다. 그러나 대혁명으로 왕실이 몰락하고, 귀족들이 파산하자 요리사들이 생계를 위해 시중에 레스토랑을 열고 대중화한 귀족요리를 일반에게 선보이기 시작한다. 이것이 레스토랑 문화의 시초가 되었다. 대혁명은 오히려 격조 높은 고급 요리의 대중화를 위한 전기를 마련해 주었던 것이다.

크루아상

프랑스인들의 식사와 빵과 식문화

프랑스에는 가톨릭의 성삼위일체에 종종 비유되는 세 가지 중요한 음식이 있다. 포도주, 치즈, 바게트baguette가 바로 그것이다. 프랑스인들의 하루 세 번 식사의 명칭은 순서대로 프티 데죄네petit-déjeuner, 데죄네déjeuner, 디네dîner이다.

바게트

퇴근길에 빵을 사려고 줄을 선 사람들

▪식사와 빵

프랑스인들은 끼니마다 가능한 바로 구운 빵을 먹기 때문에 동네마다 반드시 빵 가게가 여럿 있다. 이른 아침 갓 구워진 크루아상croissant이나 바게트를 사오는 일은 보통 남편 몫이다.

'초승달' 모양의 크루아상은 좋은 버터를 넣고 반죽을 잘해 속에 켜가 많고 잘 부풀은 것으로 부드러우며, 지방분이 많지만 담백하고 감칠맛이 나 아침 식사용으로 많이 먹는다. 막대기 모양의 '바게트'는 우리의 밥처럼 프랑스인의 주식이며 식탁의 필수품이다. 바게트는 빵 중간에 일곱 개의 칼집이 나 있고, 구울 때 뜨거운 수증기를 뿌려 겉은 바삭하고 안은 부드럽고 쫀득쫀득하며 고소한 맛이 난다. 당분이나 유지가 전혀 첨가되지 않고 밀가루와 물, 소금과 천연 이스트만으로 만들어진다. 바게트는 포도주의 맛을 돋우어주며, 치즈와 햄과 함께 샌드위치의 주재료이기도 하다. 바게트와 흡사한 '빵pain'과 '피셀ficelle'이 있다. 프랑스인들이 오후 퇴근길에 저녁 식사용 바게트를 사기 위해 동네 빵 가게 앞에 줄을 서 있거나, 바게트를 종이봉투에 감아 들고 귀가하는 모습을 흔히 볼 수 있다. 이 밖에도 여러 종류의 빵이 식탁에 오른다.

갈레트 빵

왕의 케이크(galette des rois)

조그마한 사기 조각(fève)이 들어 있는 둥글넓적한 모양의 빵을 '갈레트'라고 부른다. 매해 1월 첫째 일요일 주님 공현 대축일에 가족이나 손님들과 함께 이 빵을 나눈 후 사기 조각이 들어간 빵을 먹은 사람에게 왕관을 씌어주는 놀이이다. 왕관을 쓴 사람은 그 해 운이 좋다고 한다. 이 놀이는 루이 14세 때부터 시작된 전통으로 거의 모든 프랑스 가정에서 즐긴다.

▪ 치즈

치즈는 우유의 모든 영양소를 소화 흡수가 잘되는 형태로 농축하여 발효시킨 저장 식품으로서 프랑스의 식탁에서 빼놓을 수 없다. 개인적인 미각과 취향에 따라 후식으로 치즈를 골라먹는 재미는 치즈 자체만을 즐길 때 더하다.

일반적으로 치즈는 포도주와 잘 어울리기 때문에 포도주에 맞추는 것이 좋다. 흰곰팡이를 접종해 숙성시켜 하얀 외피로 덮인 '카망베르Camembert'는 흙과 버섯 냄새가 나고 짭짤하면서도 고소하고 부드러워 적포도주의 떫은맛과 잘 어울린다. 카망베르는 외피에서부터 말랑말랑한

상아색 속살까지 먹어야 본래 맛을 볼 수 있는데 속이 녹아내릴 듯한 상태에서 먹는 것이 맛있다. 백양 젖에 푸른 곰팡이를 접종해 단면이 푸른 대리석 같고, 독특한 향과 짜고 자극적인 맛의 블루치즈인 '로크포르Roquefort'와 호두 향과 짠 맛과 딱딱한 질감의 '콩테Comté'는 백포도주 소테른과 잘 어울린다.

카망베르 치즈

프랑스의 여러 치즈들

▪ 전통 식문화와 새로운 식문화

프랑스인들의 아침 식사는 간단하다. 보통 바게트, 크루아상, 브리오슈brioche 등의 빵과 따뜻한 카페오레나 코코아, 혹은 차를 마신다. 요구르트, 시리얼, 과일주스가 식탁에 오르기도 한다. 직장 근처 카페에서 크루아상이나 빵 오 쇼콜라pain au chocolat와 커피 한 잔으로 아침 식사를 하는 이들도 많다. 점심시간에는 대중 레스토랑이나 카페에서 '오늘의 요리'를 먹거나, 치즈, 햄, 샐러드 등을 넣은 바게트 샌드위치를 거리나 공원에서 먹는 프랑스인들의 모습을 쉽게 볼 수 있다. 시골 사람들은 특히 다수가 집에서 아직 예전대로 느긋하게 점심시간을 즐기는 반면, 최근 도시에서는 시간 절약을 위해 패스트푸드점에서 간단히 해결하려는 직장인들이 증가하고 있다.

프랑스인 식습관 통계

프랑스인들의 35%가 아침식사 때 블랙커피를, 23%가 카페오레를, 15%가 차를 마신다. 아침 식사시간은 15분 남짓이며 6%는 아침 식사를 하지 않는다. 주중에는 73%, 주말에는 80%가 집에서 점심식사를 한다. 포도주를 곁들이는 비율은 남성이 28%이고 여성이 11%다.

저녁 식사는 보통 저녁 8시경으로 우리보다 늦다. 프랑스인들의 정식 식사시간은 2~3시간이며, 초대 시에는 길면 4시간 이상까지 오랫동안 식사를 한다. 저녁 파티 때면 보통 8시쯤 식사가 시작되어 주요리가 밤 11시에 나오는 경우도 많다. 가정에 초대를 받았을 때는 안주인이 권하는 자리에, 레스토랑에서는 웨이터가 안내하는 자리에 앉는다.

프랑스에 점점 빨라지는 사회 속도로 저녁에도 빠르고 편안한 즉석요리를 먹는 경우가 증가하는 새로운 식문화가 나타나고 있다. 직장 여성이 늘면서 시간을 갖고 준비된 음식을 여유 있게 즐기기 힘들어져 냉동식품처럼 간편한 조리 식품으로 대신하는 경향이 느는 추세이다. 레스토랑에도 변화의 바람이 일어 요리를 저렴한 가격으로 간편하게 먹을 수 있는 스낵 레스토랑이 등장했으며, 고급 레스토랑은 메뉴와 아울러 코스 요리를 전보다 대폭 간소화하고 있다.

지방 음식과 외래 음식

프랑스는 지방마다 특산물을 이용한 전통 조리법으로 지방 음식이 발달해 왔다.

- 브르타뉴 지방 : 전채요리인 해물 모듬을 비롯한 여러 생선 요리, 밀가루 · 우유 · 달걀을 섞어 얇고 넓적하게 부쳐 안에 각종 해물을 싸 먹는 부르타뉴식 크레프(crêpe), 음식과 곁들여 마시거나 많은 요리의 기본 재료로 쓰이는 사과주 시드르(cidre).
- 중동부 지방 : 쇠고기 사태살과 닭을 각각 적포도주로 조린 뵈프 부르기뇽(boeuf bourguignon)과 코코뱅(coq au vin), 식용 달팽이 요리 에스카르고(escargots), 최적의 환경에서 양질의 곡식으로 사육된 브레스(Bresse)산 닭.
- 알프스 지방 : 치즈에 백포도주를 부어 걸쭉하게 끓인 후 적당한 크기로 썬 빵, 감자를 찍어 먹는 퐁뒤(fondue), 얇게 썬 치즈를 전용 팬에 가볍게 녹여 감자, 오이 절임 등 여러 야채에 얹어 먹는 라클레트(raclette).
- 알사스 지방 : 잘게 썬 양배추 절임에 훈제 돼지고기와 소시지, 감자를 섞어 익힌 슈쿠르트(choucroute).
- 남서부 지방 : 거위 간 요리 푸아그라(foie gras), 돼지고기, 오리, 거위, 양고기에 흰 강낭콩과 토마토 등을 넣은 스튜 요리 카술레(cassoulet), 그리고 오리 가슴살 구이.
- 남부 지방 : 여러 야채를 올리브유에 뭉근히 볶은 스튜 라타투유(ratatouille), 여러 생선에 야채, 올리브, 마늘을 섞어 끓여 국물을 낸 부야베스(bouillabaisse), 각종 야채, 안초비, 올리브유가 조화를 이룬 니스 풍 샐러드.

대중화된 대표적 외래 음식에는, 좁쌀 모양으로 만든 밀가루를 쪄서 고기와 야채 스튜를 얹은 북아프리카 요리 쿠스쿠스(couscous)와 쌀, 야채, 여러 해산물 혹은 육류를 넣어 끓인 스페인 요리 파엘라(paëlla)가 있다.

코코뱅

퐁뒤

3. 패션과 향수

프랑스는 패션의 기원지이자 명품 브랜드의 발생지이다. 17세기 루이 14세 때 세계 최초로 패션 디자이너, 헤어 드레서가 나타나, 고급 의상실, 패션 액세서리 같은 사치품 산업이 호황을 누리고 오늘날까지 그 맥을 이어오고 있다. 볼테르는 패션과 유행에 관한 한 "거의 모든 것이 루이 14세 때 재 발명되거나 창조되었다." 고 말을 하였듯, 현대 의복의 탄생과 형성으로 세계 패션의 메카가 된 파리는 오늘날 그 위상에 걸맞게 세계 패션계의 중심부 역할을 수행하고 있다.

1) 패션의 역사

패션이라는 말이 쓰이기 시작한 것은 17세기 말이다. 패션의 어원은 행위, 행동, 움직임이라는 뜻의 라틴어 factio에서 나왔다. 프랑스 패션은 1675년 루이 14세가 의복 제작자들에게 여성복 제작권을 허용하는 칙령을 내리면서 시작한다. 1830년 재봉틀의 발명은 프랑스의 패션이 비약적으로 발전하는 계기가 된다. 19세기 말 20세기 초에 오트 쿠튀르Haute Couture가 의류산업이 절정에 다다르면서 형성된다. 당시 제조업confection 위주의 의류산업은 디자이너의 창작성보다 바느질과 뒷마무리의 깔끔함

이 더욱 중시되었다. 1858년 워스(Charles Frederick Worth, 1826~1895)가 파리에서 자신의 이름을 상표명으로 걸고 진정한 오트 쿠튀르를 시작한다. 고객의 주문대로 의상을 제작하던 장인의 기술이 아닌 디자이너의 독창성에 따라 옷을 만들려는 열망에서 현대적 패션이 탄생한 것이다.

그 후 대량생산체제가 도입되고 늘어나는 카피업자들로부터 디자이너와 의류산업을 보호하고자 약 30여명의 구성원이 조합을 구성하였다. 이것이 오늘날 '오트 쿠튀르 조합La Chambre Syndicat de la Haute Couture'이다. 현재는 23개 오트 쿠튀르 메종Haute Couture Maison이 있다. 샤넬, 이브 생-로랑, 발멩Pierre Balmain, 샤넬Chanel, 피에르 가르댕, 크리스티앙 디올, 지방시, 웅가로Ungaro, 기 라로쉬Guy Laroche, 니나 리치Nina Ricci 등이 대표적이다.

2) 유명 디자이너

가브리엘 샤넬(Gabrielle Chanel, 1883~1971)

'코코 샤넬Coco Chanel'이라는 별칭으로 불리는 가브리엘 샤넬은 여성복 명품 '샤넬' 브랜드의 창시자이다. 샤넬은 처음에 모자 디자이너로 의상 제작에 첫발을 내디딘다. 1차 세계대전 중에 파리와 도빌에 개점한 부티크의 성공에 힘입은 샤넬은 남녀 양성적이고 단순한 스타일의 옷들을 발표한다. 남성복 스타일의 여성복을 만들어 현대 여성복에 경이로운 변화를 가져다준다. 샤넬의 여성복 혁신은 현대 복식사에서 엄청난 사건으로서 샤넬에 대한 평가는 "샤넬이야말로 20세기의 정신이다", "현대 여성에게 최초로 옷을 입힌 여인"이라는 표현으로 함축된다. 그는 '종아리를 드러내는 옷을 착용하는 현대 여성'상을 창조하는데 큰 기여를 한 것이

사진작가 만 레이가 촬영한 코코 샤넬의 옆모습과 Chanel 2009-2010 컬렉션

다. 이때 샤넬하면 떠오르는 검정 드레스와 2색의 구두 등을 생산하기 시작했다. 샤넬은 71세의 나이로 다시 파리에 부티크를 열고, 그 유명한 장식 끈을 단 트위드 투피스를 발표한다. 그녀는 생전에 프레타포르테 생산을 거부했다. '메종 샤넬'의 기성복 제작은 샤넬 사망 후인 1977년에서야 가능해진다.

1921년에 출시된 '샤넬 넘버 5'를 비롯한 고급 향수들, 액세서리 등 토털 패션을 창조했다. 누비 식 핸드백이며, 1955년에는 C자가 서로 교차한 모양의 핸드백 잠금장치를 내놓았다. 샤넬 이후, 세계 최고의 디자이너만을 수석 디자이너로 영입한 '메종 샤넬'은 현재 칼 라거펠트Karl Lagerfeld가 이끈다. 라거펠트는 1983년부터 수석 디자이너로서 디자이너 샤넬이 추구한 '간편하고 우아한 여성복 제작'의 근본이념을 지키고 있다.

디오르가 1947년에 선보인 '뉴룩' 패션과 2009-2010 컬렉션

크리스티앙 디오르(Christian Dior, 1905~1957)

'뉴룩New Look' 패션의 창시자인 디오르는 패션계에서 가장 주목할 만한 디자이너 중 한 사람이지만, 실제로는 경력이 매우 짧았다. 활동 기간이 단 10년뿐이었는데도, 패션의 역사에서 가장 위대한 이름으로 기록된다. 1938년에 디오르는 로베르 피케의 디자이너가 되었다. 1947년 그는 첫 작품전에서 선보여 대성공한 '뉴룩'은 전쟁 당시의 '밀리터리 룩'으로부터 여성을 해방시키고, 여성의 아름다운 모습을 부각시켰다. 당시 보수적인 시대에 디오르의 이러한 변화는 열렬한 환영을 받았다. 그는 뉴룩에 대해 "내 드레스는 여성의 육체가 지니는 곡선을 부드러운 천으로 드러나게 하는 데 목적이 있다"라고 말했다. 그는 여성적인 모습에서 영감을 얻었으며, 스커트의 길이와 넓이를 자유자재로 조절하였고, 여성의 상체를 부각시켰다. 그는 '라이선스 비용'을 받고 자신의 이름을 판 최초의 디자이너이다.

'메종 디오르'의 전 재단사나 디자이너들 중에 피에르 카르댕, 이브 생-로랑, 지안프랑코 페레Gianfranco Ferré, 존 갈리아노John Galliano 등이 있다. 오늘날 갈리아노의 지휘 하의 '메종 디오르'는 세계적인 명품산업 기업인 LVMHMoët Hennessy-Louis Vuitton 그룹에 속해 있다.

지방시(Hubert de Givenchy, 1921~)

파리의 에콜 데 보자르에서 미술을 공부한 지방시는 1952년 자신의 의상실을 열고 총경비를 삭감하여 디자인 가격을 낮추었다. 첫 작품전에서 빈틈없이 정교한 세퍼릿, 모양 좋은 외투, 우아한 무도복 등이 주류를 이루었고 즉각 전세계적으로 인정을 받았다. 그의 디자인에는 주로 기발한 모양의 액세서리, 날염 견직물, 수놓은 직물 등이 사용되었다. 1953년 지방시는 그의 생애에 중요한 두 사람 오드리 헵번과 크리스토발 발렌시아가를 만난다. 오드리 헵번은 그의 최고의 친구이며 1961년 영화 〈티파니에서 아침을〉에서 최상의 모델이 되었다. 지방시는 스페인 디자이너 발렌시아가에게서 간결하고 조직화된 형태를 물려받았고 1957년 발렌시아가와 함께 '색 실루엣'을 도입했다. 1956년 그는 프레타포르테를 시중에 내놓은 오트 쿠튀르업계 최초의 디자이너가 된다. 1960년대에 기성복 상점을 개장하여 전세계 여성들이 낮은 가격으로 고급 의상을 입을 수 있도록 했다. 1957년에 지방시 향수 회사를 설립, 렝테르디L'interdit를 출시했다. 1996년 알렉산더 맥퀸이 뒤를 잇는다.

피에르 카르댕(Pierre Cardin, 1922~)

피에르 가르댕은 14세 때 의상실 견습생으로 출발하여 모택동 스타일의 의상과 블레이저 코트, 우주 비행복 패션 등을 유행시켰고 고급 의상을 대중화하는 데 큰 역할을 했다. 1950년 그는 의상실을, 4년 후 최초의 부티크인 '에브Eve'를 포부르 생 토노레 거리에, 1957년 남성용 부티크 '아당Adam'을 열었다. 1959년 그는 의상 디자이너로서 최초로 '프레타포르테 컬렉션'을 개최하여 '파리 오트 쿠튀르 의상조합'으로부터 제명당한다. 이때부터 프레타포르테가 패션 세계에 속하게 된 것이다. 그의 의상의 특징은 기하학 형태와 문양을 응용한 웅장함에 있다. 디자인과 재단과 재봉을 모두 할 줄 아는 몇 안 되는 디자이너 중 한 사람이다. 카르댕 스카일은 유행을 타지 않기로 유명하다.

이브 생-로랑(Yves Saint-Laurent, 1936~2008)

이브 생—로랑은 '파리 의상조합 학교' 출신이다. 디오르의 뒤를 이은 천재로서 유행을 초월하는 패션을 구현했다. 첫 작품전에서 사다리 모양의 라인을 선보여 큰 성공을 거둔 그는 몬드리안이나 피카소 같은 현대 예술가들의 작품이나 팝아트의 예술형태에서 영감을 얻은 의상들을 자주 선보인다. 1961년 자신의 이름으로 의상실을 연다. 1972년 영국 패션 잡지 『하퍼스 바자』*Harper's Bazaar*지가 '세계에서 가장 위대한 디자이너'로 칭송한 이브 생—로랑은 자신의 이름을 프랑스 우아함의 상징으로, YSL이라는 이니셜을 파리 멋의 상징으로 바꾸어 놓은 것은 의심할 여지가 없다. 1983년 그의 의상은 뉴욕 메트로폴리탄 박물관에 소장품으로 들어가, 의상 디자이너로서 생전에 작품이 박물관에 소장되는 선례를 남겼다. 그는 현대 오트 쿠튀르의 흐름에 환멸을 느낀다는 뜻을 밝히고 1999년 작품전을 끝으로 패션계를 떠났다.

3) 패션 용어

오트 쿠튀르 Haute Couture

파리 의상조합에서 규정한 맞춤 여성복을 만드는 의상실을 일컫는다. '오트 쿠튀르 메종'의 현재 조건은 최소 일 년에 2번 작품전에서 총 70여 점의 의상들을 발표해야, 작업실에 적어도 15명 이상의 직원들이 일해야 한다는 것이다.

프레타포르테Prêt-à-porter

급속히 발전한 산업화와 현대성이 의복의 기능성, 경제성, 신속한 보급을 요함에 따라 등장한 대량생산 형태이다. 1950년 무렵 '프레타포르테'란 용어가 사용되었다.

데시나퇴르Dessinateur

디자인은 하지 않고 디자이너가 창작한 작품을 그림으로 표현한다. 창작 디자인을 할 수 있고 스타일화를 자유로이 그릴 수 있는 이브 생-로랑이나 가르댕과 같은 디자이너들도 데시나퇴르이다.

마느캥Mannequin

패션 모델을 일컫는다. 1840년 경 에망이라는 양복점 주인이 몸매가 좋은 청년에게 새 신사복을 입혀 번화가를 거닐게 한 데서 비롯되었다. 1885년에 워드가 부인에게 자신이 디자인한 옷을 입혀 고객에게 선보인 것이 여성 패션 모델의 시초이다. 뛰어난 패션 모델은 쿠튀리에에게 새로운 실루엣의 영감을 주며, 감각적인 도움을 준다.

모델리스트 Modeliste

고객이 아닌 디자이너를 위해 최초 디자인하거나, 직접 재봉 또는 작품을 만드는 사람이다. 이브 생-로랑은 디자이너이면서 모델리스트이기 때문에 모델리스트를 채용하지 않았다. 모델리스트가 장차 독립하여 의상실을 열면 쿠튀리에가 된다.

4) 향수

향수 perfume은 Per Fumum(연기를 통하여)에서 파생되었듯이, 고대에는 향기 나는 연기를 통해 신에게 다가갈 수 있다고 믿었다. 이후 사람들은 향료의 실용성을 발견하여 향수로 사용하였다. 이집트의 여왕 클레오파트라가 자신만의 향인 키피Kyphi 향을 만들어 즐겨 사용하면서 향료가 본격적으로 세상에 알려지게 됐다고 전해진다. 중세의 연금술사들은 알코올을 만들어, 원료이던 향료를 오늘날의 '향수'로 상품화하는 토대를 마련했다.

향수의 도시 그라스의 향수박물관 내부

프랑스 향수의 수도는 남부 작

프랑스의 향수들

은 도시 그라스Grasse이다. 원래 가죽산업이 번성했던 그라스의 사람들이 가죽 냄새를 없애기 위해 사용한 향수를 산업화한 것이다. 프랑스에 향수를 전한 사람은 16세기, 앙리 2세의 왕비 카트린 메디치를 수행한 톰바렐리Tombarelli였다.

1920년대 여성들은 과감히 머리를 짧게 자르고, 긴 치마 대신에 몸에 붙는 의상을 입고 남성과의 동등성을 주장하면서 개성 있는 향수를 요구하게 된다. 이에 합성향료를 사용한 알데히드 타입의 향수가 탄생되어 여성들은 자신의 개성을 적극적으로 표현하는데 사용했다. 향수는 거의 모든 유명 디자이너들이 각자의 상표로 출시하고 있다. 1921년 샤넬은 〈샤넬 N° 5〉를 발매한다. 이 향수는 인공향료의 첨가로 우아함과 섬세함을 표현하여 지금까지도 전세계 여성들에게 사랑을 받는 대표적인 향수이다. 이 이외에도 사랑의 전당이라는 의미를 가진 관능적인 향수 〈살리마르Shalimar〉, 약 30그램의 향수를 만들기 위해 1만6백 개의 쟈스민 꽃과 28상자의 장미꽃이 사용되었다는 〈조이Joy〉, 수개월 만에 세계적인 향수가 된 금단의 향수 〈타부Tabu〉, 오드리 헵번의 이미지를 담은 〈렝테르디L'interdit〉 등이 있다.

샤넬 N° 5

〈샤넬 넘버 5〉에 얽힌 일화

1953년 기자회견에서 기자들이 마릴린 먼로에게 "잠잘 때 무엇을 걸치고 자는가?"라는 질문에 몬로가 "샤넬 N° 5 몇 방울만 걸치고 잔다"라고 대답한다. 먼로의 대답은 〈샤넬 N° 5〉 향수의 경이로운 광고 효과를 가져왔고, 이후 〈샤넬 N° 5〉 향수는 세계 모든 여성들의 열망의 대상이 된다. 오늘날에도 10초 마다 한 병씩 팔린다는 세계 최고의 향수 자리를 유지하고 있다.

4. 축제와 의식

프랑스는 축제의 나라이다. 지역별, 월별로 특성을 극대화한 각종 축제가 일일이 나열할 수 없을 정도로 많다. 축제는 국가 축제, 지역 축제, 종교 축제, 가족 축제로 나뉜다. 국가축제는 국가가 지정한 국경일이며, 지역 축제는 지역 특성을 극대화하여 열리는 각 지방의 고유 축제이다. 종교 축제는 가톨릭의 종교 축일에 따른 것으로 짧은 방학이 이에 맞추어졌다. 세례식, 약혼식, 결혼식, 장례식 등이 가족 예식이다.

국경일

1월 1일 : 설날(Jour de l'An)
5월 1일 : 노동절(Fête du travail)
5월 8일 : 제2차 세계대전 승전 기념일(Fête de la Victoire)
7월 14일 : 혁명 기념일(Fête nationale)
11월 11일 : 1918년 휴전 기념일(Fête de l'armistice 1918)

종교 행사

3월 혹은 4월 : 부활대축일(Pâques)
5월 중 : 예수승천 대축일(Ascension : 부활대축일 40일 후)
5월이나 6월 : 성령강림 대축일(Pentecôte : 부활절로부터 7번째 일요일)
8월 15일 : 성모승천 대축일(Assomption)
11월 1일 : 모든 성인 대축일(Toussaint)
12월 25일 : 성탄대축일(Noël)

1) 지역 축제

아비뇽 국제연극페스티발에 참가한 극단의 길거리 홍보

아비뇽 축제 공연안내문들

아비뇽 페스티벌 Festival d'Avignon

'아비뇽 페스티발'은 1947년 연극인 장 빌라르Jean Vilar가 시작하여 매년 7월 첫째 주 금요일부터 7월 마지막 토요일까지 23일간 열리는 세계 최고의 연극 축제이다. 최근에는 뮤지컬, 무용, 현대음악을 덧붙여 장르를 다양화하였다. 아비뇽 축제의 특징은 '공공성 연극축제'로 상업적 원칙을 따르거나 오락으로 관객을 끌어들이지도 않는다. 축제 시즌이 되면 교황청의 앞마당, 노천극장, 길거리, 카페 등 도시 전체가 공연장으로 변한다.

공연 작품은 공식 선정 부문(in)과 자유 참가 부문(off)으로 구분된다. 공식 선정 부문은 주최 측에서 엄격한 심사과정을 거쳐 선정된 작품으로 초연 작품이 대부분이다. 자유 참가 부문은 작품을 선정하는 절차가 따로 없다. 공연할 장소만 있다면 누구나 작품을 무대에 올릴 수 있다. 다만 공공장소를 이용하려면, 사전에 시청의 허가를 받아야 한다.

니스 카니발의 꽃마차 퍼레이드

카니발 왕의 형상

니스 카니발Carnaval de Nice

'니스 카니발'의 역사는 중세로 거슬러 올라간다. 1294년 '앙주 공작이며 프로방스 백작인 샤를 2세Charles II가 카니발 동안 니스에 체류하면서 즐거운 나날을 보냈다'는 기록에서 카니발의 역사가 700년 이상 되었음을 알 수 있다.

카니발은 라틴어로 '고기'라는 뜻의 카르네carne와 '격리'라는 뜻의 발레vale의 합성어로 '고기(육식)를 끊는다'는 뜻에서 사육제謝肉祭로 번역되었다. 이 축제는 가톨릭 문화권에서 매년 2월 사순절(40일 동안 속죄를 위한 금식과 금육이 행해진다) 시작 직전 3~7일 동안 술과 고기를 실컷 먹고 즐기는 잔치이다. 꽃마차 퍼레이드, 빛의 행렬, 가장 행렬은 유명한 볼거리이다. 특히 꽃마차를 장식하는 미모사는 이 시기에 피는 니스의 상징화이다. 이 지역의 화훼 농가는 11월에 꽃을 심어 카니발에 필요한 꽃의 90%를 공급한다. 프랑스의 각 지역과 세계 각국에서 온 공연 팀들이 여러 모양의 가면이나 허리 부위까지 가리는 코르소corso라는 가면을 쓰고 퍼포먼스를 하면서 지나간다. 축제의 마지막 날인 '참회의 화요일Mardi Gras'

밤에는 카니발 왕의 형상을 바다에 띄워 불태운다.

망통 레몬 축제의 전시 조형물

망통 레몬 축제Fête du Citron

망통은 니스에서 동쪽으로 28km 떨어진 인구 3만 명의 작은 해안 도시이며 예로부터 오렌지와 레몬의 산지로 유명하다. 레몬은 이 도시의 '상징'으로 도시 엠블럼과 모든 공문서에 새겨져 있다. 매년 2월 하순에 개최되는 이 축제의 성공 비결은 재미있는 동화에서 축제의 주제를 골라 레몬과 오렌지만으로 환상의 세계를 꾸미는 데에 있다. 조형물 장식에 약 130톤의 오렌지와 레몬, 그리고 50만 개의 고무 밴드가 들어간다. 망가지거나 상한 과일은 수시로 교체한다. 축제의 하이라이트는 축제 기간 중 일요일마다 퍼레이드를 펼치는 오렌지와 레몬으로 장식한 '금빛 과일 행렬Corsos des fruits d'Or'이다. 화요일 밤 '야간 퍼레이드Corsos Nocturnes'도 볼만하다. 이 축제의 경제적 효과는 매우 크다. 입장료 수입으로 축제를 운영하고도 남을 정도이며 호텔, 식당들도 많은 수입을 올린다.

망통 레몬 축제의 '금빛 과일 행렬'

'망통 레몬 축제' 덕분에 소도시 망통이 세계적으로 알려졌다.

칸 영화제 행사장

칸 영화제 포스터

칸 영화제Festival de Cannes

'칸 영화제'는 베니스, 베를린 영화제와 함께 세계 3대 영화제 중의 하나이며, 1946년 처음으로 개최된 이래 1948년~1950년을 제외하고 매년 5월에 열린다. 칸 영화제는 영화 상영 외에 토론회, 회고전, 트리뷰트 등 많은 행사들을 주관한다. 여기서 영화배우들과 감독들을 직접 만날 수 있고, 레드 카펫 위에서 펼쳐지는 스타들의 멋진 포즈와 패션, 특히 시상식 때에 새로 탄생되는 월드스타들을 볼 수 있다. 영화의 예술성과 상업성 간의 균형을 맞춘 칸은 세계 영화산업의 중심지가 되었다.

출품 영화는 공식 부문과 비공식 부문으로 나뉘어 공식 부문은 다시 경쟁, 비경쟁, 주목할 만한 시선 등으로 분류된다. 출품 작품은 영화제 시작 전 일 년 안에 만들어진 것으로서 다른 어떤 영화제 및 관련 행사에 출품이나 참여한 적이 없어야 한다. 마지막 날 수상 작품을 발표한다. 영화제 최고의 상은 황금종려상이다. 2008년 로랑 캉테Laurent Cantet 감독의 〈수업The Class〉(〈벽 사이에서Entre les murs〉)이, 2009년 미햐엘 하네케Michael Haneke 감독의 〈하얀 리본The White Ribbon〉이 황금종려상을 수상했다.

그 밖의 영화제

칸 영화제 외에도 안시(Annecy)의 '애니메이션 영화제', 아보리아즈(Avoriaz)의 '환상 영화제', 도빌(Deauville)의 '아메리카 영화제', 코냑(Cognac)의 '탐정 영화제' 등이 해마다 열린다.

칸 영화제와 한국 영화

칸 영화제에서 한국 영화 최초로 1984년 이두용 감독의 〈물레야 물레야〉가 특별 부문상을 받았다. 1999년 임권택 감독의 〈춘향뎐〉이 경쟁 부문에 진출하였고, 송일봉 감독의 〈소풍〉은 단편 부문 심사위원상을 받았다. 2002년 임권택 감독의 〈취화선〉이 감독상을, 2004년 박찬욱 감독의 〈올드 보이〉는 심사위원 대상을 받았다. 2007년에는 이창동 감독의 영화 〈밀양〉의 여주인공 전도연이 여우주연상을 받았고, 2009년에는 박찬욱 감독의 〈박쥐〉가 심사위원상을 받아 한국영화의 저력을 과시했다.

음악 축제Fête de la Musique

하짓날인 6월 21일에 전국적으로 거리와 카페에서 수많은 음악가들이 클래식, 재즈, 록, 힙합, 전자음악 등을 무료로 연주하는 '음악 축제'가 열린다. 첫 축제는 1982년 자크 랑Jack Lang 문화부 장관이 주관하고, 음악·

음악 축제 포스터

음악 축제에서 연주하는 사람들

무용국의 모리스 플뢰레Maurice Fleuret가 기획했다. 음악 축제의 근본정신은 음악의 소비보다는 음악의 실천을 중시한 것으로, 개인의 창작활동을 지원하려는 문화정책에 있다. 플뢰레는 프랑스인의 문화적 실천 행위에 대한 조사를 통해 젊은이 두 명 중 한 명이 악기를 연주할 수 있다는 사실을 알아내고, 그들을 거리로 나오게 했다. "음악을 하시오.Faites de la musique."라는 슬로건을 내걸고 모든 음악인을 거리로 초대한 이 축제는

즉시 대중들의 호응과 참여를 끌어내며 큰 성공을 거두었다. 음악 축제는 우선 모든 형태의 음악적 실천을 동등한 가치로 받아들임으로써 예술적 불평등을 해소하여 모든 경계를 허물고, 문화 민주주의를 실행한다. 감옥이나 병원의 참여도 끌어냈다. 전국적 축제가 되어 지리적 불평등까지 해소됐다. 이 날 하루만 국영철도회사는 평소 요금의 5분의 1 정도로 수도권 어디든지 갈 수 있는 특별 할인표를 발매한다. 이 축제가 프랑스 내에서 좋은 반응을 얻자 1985년에는 유럽 20여 개국이 따라 했고, 현재는 세계 수백 개 도시로 퍼져나갔다. 따라서 6월 21일은 '세계 음악의 날'로 불리게 되었다.

사절단을 맞이하는 잔 다르크

잔 다르크 축제Fête de Jeanne d'Arc

잔 다르크(Jeanne d'Arc, 1412~1431)는 백년전쟁에서 프랑스를 구한 영웅이다. 그녀는 1429년 4월 29일 오를레앙에 도착하여 5월 8일 영국군에게 포위되었던 오를레앙을 해방시킨다. 이를 기념하여 매년 오를레앙에서는 4월 29일부터 5월 8일까지 열흘간 '잔 다르크 축제'를 개최해오고 있다. 축제 준비로 1945년부터는 오를레앙에서 태어나서 공부하고 현재 살고 있는

잔 다르크로 선발된 여학생

봉사 정신이 투철한 17세 여학생을 축제 한 달 전에 그 해의 잔 다르크로 선발한다. 선발된 학생은 잔 다르크가 태어난 동레미부터 오를레앙까지 잔 다르크 유적지를 답사하고 4월 29일 일반 시민들에게 공개된다. 육군, 공군, 경찰이 축제를 적극 지원한다. 수많은 지역에서 지역 전통 복장의 사절단이 축제 퍼레이드에 참여하여 잔 다르크에 대한 경의를 표한다. 가끔 대통령이나 영부인이 축제를 참관하여 잔 다르크 축제의 위상을 높인다.

앙굴렘 국제 만화 축제 Festival international de la BANDE DESSINÉE

앙굴렘은 파리에서 서남쪽 약 450km 지점에 높은 암벽으로 둘러싸여 지리적 약점을 지닌 인구 4만 6천여 명의 소도시이다. '앙굴렘 국제 만화 축제'는 매년 1월 마지막 주 4일간 열리며, 축제 기간에는 도시전체가 전시와 이벤트 공간으로 바뀐다. 2009년에는 1월 29일부터 2월 1일까지 197개국에서 7,000명의 전문가, 1,100명의 작가, 770명의 취재진, 2만 명 이상의 방문객들이 이 행사에 참여했다.

2009년과 2010년 앙굴렘 국제만화축제 포스터
해마다 바뀌는 포스터도 상세하게 들여다보면 무척 재미있다

이 축제는 1972년

말 '1,000만 개의 이미지'라는 전시회에서 시작했다. 그때 편집자, 서점상, 만화가, 독자 모두가 전시회 기간 보름 동안 행복감에 도취되었다. 이를 본 앙굴렘 시당국은 만화 살롱(만화 전시회)을 만들어 첫 전시회를 1974년 1월 25일 개최하였다. 이렇게 만화와 별 연관이 없던 지방소도시 앙굴렘이 세계적인 만화 메카로 탄생한 것이다.

1974년 이래 만화 축제는 '제9의 예술'인 만화의 위력과 영향력을 증명하고 있다. 주요 프로그램으로 앙굴렘 어린이와 청소년 만화 공모전, 신진작가 작품전, 해외초청 작가전, 고등학교 멀티미디어 전시, 만화 벼룩시장, 작가와의 만남, 출판사 홍보전시관들, 유명 만화의 이미지 전시관 등이 있다. 작가와의 만남은 유명 만화 작가의 사인과 만화 한 컷을 받을 수 있어 방문객들에게 인기이다. 2003년 30회 때에 한국이 '올해의 주빈국'으로 초대받아 우리나라의 만화와 만화 산업의 잠재력을 보여주었다.

앙굴렘의 국립만화영상센터CNBDI(Centre National de la Bande Dessinée et de l'image)는 수많은 만화관련 연구서 및 논문 자료들을 구비하고 있으며, 일반 시민들과 만화 종사자들을 위한 교육 시설과 프로그램이 있고 각종 만화 관련 잡지, 단행본 서적 등이 전시되고 있다.

프랑스의 축제

1월 말 : 앙굴렘(Angoulème) 국제 만화 축제
2월 말 : 니스와 샬롱-쉬르-손(Chalon-sur-Saône)의 카니발.
3~4월 : 부활절과 관련된 행사로서 부활절(월요일)에는 카셀(Cassel)에서 거인들(뢰즈-파파Reuze-Papa)와 뢰즈-마망(Reuze-Maman)이 등장하는 카니발.
5월 : 학생들의 샤르트르(Chartres) 순례 행진이 있음.
5월 초 : 오를레앙의 잔 다르크 축제.

5월 말 : 루앙의 잔 다르크 축제.
성령강림 대축일 : 옹플뢰르(Honfleur)의 수부들의 축제(Fête marins).
6월 초 : 라 로셸(La Rochelle)의 세계 요트 축제.
-노르망디 상륙 작전으로 유명한 유타 비치(Utah-Beach)와 오마하 비치(Omaha-Beach)에서의 격년제로 1944년 6월 6일의 노르망디 상륙 작전 기념 행사.
6월 말 : 르 망의 '르 망 24시' 자동차 경주.
6월 말~8월 말(8월 1일~15일 제외) : 르 퓌 뒤 푸(Le Puy du Fou)에서 프랑스 대혁명 관련 '빛과 소리의 축제(spectacles Son et Lumière)'.
-발 드 르와르(Val de Loire) 지역의 성(블르와, 샹보르, 쉬농소, 슈베르니 등)에서 '빛과 소리의 축제'.
7월 초 : 두아이(Douaï)의 거인들의 행진.
7월 : 투르 드 프랑스(전국 자전거 일주 경주)
8월 초~중순 : 바이욘(Bayonne)과 포마레즈(Pomarez)의 랑드 지방 소 경주.
8월 말 : 불꽃놀이 화약 제조로 유명한 몽퇴(Monteux)의 불꽃놀이 축제
9월 말 : 몽-셍-미셸의 성 미카엘 대천사 축제.
11월 초 : 본(Beaune)의 오스피스(Hospices) 포도주 경매 시장.
11월 : 보졸레 누보 출시 축제
11월 중순 : 베르뎅(Verdun)의 1차 세계 대전 기념 행사.
12월 24~25일 : 레 보-드-프로방스(Les Baux-de-Provence)의 목동들의 축제와 자정 미사.

2) 가족 축제

세례식

프랑스 국민의 약 82%가 가톨릭 신자이다. 그 중 세례자는 약 4,550만 명이나, 실제로 신앙생활을 하는 사람은 대략 700만 명이 채 못 되며, 나머지는 세례식이나 결혼식, 장례식 등 특별한 행사가 있을 때 가톨릭 의식에 참석할 정도이다. 이들은 일생동안 중요한 가톨릭 의식을 다섯 번 갖는다. 그것은 바로 세 번의 세례식과 결혼식, 장례식이다. 세 번의 세례

식은 태어나서 6개월 이내에 받는 유아세례, 교리문답 공부를 1~2년 한 뒤 8살 무렵 첫 영성체 행사, 12살 무렵 신앙문제에 관하여 스스로 결정하여 새로운 약속을 선언하는 견진성사이다.

'세례식'은 가족 축제 중에서 아주 중요하고 큰 행사이다. 세례Baptême라는 말은 '액체 속에 빠진 행위'라는 뜻의 라틴어 baptisma에서 유래되었다. 모든 세례식은 원칙적으로 부모의 교구 성당에서 거행된다. 세례식은 대부분 일요일 미사 후에 거행되며 세례식 후에는 성대한 가족파티가 열린다. 유아세례식에서 대부와 대모가 정해지며, 대부와 대모가 아기 대신 신앙을 고백하고, 세례식이 끝난 후 세례명부에 서명한다. 부모는 세례증명서를 혼인신고서나 출생증명서와 마찬가지로 소중하게 간직한다. 유아세례 때는 세례명이 적힌 금팔찌나 금목걸이, 8살 무렵에는 옷이나 학용품, 12살 때에는 귀금속이나 보석으로 장식된 시계, 반지, 목걸이 등 평생 기념이 될 만한 큰 선물을 해주기도 한다.

결혼식

시민 결혼

결혼 절차에서 혼인 날짜와 장소는 일반적으로 신부 측이 정한다. 일시와 장소가 신랑 측에 전달되면, 신랑·신부의 부모가 '칵테일파티 초대장'과 '만찬 초대장'을 발송한다. '만찬 초대장'을 받은 사람은 반드시 참석 여부를 알려야 한다. 그러나 답신이 없으면 불참으로 간주한다.

결혼식 행사는 시민 결혼과 종교 결혼으로 이루어진다. 시민 결혼은 시청에서 시장이나 부시장의 주례로 신속 · 간결하게 진행된다. 주례는 대혁명의 상징인 마리안 흉상 앞에서 혼인과 관련된 법조항을 낭독하고 시민적 의무를 환기시킨 다음 부부가 되었음을 선언한다. 이어 양측에서 각각 두 명의 증인이 서명하는 것으로 결혼 절차가 끝난다. 시민 결혼만이 법적 효력을 갖는다.

가톨릭 신자는 시민 결혼이 끝난 직후에 성당에서 종교 결혼식을 올린다. 종교 결혼의 비율은 점차적으로 줄어들고 있다. 종교 결혼식은 일반적으로 토요일에 신부 측이 정한 성당에서 거행된다. 혼인 미사는 약 한 시간 걸리며 결혼식 후 성당에서 나올 때 축하종이 울리고 어린 아이들이 신랑 신부에게 다산을 기원하는 쌀을 뿌린다.

피로연은 주로 호텔에서 많이 하며, 시골에서는 보통 마을회관을 이용한다. '만찬 초대장'을 받은 친지들만이 참석하는 피로연은 오후 5시경에 시작되며, 우선 샴페인과 간단한 카나페(canapé, 얇은 빵이나 크래커 위에 연어 훈제나 고기, 야채를 얹어 만든 요리)로 흥을 돋운 후, 저녁 6시경부터 본격적으로 풀코스의 식사와 오락을 즐기면서 새벽까지 계속된다. 신랑 · 신부는 피로연이 끝날 때까지 하객들과 춤추며 함께 즐긴다. 피로연 후에 신랑 신부가 신혼여행을 떠나는 것으로 결혼 예식이 모두 끝난다.

결혼 선물 목록(Liste de mariage)

프랑스인들은 결혼식에서 축하금을 받지 않는다. 대신에 하객이 만찬에 참석하겠다는 답신을 보내면 신랑 · 신부 측은 신혼에 필요한 백여 가지의 물품 목록을 보내온다. 하객은 신랑 · 신부와의 관계 및 자신의 형편을 고려하여 알맞은 물품을 선택한 후 목록 하단에 적혀 있는 혼수 담당 전문 업체에 해당 가격을 지불하면, 업체는 물품에 구입자의 이름을 명시하여 새 보금자리에 갖다 놓는다. 비싼 물품은 여럿이 함께 구입하여 선물하기도 한다. 신혼부부는 신혼여행을 다녀온 후 이름표에 적혀 있는 친지들에게 감사 전화를 하거나 편지를 보낸다.

5. 미디어

1) 신문

다양한 종류의 무수한 신문들 중에서도 복잡다단한 프랑스 국내정치 한복판에서 여론을 형성하고 또한 급변하는 국제무대에서 프랑스의 외교적 위치설정에 결정적인 역할을 하는 것은 매일 발행되는 정론지들이다.

일간지와 통신사

프랑스의 언론을 이끌어가는 중앙 일간지들로 『르 몽드*Le Monde*』, 『르 피가로*Le Figaro*』, 『리베라시옹*Libération*』, 『뤼마니테*L'Humanité*』 등이 있다.

1826년 풍자 주간지로 창간된 『르 피가로』는 1866년 일간지가 되었다. 언제나 시민계급의 입장을 견지해 온 이 신문은 프랑스의 대표적인 우파지이다(2008년 기준 32만 부 발행). 1973년에 창간된 『리베라시옹』은 전신이 1968년 5월 학생혁명 때에 운동권 선전지였으며, 모택동주의를 주장하는 사르트르가 주도한 대표적인 진보지이다. 사원의 경영 참가와 독자의 제작 참여 등 혁신적 조치로 유명하며, 1981년 광고 허용과 외부 자본에 개방하면서 투쟁성이 약화됐다(2008년 13만 부 발행). 이외에 1904년 창간된 『뤼마니테』는 1999년까지 오랜 기간 프랑스 공산당의 기관지였다. 비공

프랑스의 일간지들

산권 국가에서 발행하는 공산당 유력지였지만, 공산주의의 몰락과 더불어 8만 5천(2009년 기준)의 독자를 유지하고 있다.

AFPAgence France-Presse는 1832년에 창설된 아바스 통신사의 맥을 이어 1944년에 설립된 국제통신사이다. 국영으로 출발하여 1957년에 독립한다. 전세계 5개 지사(아시아 · 태평양 지사는 홍콩에 있음)와 110개 지국에서 전세계 뉴스들을 객관적으로 완벽히 수집하여 정부, 신문과 방송 등의 뉴스매체와 기업 등에 제공하고 있다. 미국의 AP와 영국의 로이터와 더불어 세계 3대 통신사이다.

『르 몽드』

제2차 세계대전이 종전되자 독일 점령기 동안에 활동한 모든 프랑스 신문의 발행이 금지된다. 이때 세계적인 권위지를 바라던 드골 장군의 지원 아래 언론인 위베르 뵈브메리가 1944년 12월 18일 『르 몽드』를 창간한다. 이 신문은 '세계'라는 이름이 암시하듯이 국제 문제에 대해 정통한 석간으로 세계 각국에서 몰려오는 뉴스를 검토해 오전 10시 반에 마감하고 정오에 다음 날의 날짜로 발행된다. 즉 『르 몽드』 창간호는 1944년 12월 19일자이다.

보수 계열의 『르 피가로』와 진보계열의 『리베라시옹』 사이에서 이 신문은 중도좌파로 분류된다. 사실의 단순한 전달보다는 그 의미를 분석하고 여론의 방향을 제시하는 정론지의 역할을 맡고 있다. 2007년에 32만 부를 발행한 『르 몽드』의 역사는 모든 권력으로부터 독립을 위한 투쟁의 기록이다. 예를 들어 창간 당시 후견인이었던 드골과의 대립이나, 1985년 핵 실험을 둘러싸고 당시 미테랑 정부와 벌인 갈등은 유명하다. 1994년 이래 2007년까지 장—마리 콜롱바니가 이끌며 현대화가 추진되었다. 1995년 12월에 인터넷 판을 시작했고, 2005년 11월부터는 기존의 편집 틀에서 완전히 벗어나 기사와 관련된 사진을 본격적으로 싣기 시작했다. 요일별로 다양한 섹션들을 발행하며, 그 중 금요일 판 「책세상*Le Monde des livres*」이 주목할 만하다. 「르 몽드 국제판*Le Monde édition internationale*」은 한 주간의 『르 몽드』 기사 중에서 비중 있는 외신 기사들을 선별한 것이다. 이 국제적인 권위지의 발행부수는 36만부(2007년 기준)이다.

Le Monde
EDITION INTERNATIONALE

Les embarras de l'Europe élargie face à son voisin russe

Diplomatie Moscou promet de se retirer de Géorgie ; négociations à Paris avec l'Ukraine

Physique La machine à décrypter l'Univers

Chère sorcière

Conjoncture : le pétrole baisse mais le pessimisme reste de mise

Ressources Eau sans frontières ?

Etats-Unis Obama face à l'« effet Palin »

Catholicisme L'Eglise « en mutation »

Inde « Non à Tata ! »

Cinéma Une bonne Mostra

주간 『르 몽드』 국제판 1면

이외에 스포츠 일간지 『레키프*L'Equipe*』가 33만의 발행부수(2007년 기준)로 인기를 누리고 있으며, 렌느에서 발행되는 지방 일간지 『우에스트-프랑스*Ouest-France*』는 프랑스 서북부를 커버하며 높은 발행부수(2008년 기준 79만 부)를 자랑한다.

2) 방송

프랑스 방송의 모체는 1949년 공보부 산하에 생긴 '프랑스 라디오—텔레비전' R.T.F.(Radiodiffusion-Télévision Française) 이다. 창설 당시 기존의 제1채널이 인기를 끌었다. 제2채널이 창립된 1964년 R.T.F.는 '프랑스 라디오 텔레비전 방송국' O.R.T.F.(Office de Radiodiffusion Télévision Française)으로 확대 개편되었다. 1973년 지역별 TV 방송을 맡는 제3채널이 생겼고, 1974년 O.R.T.F.는 텔레비전 3개 채널과 '라디오 프랑스' 등 독립 방송사들로 나뉘어 해체된다.

텔레비전 방송

1974년 O.R.T.F.가 해체될 때 제1채널이었던 TF1(프랑스 텔레비전 1방송)은 1987년에 민영화되었다. TF1은 1935년에 창립된 프랑스의 최초 채널로서 전통과 최고의 시청률을 자랑한다.

이와는 달리 O.R.T.F.의 나머지 채널인 앙텐 2와 레지옹 3는 국영으로 남아 있다가, 1992년 창설된 '프랑스 텔레비전' France Télévision(2000년 8월 이후 방송공사가 되면서부터는 France Télévisions)에 France 2와 France 3로 흡수 합병된다. 1994년 교육방송인 France 5가, 2005년 해외영토의 프랑스인들을 위한 France Ô와 오락방송인 France 4가 추가된다. 방송사 로고의 5색 빨강, 파랑, 보라, 초록, 주황은 France 2, 3, 4, 5와 France Ô를 상징

TV 방송국 로고

한다. France Télévisions은 2009년 1월 5일부터 저녁 8시에서 다음날 아침 6시까지 광고를 내보내지 않는 등 공영방송으로서의 노력을 기울이고 있다.

1992년 France Télévision이 출자하여 독일과 합작한 문화 채널 Arte는 예술영화와 수준 높은 다큐멘터리를 방영한다. TVO는 TF1, 앙텐2 등의 프랑스 채널들과 스위스, 벨기에(캐나다는 1986년에 참여)가 협력하여 1984년 창설되었다. 전세계의 프랑스어권을 겨냥한 이 채널은 2006년에 파리 중심의 TV5 MONDE와 캐나다 퀘벡 주의 TV5는 Québec Canada로 양분되었다. 2006년 정부 주도로 개국한 France 24는 CNN이나 BBC World News를 본 따 프랑스어, 영어, 아랍어, 스페인어로 방송한다. 이외에 1984년 개국한 프랑스 최초의 민영 TV인 Canal Plus는 유료 채널이며 주로 영화와 스포츠를 방송하면서 프랑스 영화 제작에서 중요한 역할을 한다.

TV 독서 프로그램 〈아포스트로프(Apostrophes)〉

문학 전문 언론인 베르나르 피보(Bernard Pivot, 1935~)가 금요일 밤 앙텐 2에서 1975년부터 15년간 진행한 최장수 독서토론 프로그램이다. 종영 후 시청자들의 성원으로 피보는 1991년부터 10년 동안 문학과 예술에 대한 후속 프로그램인 〈문화의 온상(Bouillon de culture)〉을 진행하였다. 이 프로그램들을 통해서 프랑스인들의 교양에 막대한 영향을 미친 베르나르 피보는 TV 매체를 제대로 활용한 현대 프랑스 지성의 모범이 되었다.

리디오 방송국 로고

라디오 방송

'라디오 프랑스Radio France'는 공영 라디오 방송국으로 1974년 O.R.T.F.에서 분리된 후 현재 다양한 채널과 산하기관을 두고 있다. 일반 대중을 겨냥한 라디오 채널인 France Inter를 비롯하여 France Info(뉴스), France Bleu(지역 방송), France Culture(문화), France Musique(클래식과 재즈), FIP(모든 장르의 음악), Le Mouv(록 등 젊은 취향의 음악) 등이 있다. 프랑스를 대표하는 '프랑스 국립관현악단'과 '라디오 프랑스 필하모닉'이 '라디오 프랑스'에 소속되어 있다.

1931년 식민지 통신용 단파라디오 방송국으로 시작한 '라디오 프랑스 국제방송' R.F.I.(Radio France Internationale)은 '라디오 프랑스'에서 1986년에 독립한다. 현재 외무부 산하 R.F.I.의 설립목적은 세계에 프랑스 문화를 전파하고 해외 거주 자국민들에게 고국 소식을 알리는데 있다. 청취율이 높아 2006년 청취자가 4,500만 명에 달했다. 프랑스어 외에 아랍어, 불가리아어, 영어 등 19개 언어로 전일 방송하며, 지역별로 아프리카와 중근동의 청취자 비중이 크다.

3) 잡지

유난히 정치의식이 높은 민족성은 굴지의 시사 주간지들의 토양을 만들어 주었으며, 세계의 패션과 트렌드를 선도하는 파리와 프랑스적인 세련된 미의식은 이 분야 최고의 잡지들을 양산하고 있다. 이 외에도 다양한 잡지들이 스포츠, 여행, 문화와 여가 등 프랑스인들의 일상생활에 있어 활력소가 되고 있다.

시사 주간지

대표적인 시사 주간지는 『렉스프레스*L'Express*』, 『르 누벨 옵세르바퇴르*Le Nouvel Observateur*』, 『르 푸엥*Le Point*』으로서 하나같이 미국의 『타임』지를 본떴다. 1953년 여성지 『엘』의 편집장인 프랑수아즈 지루와 『르 몽드』의 논설위원 출신 세르방 쉬라이버가 의기투합하여 만든 『렉스프레스』는 개혁노선을 취해 알제리 전쟁에서는 반식민주의 입장을 옹호하는 등 젊은 층의 호응을 얻었다. 이에 자극을 받아 작가 겸 언론인 장 다니엘이 1964년 『르 누벨 옵세르바퇴르』를 창간한다. 사회당의 미테랑을 지지하며, 진보적인 성향으로 중도우파 정권들과 반대 입장을 취한 이 주간지는 시대정신과 사회 흐름을 포착하여 일상 문화에 비중을 두었다. 1995년 부동의 1위인 『렉스프레스』를 앞질렀다.

『르 푸엥』은 세르방 쉬라이버가 『렉스프레스』의 논설위원직을 유지한 채 급진당 국회의원으로 정치에 참여한 것에 반발해 1972년 클로드 엥베르 등 일단의 기자들이

그 성격과 위상을 가늠해 볼 수 있도록
잡지 가판대에 함께 진열되어 있는 시사 주간지
『렉스프레스』, 『르 푸엥』, 『르 누벨 옵세르바퇴르』

문학전문잡지 『마가진 리테레르』

신문과 잡지 등 정기간행물을 판매하는
가두 매점 키오스크(kiosque)

뛰쳐나와 만든 시사주간지이다. 이 주간지의 논조는 자유주의적인 중도우파이다. 『렉스프레스』도 세르방 쉬라이버가 1977년 매각한 이래, 미테랑 대통령 정부가 집권하는 시기인 1980년대 초부터 정치적으로 보수적 입장을 취하고 있다.

『파리 마치』와 여성지 『엘』

1949년 창간된 시사 주간지인 『파리 마치 *Paris Match*』는 충격적인 사진을 많이 사용한 대규모 르포기사와 유럽 사교계와 연예인들에 관한 화보기사로 유명하다. 텔레비전과 경쟁한다는 평가를 받을 만큼 인기가 있었으며, 2006년 발행부수가 유가지 기준 60만 부였다. 여배우 브리지트 바르도나 재클린 케네디 오나시스, 시라크 전 대통령 등이 단골 표지 모델이었다.

여성 주간지 『엘*Elle*』은 후일 『렉스프레스』의 발행인인 프랑수아즈 지루가 편집장을 맡아 1945년 창간되었다. 패션과 미용 등 현대 여성의 삶에 영향을 주는 다양한 기사를 화려한 사진과 함께 실어 전세계적으로 독자층을 확보하고 있다. 2006년에 유가지로 프랑스에서 35만 부가 팔렸으며, 『엘 코리아*Elle Korea*』나 『엘 유에스에이*Elle USA*』 등 40개에 가까운 국제판을 거느리며 현재 세계 최대 패션 잡지의 자리를 차지하고 있다.

7장 프랑스의 문화공간

1. 박물관과 미술관

예술의 나라 프랑스에는 파리를 비롯한 52개의 대도시들에 상당히 많은 뮈제가 있다. 2002년 1월 제정된 뮈제에 관한 새 법령으로 이 명칭의 획득을 위해서는 전에 비해 강화된 자격 요건을 갖추어야 하고 엄격한 심사 과정을 통과해야 한다. 여기서는 대표적으로 루브르, 오르세, 퐁피두, 로댕, 오랑주리 등의 뮈제를 다룬다. 프랑스어 뮈제Musée는 박물관과 미술관을 다 포함하는 의미로서 우리말과 차이가 있기 때문에 본 교재는 미술품뿐만 아니라 고고학적 유물도 수장·전시하는 루브르는 박물관으로, 주로 미술 분야의 자료를 전시하는 나머지 네 곳은 미술관으로 표기한다.

1) 루브르 박물관Musée du Louvre

'루브르 박물관'은 프랑스 국립중앙박물관이다. 그 소장 규모와 수준이 세계 최고의 박물관 중 하나이다. 고대부터 19세기 전반까지 30여만 점을 소장하며, 이 가운데 3만 5,000점이 고대 아시아관, 고대 이집트관, 그리스·로마관, 고대 오리엔트관, 조각관, 회화관, 미술 공예품관 등 7개의 전시실에서 전시되고 있다. 이는 일주일 정도 관람할 분량이며, 함무

루브르 박물관

루브르 박물관 내부

사모트라스 섬의 니케 상

다빈치의 모나리자 상

밀로 섬의 비너스 상

라비 법전, 사모트라스 섬의 니케 상, 밀로 섬의 비너스 상, 다빈치의 모나리자, 들라크루아의 민중을 이끄는 자유의 여신, 다비드의 나폴레옹 1세 황제 대관식 등이 가장 널리 알려져 있다.

루브르 박물관은 1190년 필립 오귀스트가 건설한 요새를 16세기 프랑수아 1세가 르네상스 양식으로 재건하여 다빈치, 티치아노, 라파엘로 등 이탈리아 거장들의 작품 12점으로 시작한다. 17세기 루이 14세 때 약

2,500여 점이 수집되었으며, 1768년 왕실 건물 감독관 마리니 후작이 루브르 궁의 박물관 계획을 왕에게 제출하고 후임자 앙지빌레 백작이 추진하여, 마침내 1793년 7월 27일 국민의회의 의결로 루브르의 대회랑을 개방하여 '중앙 박물관'으로 개관되었다.

처음 전시물은 프랑수아 1세에서 루이 14세까지 수집한 2,500여 점이었다. 1798년 나폴레옹이 이집트 원정에서 가져온 수많은 유물과 문화재를 루브르에 옮겨 놓았다. 19세기에 혁명기에 몰락한 왕실과 교회와 망명귀족에게서 몰수한 보석과 예술 작품들, 문화재 박물관의 조각품들이 추가되었고 19세기 말에서 20세기에 걸쳐 정부 차원에서 꾸준히 소장품을 구매하고 기증 받았다.

1989년 새 출입구로 만들어진 유리 피라미드를 통해 3개의 또 다른 지하 출입구 '쉴리관Sully', '드농관Denon'과 '리슐리외관Richelieu'을 만난다. 1997년 루브르는 6만㎡의 전시 공간을 확보하며 세계 3위의 위용을 자랑한다.

2001년에 취임한 앙리 루아레트 관장이 루브르를 위한 재테크 차원에서 투자기금을 모았다. 아부다비로부터 거액 지원금을 끌어들인 것을 비롯하여, 그 후 미국 애틀랜타 미술관에 작품 장기 대여로 55억 유로, 알왈리드 빈 탈랄 사우디아라비아 왕자에게서 이슬람미술 전시공간 신설을 위해 1,700만 유로, 석유회사 토탈에서 1,150만 유로를 받아냈다. 프랑스 정부도 예산 절감을 이유로 투자기금 확대를 반기고 있다. 박물관은 기금 운용을 통해 연평균 5.5%의 투자수익을 기대하고 있다.

한국어안내 PDA

루브르 박물관의 한국어 안내 서비스

2008년 2월부터 루브르 박물관은 한국인 관람객들을 위해 휴대용 개인 정보 단말기(PDA)를 통한 한국어 안내 서비스를 제공하고 있다. 대한항공이 루브르 박물관 측과 루브르의 작품해설장비의 현대화 작업을 후원하는 계약 체결 과정에서 성사시킨 것이다. 국내 성우들의 목소리가 담긴 이 기기로 루브르 전시 작품들 중 600여 점에 관한 설명을 들을 수 있다. 이는 프랑스어, 영어, 독일어, 스페인어, 이탈리아어, 일본어에 이어 7번째이다.

2) 오르세 미술관 Musée d'Orsay

인상파와 후기인상파 작품의 소장으로 유명한 '오르세 미물관'은 루이–필립 시대 이후부터 제1차 세계대전 전까지의 미술품과 문명적 특징을 보여주는 것을 목표로 건립되었다. 이 미술관은 만국박람회를 위해 빅토르 랄루가 설계한 기차역이었다. 퐁피두 대통령 때 박물관국이 1939년에 폐쇄된 오르세 역을 원형을 유지한 채 19세기 후반의 미술관으로 바꾸는 계획을 수립하여, 1986년 미테랑 대통령 때 개관하였다.

오르세의 소장품은 루브르의 소장품 가운데 1820년생 이후 예술가들의 작품, 1947년부터 죄드폼 미술관의 인상파 작품, 국립현대미술관의 후기인상주의 작품을 옮긴 것이다. 루브르 박물관과의 시대적 연관선 상

오르세 미술관

오르세 미술관 중앙 홀

에서 낭만주의 회화와 조각품을 관람순서 처음 단계에 전시하고 있다. 많은 기증과 유증으로 풍부해진 소장품은 회화, 조각, 공예, 그래픽 아트, 건축, 사진 등 조형예술과 응용미술의 영역을 망라한다.

3) 국립현대미술관 Musée National d'Art moderne

'국립현대미술관'은 '국립 조르주 퐁피두 예술문화 센터' 4~5층에 있다. 4층에 1960년부터 현재까지의 작품 순환 전시실, 5층에 1905년부터 1960년까지의 작품 반영구 전시실이 있다. 이 미술관은 미술사적으로 오르세 미술관에 이어 20세기 야수파, 입체파, 초현실주의의 마티스, 피카소, 샤갈, 루오 등 현대 미술 유파의 걸작들을 비롯해 현대 작가들의 실험적인 작품 등 6만 점 이상을 소장하고 있다. 그림 외에 조각, 그래픽아트, 사진, 설치 미술, 실험 영화, 비디오아트, 뉴미디어, 건축, 산업디자인 작품까지 전시한다.

퐁피두센터 1층 홀

국립 현대 미술관 전시실

4) 로댕 미술관Musée Auguste Rodin

황금 돔의 앵발리드에 바로 인접한 비롱 저택Hôtel Biron에 자리한 '로댕 미술관'은 19세기의 위대한 조각가 오귀스트 로댕Auguste Rodin이 말년에 아틀리에로 쓰던 곳을 개조한 미술관이다. 1730년에 건축된 비롱 저택은 1908년 로댕이 입주하기 전에는 릴케, 앙리 마티스, 이사도라 던컨 등 예술가들의 창작의 터전이 된 곳이다.

로댕은 1층과 동쪽 건물의 2층과 중앙 홀을 빌려 제작에 몰두하던 중, 1911년 프랑스 정부로부터 정부가 매입한 비롱 저택에서 퇴거하라는 명령을 받는다.

그때 로댕은 정부에게 자신의 모든 작품들과 수집품들을 국가에 헌납하여 이 저택을 로댕 미술관으로 정하는 조건으로 계속 작업할 수 있게 해 줄 것을 요청한다. 정부는 여러 예술가들의 지지와 후원을 얻은 이 요

로댕 미술관 외부전경

로댕 미술관과 로댕 작품

청을 받아들인다. 그의 사망 2년 후인 1919년 정부는 로댕 미술관을 개관한다.

이 미술관은 그의 초기작 코뼈 부러진 남자부터 생각하는 사람, 칼레의 시민, 지옥의 문 등 대표작과 데생, 제자 카미유 클로델Camille Claudel의 조각 작품들, 로댕의 개인 수집품인 이집트의 청동 고양이상, 그리스·로마 시대의 조각상들, 르누아르의 여인의 누드, 모네의 벨 일의 바위, 고흐의 로댕 초상화 등 회화 작품들도 전시하고 있다.

5) 오랑주리 미술관Musée de l'Orangerie

'오랑주리 미술관'은 원래 그 명칭처럼 늦가을부터 겨울 동안 오렌지나무 보호용으로 1852년 튈르리 정원 서쪽 끝에 세워진 건물이었다. 1927년 개관한 오랑주리 미술관은 1965년 월터－기욤Walter-Guillaum의 컬렉션 때문에 이 미술관을 2층 건물로 변형하였으나 2000년부터 6년 동안

오랑주리 미술관

모네 수련 전시실

개조 공사를 하여 다시 원래의 단층 구조로 환원시켰다. 인상주의 화가 클로드 모네Claude Monet가 1914년부터 1926년까지 그린 유명한 연작 수련 8 점은 1층 2개의 타원형 전시실에, 르누아르, 시슬레, 세잔, 마티스, 피카소, 모딜리아니 등의 인상주의와 현대 화가들의 작품과 월터-기욤 컬렉션은 지하 별관에 전시되고 있다. 1층과 지하 전시실 모두가 훌륭한 자연 채광으로 만들어졌다.

모네의 수련과 오랑주리 미술관

모네는 1918년 미완성의 상태에서 2m 높이 총 91m의 거대한 수련 연작을 제1차 세계대전의 종전을 기념하기 위해 정부에 기증을 약속하고, 전시될 장소로 '오랑주리 미술관'을 선택하였다. 제1차 세계대전 당시 총리 겸 육군 장관을 지낸 그의 친구 조르주 클레망소가 작품 기증의 성사에 결정적인 역할을 한 것은 유명한 일화이다. 그러나 아쉽게도 모네는 1927년 5월 오랑주리 미술관이 개관되기 5개월 전에 사망하였다.

2. 영화관과 국립극장

1) 영화관

문화적 예외

프랑스 정부의 영상 정책의 근저에는 '문화적 예외'라는 개념이 있다. 그것은 문화의 미국화에서 벗어나야 하며, 문화는 신성한 존재이기에 자국의 고유문화를 보존해야 한다는 것이다. 차후 '문화의 다양성'으로 대체되는 이 용어는 1980년대 문화부 장관 자크 랑이 할리우드의 문화 침략에 대한 영화계의 문제 제기와 요구를 수렴, 그에 대응해 국가적 지지가 모아져 이루어진 공동의 가치체계이다.

미국이 1986년부터 1994년까지 이어진 우루과이 라운드 협상에서 영상물 시장 개방을 요구했지만, 프랑스는 이 원칙을 굽히지 않으면서 자국 중심의 유럽 국가들 입장에 유리한 결과를 도출해 낸다. 그러나 미국이 문화 영역의 시장 개방을 지속적으로 요구하자, 이를 막기 위해 유럽진영은 문화의 다양성의 기치 아래 결속하여 2005년 유네스코 총회에서 '문화 다양성 협약' 을 통과시킨다. 오늘날에도 프랑스는 문화의 다양성으로 진화한 문화적 예외의 원칙을 고수하면서 끊임없는 미국의 개방 압력에 대항, 자국의 영화 산업의 적극적인 보호 · 지원 정책을 유지하고 있을 뿐만 아니라 세계 문화 다양성의 수호를 위해서도 주도적인 역할을 하고 있다.

정부의 영화지원정책

프랑스는 영화를 후대에 전할 자국 문화의 혼이 깃든 작품에 가치를 두고 정부가 강력하고 폭넓은 지원 정책을 시행한다. 영화지원정책의 중심은 영화, 영상 시장에서 거둔 재원의 해당 영화 및 영상 콘텐츠 분야 발전을 위한 재투자, 그리고 TV의 자국 영화 쿼터 설정이다. 즉 국립영화센터CNC가 발권한 영화관람표에 부과되는 10.6%의 영화표세인 특별추가세와 TV방송사 총 수입의 3.2%(유료 영화 케이블 채널인 카날 플뤼스Canal+는 21%)가 공적 기금의 주 원천으로 모아져 전액 재투자된다. 또한 60% 법을 시행하여, TV 방영 영화 중 60%는 자국 영화 포함의 유럽연합 영화로, 그중 최소 40%는 프랑스어 사용 영화로 채우도록 하는 것이다. 이러한 영화지원은 미국영화가 범람하는 가운데에서도 프랑스 영화가 건재할 수 있는 경제적 토대와 버팀목이 되고 있다.

멀티플렉스

프랑스에서 멀티플렉스는 일반적으로 1,000~1,500개의 관객석을 구비하고 최소 10개의 스크린을 보유한 복합 영화관을 일컫는다. 2007년 통계로 멀티플렉스는 전체 영화관의 7.2%에 불과하나, 스크린과 좌석이 차지하는 비중은 각각 30%를 넘고, 관람객 수는 53.1%에 이른다. 멀티플렉스는 스크린 수와 좌석 수를 꾸준히 늘리면서 관람객 수뿐만 아니라 1인당 관람 횟수도 증가시켜 전체 상영관에서 차지하는 비중을 점차 높이고 있다. 고몽Gaumont과 파테Pathé를 소유한 유로팔라스, CGR, UGC가 각각 1, 2, 3위의 자리를 점유하고 있다. 유로팔라스와 UGC 영화관들이 파리와 주요 도시에 분산해 있는 반면, CGR와 대부분의 영화관 체인들은 지

UGC 영화관

MK2 영화관

방에만 있고, MK2 영화관은 파리 내에서만 찾아볼 수 있다.

멀티플렉스는 상영관 외에 레스토랑, 바, 사탕 가게, 영화 전문 서점, 음반과 DVD 매장, 공연과 전시 공간 등의 다양한 시설을 만들어 더 많은 영화 애호가들이 찾고 오래 머무는 장소가 되었다. 또한 디지털 스크린의 확충, 무인 영화표 발매기 가동, 인터넷 예매 시행 등으로 영화관의 변화에 앞장섰다.

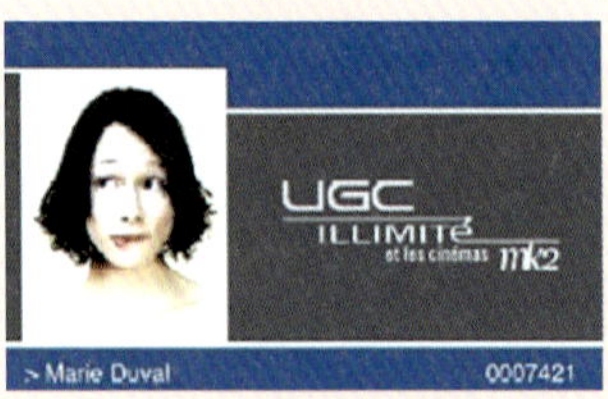

위제세 일리미테 카드

무제한 영화 관람 카드

고몽과 파테, UGC, MK2 등은 2000년부터 대중화된 '무제한 영화 관람 카드' 제도의 실시로도 일정 비율의 관객 동원 수를 늘리고 있다. 가입비 40유로와 매달 20유로의 회비를 내면 각 영화관 체인에서 다양한 영화들을 무제한으로 볼 수 있는 정액 카드 제도이다. 고몽, 파테의 카드가 '르 파스(Le Passe)'이고, MK2와 UGC가 함께 운영하는 카드가 '위제세 일리미테(UGC Illimité)'이다

예술 · 실험 영화관, 독립영화관, 시립영화관

멀티플렉스 외에 다양한 단관 형태의 소규모 영화관과 공공 기능의 영화관들이 있다. '예술 · 실험 영화관'은 1955년 출범 이후 예술영화로 선정된 다양한 유형의 작품들을 상영한다. '예술 및 실험'이라는 고유성을 지닌 이 영화관들은 멀티플렉스로 어려움에 봉착하자 흥미로운 프로그램 편성과 영화 관련 행사 기획, 자체 영화제 조직 · 운영, CNC의 정책 보조금 혜택에 의한 시설의 현대화로 기존 관람객 수의 유지를 위해 노력하고 있다.

'독립영화관'들은 멀티플렉스와 같이 일반 상업 영화관에 속하지만 역시 시설과 수준에서 상대적으로 뒤떨어져 있다. 멀티플렉스의 우수한 시설과 무제한 카드 제 때문에 큰 타격을 입고 있는 이 영화관들도 노후 시설을 현대화하거나 독창적인 프로그램을 개발하는 등 분투하고 있다. 중소 도시에서 관객들이 먼 거리라도 시설 좋은 영화관을 찾아가는 현상이 발생하자, 위기의식을 느낀 독립영화관 주인들이 일찍이 직접 투자자로 멀티플렉스의 설립에 나섰다.

'시립영화관'은 대도시 변두리나 지방 도시 같이 영화관 설립을 위한 개인 투자가 어려운 곳에 주로 세워져 나름 문화적 활성화의 역할을 수행한다. 이 영화관들은 시로부터 재정 지원을 받으면서 공공의 이익을 추구하기 때문에 저렴한 관람료로 다양한 영화를 상영한다.

소르본 대학 근처의 한 예술 · 실험 영화관

2) 국립극장

프랑스의 국립극장은, 파리에 있는 코메디 프랑세즈, 오데옹 유럽 극장, 샤이오 국립극장, 콜린 국립극장, 지방소재의 스트라스부르 국립극장, 2005년 맨 마지막으로 국립극장으로 승격한 파리의 오페라 코믹 국립극장 등 6개가 있다. 국립극장들은 산업적, 상업적 성격의 공공 기관으로서 중앙정부로부터 재정지원(90~100%)을 받는다. 극장장은 임기제로 문화부 장관이 추천하여 대통령이 임명한다.

코메디 프랑세즈Comédie-Française

1799년부터 팔레 루아얄에 있는 국립극장 테아트르 프랑세Théâtre-Français, 즉 '코메디 프랑세즈'는 1680년 루이 14세의 명에 의해 당시 파리의 유일한 두 극단이었던 오텔 드 부르고뉴Hôtel de Bourgogne와 오텔 드 게네고Hôtel de Guénégaud가 병합하여 창설되었다. 코메디 프랑세즈란 명칭은 극장 건물, 프랑스 배우 협회 배우들과 그 관련 직원들, 배우들의 활동을 가리킨다. 코메디란 희극을 지칭하는 게 아니라 연극을 의미하며, 배우를 코메디언이라고 부른다.

이 국립극장은 고전 작품을 충실히 재현하면서 프랑스 연극의 전통을 이어 나가고 있다. 또한 '몰리에

코메디 프랑세즈

르Molière의 집'이라고도 불리는데, 이는 평생 배우이며 극단 단장이었던 17세기 작가 몰리에르의 극단의 모태였기 때문이다. 주요 고전주의 연극과 더불어 국내외 현대 걸작들이 고전 작품 위주의 리슐리외 극장, 현대 작품을 위한 비외 콜롱비에 극장, 단막극을 위한 소극장에서 상시 상연된다.

오데옹 유럽 극장Odéon-Théâtre de l'Europe

흔히 오데옹 극장으로 불리는 제2의 국립극장인 '오데옹 유럽극장'은 1782년 루이 16세 때 애초 코메디 프랑세즈를 위한 건물로 세워졌다. 역사의 풍랑 속에 나시옹 극장, 오데옹 극장, 뤽상부르 극장, 프랑스 극장으로 명칭과 위상의 변화를 겪었으며, 1971년 오데옹 국립극장으로 승격한 후, 1990년 문화부 장관 자크 랑에 의해 오데옹 유럽극장이 되었다. 2006년 4월 3년간의 대대적인 보수 공사를 마치고 재개관하였다. 바로 전 해 5월 파리 북쪽 17구에 무대 장치 제작과 연습용 공간으로 쓰이던 베르티에 아틀리에Atelier Berthier를 395석 규모의 극장으로 개조하여 오데옹 극장의 분관으로 편입하였다. 오데옹 극장은 다른 유럽 국가의 연극연출가, 배우, 작가, 실무자들이 공동작업을 통해 작품을 창작하고 탐구케 하여, 유럽 예술의 맥을 이어가고 유럽 연극을 발전시키도록 지원하고 있다.

오데옹 유럽 극장

샤이오 국립극장 Théâtre National de Chaillot

1975년 파리의 5개 국립극장 중 하나로 자리 매김을 한 '샤이오 국립극장'은 1937년 만국 박람회 때 에펠탑 정면에 건축된 샤이오궁에 1,250석의 장 빌라르 극장, 420석의 제미에 극장, 실험극을 위한 80석의 소극장으로 이루어져 있다. 20세기 초 공공 극장의 발전에 큰 공적을 남긴 피르멩 제미에Firmin Gémier와 1947년 아비뇽 연극제를 창설한 장 빌라르Jean Vilar 등이 주재하던 국립민중극장Théâtre national de Populaire의 후신이다. 출발부터 민중적인 성격을 갖은 극장의 광장은 바닥에 자유와 인권의 선언문들이 새겨져 있어서 농성이나 시위의 장소로 이용되곤 한다. 이 극장은 오랫동안 민중극의 상징적 장소인 만큼 극장의 대중화, 폭넓은 대중 관객의 수용에 중점을 두고, 공연 수준을 높였다. 2008년 문화부의 결정으로 세계적인 현대 무용 안무가 조제 몽탈보José Montalvo와 파트너 도미니크 에르비외Dominique Hervieu를 맞아들이면서 우선적으로 현대 무용의 발전과 보급에 힘쓰고 있다.

콜린 국립극장 Théâtre National de la Colline

샤이오궁과 샤이오 국립극장

'콜린 국립극장'은 현대 연극의 전파를 목적으로 1988년에 개관했다. 메닐몽탕 언덕 위에 있기 때문에 언덕을 뜻하는 '콜린'을 극장 이름으로 사용했다. 이 극장은 화려한 디자인보다 최적의 공연만을 위해 지어졌다. 전면이 유리와 철골 구조이며 콘크리트 재질 그대로 마감 처리했다. 공간의 다양한 배치가 가능한 대극장과 공간의 완전 변형이 가능한 소극장에서, '발견과 창조'의 기치 아래, 연간 약 300 개의 작품이 올려진다. 생존 작가의 작품과 19세기 말부터 21세기 초까지의 희곡을 주로 공연한다.

콜린 국립극장

스트라스부르 국립극장 Théâtre National de Strasbourg

스트라스부르 국립극장

'스트라스부르 국립극장'은 유일한 지방 국립극장이다. 이 극장의 전신은 중앙 정부의 연극의 지방 분산화 정책의 일환으로 지방 최초로 1946년 알사스의 콜마르 시립극장 내에 들어선 '동부 연극센터'이다. 1947년 동부 연극센터는 전국 최초로 국립연극센터로, 1968년 알사스·로렌 지방의 연극 활동을 주도하는 국립극장으로 지위를 격상해 왔다. 국립극장 중 이 극장만이 3년 과정의 '국립 스트라스부르 연극학교'를 함께 운영하면서 배우와 스텝들을 양성한다. 극장 산하에 470~600석의 베르나르 마리 콜테스 극장, 접이식 객석 포함 200석의 위베르 지누 극장, 135 석의 카블레 스튜디오 분관에서 고전 작품, 현대 작품, 프랑스에 소개되지 않은 외국 작가의 작품까지 무대에 올린다.

오페라 코믹 국립극장 Théâtre national de l'Opéra-Comique

'오페라 코믹 국립극장'은 1783년 파리 2구에 '살 파바르Salle Favart'란 이름으로 첫 문을 연 후, 재정적 어려움과 대형화재로 여러 번 폐관되다가 1898년 현재의 모습으로 재개관하였다. 1930년대 경제적 어려움으로 정부에 의해 파리 국립 오페라에 귀속되고, 1974년 명칭이 '오페라 스튜디오Opéra-Studio'로 바뀌었다. 그 후 1990년 파리 국립 오페라에서 독립하여 마침내 2005년 오페라 코믹 국립 극장으로 탄생하였다. 이 극장은 바로크에서 현대까지의 오페라를 상연하는데, 특히 노래 사이에 대화와 방백이 삽입되는 프랑스식 오페라인 오페라 코믹의 제작과 보급에 주력하고 있다.

오페라 코믹 국립극장

3. 카페와 레스토랑

프랑스는 맛을 멋의 경지로 끌어 올렸다. 그러한 것의 기본이 카페와 레스토랑이다. '자신들의 문화에 커다란 자부심을 갖고, 또 거만하기도 하다'라는 평을 듣는 프랑스인들은 맛에서만큼은 거만하고 싶어한다. 프랑스의 전통이자 가장 프랑스적인 카페, 그리고 수 세기 동안 축적된 맛의 향연이 펼쳐지는 레스토랑에 대해 알아본다.

1) 카페

카페와 프랑스인

프랑스어로 카페Café는 '커피'의 의미 외, 커피와 더불어 낱잔의 포도주와 맥주, 간단한 식사를 판매하는 곳도 지칭한다. 카페는 18세기 계몽시대 이래 만남과 소통의 장소로서 프랑스 사회에서 대단히 중요하다. 지난 수 세기 동안 문학과 사상, 예술이 논해졌던 카페는 프랑스인들에게 삶과 문화의 일부분으로 바쁜 도시 생활 속 대중들의 휴식처이자 전통 깊은 문화 공간으로 여전히 사랑받는다. 지인들이나 가르송, 또는 빈부와 신분에 상관없이 처음 만나는 이들과도 어떤 주제로든 자유로운 대화가 가능한 곳인 동시에, 테라스 원탁에 앉아 거리 풍경을 관조하거나 책과 신문을 읽거나 글을 쓰며 혼자만의 시간을 가질 수 있는 친근하고 편안한 공간이다.

에스프레소

카페 르 프로코프

카페의 유래

카페는 16세기 페르시아에서 아라비아 반도를 거쳐 터키로 카베카네qahveh-khaneh라는 명칭으로 전파된 데 이어, 17세기 유럽으로 들어왔다. 프랑스 최초의 카페는 1654년 마르세유에 생겼다. 한 도매상인이 터키로부터 당시 이슬람권과 활발한 무역을 전개했던 이 항구도시로 처음 커피를 들여온 지 10년이 지나서였다. 1669년 술탄 메메드 4세의 특사 솔리만 아가Soliman Aga가 루이 14세를 알현하기 위해 파리를 방문하여 소개한 커피는 상류사회에서 큰 주목을 받았다. 이후 파리에 폭넓게 퍼져나갔다. 1672년 아르메니아인 파스칼Pascal이 터키 풍으로 꾸민 최초의 메종 드 카페(Maison de Café · 프렌치 커피하우스)를 일반인을 대상으로 생 제르맹의 시장에 열어 인기를 끌었다.

1686년 이 카페 가르송이던 이탈리아 출신 프란체스코 프로코피오

Francesco Procopio가 파리 최초의 근대 유럽식 카페를 열었다. 바로 현재의 카페 겸 레스토랑 '르 프로코프 Le Procope'이다. 생 제르맹-데-프래의 앙시엥 코메디 가에 있는 이 카페는 파리 최초의 문학 카페이기도 하다. 코메디 프랑세즈 앞에 있던 르 프로코프는 호화롭게 내부를 장식하고, 커피, 알코올 음료, 소브레, 케익 등의 메뉴와 최상의 서비스를 갖춰 몰리에르, 라신, 라퐁텐과 같은 당대 최고의 극작가와 시인, 배우, 음악가들이 드나드는 명소였다. 르 프로코프는 18세기 계몽시대의 파리의 모든 카페, 나아가 유럽카페의 원형이 되었다. 이 카페의 영향으로 파리와 지방에 많은 카페가 생겨, 18세기 말 파리에만 거의 3,000개였다. 이 카페는 새 소식을 접하고 서로 정보를 교환하는, 즉 사회적 여론의 전달 및 형성의 장이었다. 또한 지성인들이 문학, 철학, 정치에 관해 토론하고 때로는 격론을 벌이는 사상의 발원지였으며, 급기야 세상을 변화시키는 촉매 역할을 했다. 이 카페에 디드로, 몽테스키외, 루소 등 철학자들이 자주 드나들면서 계몽사상이 전파되었고, 당통, 마라, 데물렝, 로베스피에르 등 정치인들이 모여 혁명적 사상을 거침없이 드러냈던 정치의 현장이었다.

카페 되 마고

19세기의 카페는 역사적 격동의 진원지였을 뿐만 아니라 문학과 예술의 발상지였다. 시인과 소설가, 화가와 조각가 등 많은 문학 예술인들에게 영감을 불어 넣어주는 존재였다. 생 제르맹-데-프래에 있는 파리의 대표적 문학 카페들인 '되 마고Deux Magots'와 '플로르Flore' 처럼 지적 교류의 장이자 창작 공간이기도 했다. 랭보, 피카소, 헤밍웨이, 생텍쥐베리, 카뮈, 브르통 등 수많은 국내외 문예인이 줄을 이은 이 카페들에서, 사르트르와 보부아르는 일정한 시간대에 집필에 몰두했는가 하면 여러 사람들과 자유로운 사상을 교류하는 토론의 시간을 가졌다. 한편 이 두 카페는 각각 자체 문학상(1933년부터 '레 되 마고 문학상', 1994년부터 '플로르 문학상')을 제정, 장래 유망한 신예 작가들을 발굴·후원하고 있다.

오늘날의 카페

오늘날 프랑스 카페는 유감스럽게도 그 수가 줄면서 서서히 예전의 영화를 잃어가고 있다. 전성기에 비해 단골 고객들이 카페를 덜 찾고, 덜 마시고, 덜 먹는 달라진 생활양식때문이다. 이런 현상은 레스토랑도 비슷한 추세로, 불경기로 인한 소비 위축이 주원인으로 꼽히지만, 2008년부터 상당부분 카페와 레스토랑이 포함된 모든 공공장소에서의 금연 정책과 인터넷과 미국식 카페의 유입이 영향을 미쳤다.

카페 플로르

이와 같은 시대적 변화에 프랑스 카페는 테마 카페를 만들어 나름 돌파구를 마련하고 있다. 재즈나 월드뮤직, 클래식 등 다양한 연주를 들려주거나 누구든 자유롭게 자신이 원하는 음악을 연주할 수 있는 카페, 철학 애호가들을 위해 주제나 형식면에서 다양하게 운영되는 카페 필로(철학 카페), 누구나 시를 읊을 수 있는 시 카페, 음료를 마시면서 미리 정해진 작품에 대해 토의하는 북 카페, 독신자들의 만남을 위한 사랑의 카페, 인터넷 시설이 구비된 사이버 카페가 그것이다.

2) 레스토랑

프랑스 가정식 레스토랑(브르타뉴 지방의 식당)

레스토랑의 유래

레스토랑restaurant은 12세기 '기력을 되찾게 하다'를 의미한 동사 레스토레restaurer에서 생겨난 낱말이다. 현대적 개념의 레스토랑은 1765년경 한 카페 운영자 블랑제Blanger에 의해 현 루브르 가에 등장했다. 이 무렵까지 레스토랑은 원기를 회복시키는 진한 고기스프를 가리켰고, 기존 음식점은 정해진 시간 동안 공용 식탁에 한 가지 음식만 올려놓고 있었다. 반면 블랑제는 '신이 내린 스프, 레스토랑을 팝니다'라는 간판을 내걸고 문 앞에 메뉴판을 게시하고 제한 시간 없이 개별 식탁에 음식을 제공했

프랑스 가정식 레스토랑(파리의 식당)

다. 그가 만든 허약한 이들을 위한 양다리 강장 스프는 대단한 인기를 끌어 귀족과 디드로를 비롯한 지식인들이 찾아올 정도였다. 이를 본따 레스토랑이 속속 파리에 들어섰다.

1782년 왕족과 귀족의 요리사인 앙투안 보빌리에Antoine Beauvilliers가 리슐리외 가에 화려한 시설로 '그랑 타베른 드 롱드르(Grand Taverne de Londres · 런던의 특급 레스토랑)'를 열고 베르사유식 요리를 병 포도주와 함께 선보였다. 파리 최초의 대규모 정식 레스토랑이었다. 대혁명은 레스토랑 증가에 가속도를 붙였다. 일터를 잃은 왕실과 귀족의 요리사들과 상경한 대표적 지방 요식업자들이 주로 팔레-루아얄 주위에 레스토랑을 개업하여 고급 레스토랑 문화가 시작되었다. 1789년 상류층이 드나드는 파리 레스토랑이 이전보다 두 배인 100여 개였고, 대혁명 30년이 지나서는 3,000 개에 달했다.

비스트로bistro와 브라스리brasserie

'비스트로'와 '브라스리'는 오전부터 늦은 밤까지 다소 제한적 메뉴의 가벼운 음식과 포장 음식을 판매한다. 프랑스인들에게 고급 레스토랑이 특별한 날 가는 곳인 데 반해, 비스트로와 브라스리는 보통 식당이다.

소규모 카페나 아담하고 편안한 분위기의 레스토랑 격인 비스트로에서는 지방 음식이나 가정식과 같이 각기 고유하고 친숙한 음식을 맛볼 수 있다. 비스트로는 카페를 가리키는 가장 대표적 은어였다. 그 어원이 1814년부터 1818년까지 연합군에 점령당한 파리에 러시아 병사들이 카페에 몰려와 엄격한 음주 금지 규율에 걸릴까 두려워 '비스트로! 비스트로!'(러시어로 '빨리! 빨리!'라는 뜻)라 외치며 주문을 재촉한 데서 비롯되었다고 흔히 알려져 있다.

브라스리는 본디 맥주 양조장을 뜻하나, 그 의미가 넓어져 스테이크에 감자튀김을 곁들인 스테이크 프리트steak frites와 양배추 절임에 훈제 돼지고기와 소시지, 삶은 감자를 얹은 슈쿠르트choucroute 등의 간단한 요리 외에, 음료 중 특히 맥주를 주 종목으로 판매하는 곳을 지칭한다. 대개 비스트로에 비해 규모가 크고 카페를 겸한 곳이 많다.

호텔 1층에 있는 브라스리

레스토랑 라 투르 다르장

유명 레스토랑

▪**라 투르 다르장**La Tour d'Argent

1582년 루르토Rourteau가 궁정귀족을 위해 설립한 '라 투르 다르장'은 파리 레스토랑의 효시이다. 센 강과 노틀담 대성당의 정경을 조망할 수 있는 이 레스토랑은 오렌지를 곁들인 새끼오리 요리로 유명하다. 1890년 프레데릭 들레르가 개발한 이 요리의 접시에 번호가 매겨져 2003년 이미 100만 번째를 넘었다. 이곳은 포크가 처음 사용된 곳으로 알려졌으며, 앙리 4세와 루이 14세부터 왕족, 정치가, 스타, 작가, 예술가에 이르기까지 수많은 국내외 명사가 다녀간 곳이다. 이 레스토랑의 복층의 지하 저장고는 세계에서 가장 많은 희귀 포도주를 포함한 45만병의 포도주를 저장하고 있다. 포도주 레스토랑으로도 불리는 이유이다.

▪ **막심**Maxim's

콩코르드 광장과 마들렌 성당 사이에 있는 '막심'은 1893년 카페 가르송이던 막심 가이아르Maxim Gaillard에 의해 소규모로 출발, 당시 유명 배우인 이르마 드 몽티니Irma de Montigny의 잦은 방문으로 벨 에포그(Belle Epoque · 황금시대) 시기에 파리 사교계 인사들을 불러 모으는 명소가 되었다. 1900년 파리 만국박람회를 맞아 아르누보로 새 단장을 한 막심에 1932년 이후 미리 선별된 고객들만이 예복을 갖춰 입장할 수 있었다. 당시에는 파리의 명사들과 부유층이, 2차 세계대전 후에는 할리우드 배우들이, 이어 오늘날까지 유명인들의 발길이 끊이질 않는다. 막심은 50~70년대를 거치면서 미식가 레스토랑으로 세계적 명성을 얻는 한편, 1979년 프랑스 문화재 목록에 이름을 올렸다. 1981년부터 소유주가 피에르 가르댕으로 바뀌어 국제적 명성이 보다 높아졌다. 가르댕은 건물 상부 세 층을 아르누보 박물관으로 바꾸고 공연을 늘렸으며, 젊은 층을 위한 막심 클럽과 여러 이벤트를 만들었다.

레스토랑 막심

■ 라세르Lasserre

샹젤리제에서 그랑팔레 쪽으로 도보로 5분 거리에 있는 '라세르'는, 1942년 르네 라세르René Lasserre가 처음 문을 연 후, 1950년대 초 독특하고 우아한 스타일로 개조공사를 하면서 파리 일급 레스토랑으로 거듭났다. 실내 곳곳에 비둘기 모양 장식물이 놓여 있는 것은 이곳의 비둘기 요리가 세계적으로 유명하기 때문이다. 송아지 고기와 버섯, 푸아그라가 들어간 '앙드레 말로 비둘기구이'는, 샤갈, 달리 등과 더불어 단골 고객이었던 앙드레 말로가 좋아하던 비둘기 요리에 그의 이름을 붙인 것이다. 늦봄부터 초가을까지 자동개폐식 천정을 통한 자연 채광 아래에서 식사는 라세르만의 낭만적 분위기를 자아낸다.

■ 타유방Taillevent

개선문 근처 샹젤리제에 인접한 레스토랑 '타유방'의 명칭은 최초로 프랑스어 요리책을 펴낸 14세기 왕실 요리사 기욤 티렐Guillaume Tirel의 별명이다. 1946년 앙드레 브리나André Vrinat가 최초 운영한 타유방은 2004년 내부를 제2제정 시대의 전통과 현대 예술의 조화에 동양적 색채가 가미된 장식으로 일신하였다. 스테이크 모양으로 잘라 구운 푸아그라에 여러 야채를 피레네 포도주로 졸여낸 소스를 얹은 요리가 인기 메뉴이다. 타유방은 빼어난 요리만이 아니라 현대 회화와 조각을 비롯한 예술작품을 만날 수 있는 공간이며 지하 저장고에 다양한 포도주를 보유하여 많은 세계 지도자들과 영화인들이 포도주를 즐긴 곳으로도 유명하다.

레스토랑에서

고급 레스토랑일수록 사전 예약과 정장 차림이 관례이다. 개장시간은 보통 낮 12시부터 2시, 저녁 7시부터 10시 사이이다. 레스토랑 입구에서 매니저가 먼저 예약 유무를 묻는다. 그가 안내하는 자리에 자리를 잡은 다음 아페리티프를 마시면서 음식을 주문한다. 차림표는 프랑스어로 카르트(Carte)이고 메뉴, 곧 므뉘(Menu)는 한 묶음의 코스 요리이다.

기본 정찬 코스 :

· 아페리티프(Apéritif) : 식욕을 돋우기 위한 식전 주
· 오르되브르(Hors-d'oeuvre) : 샐러드 등의 전채. 겨울에는 이 대신에 대부분 스프가 나온다.
· 앙트레(Entrée) : 본 식사 전의 가벼운 요리.
· 플라 프렝시발(Plat principal) : 본 식사로서 주로 육류나 생선요리.
· 프로마주(Fromage) : 치즈.
· 데세르(Dessert) : 후식.
· 디제스티프(Digestif) : 식후에 소화를 돕기 위해 마시는 술.

식사 도중 문제가 생기거나 궁금한 사항이 있을 때는 가르송에게 도움을 청한다. 계산은 커피나 디제스티브를 마쳐갈 즈음 식탁에서 한다. 적정액의 팁을 계산서가 넣어진 접시에 올려놓는다.

4. 시장

1) 벼룩시장

'벼룩시장'은 중고품, 신상품, 생활소품, 예술작품이 공존하는 문화공간으로 주말에 시민과 관광객이 즐겨 찾는 곳이다. 파리의 벼룩시장은 클리냥쿠르, 방브, 몽트뢰이유 지하철에 인접해 있다. 프랑스어로 벼룩시장은 '벼룩들이 있는 시장'이라는 뜻의 '마르쉐 오 퓌스marché aux puces' 이다. 이 명칭은, 경찰의 단속을 피해 달아나는 '불법 중고품 상인'들의 모습이 마치 벼룩이 뛰는 것 같다고 하여 붙여졌다고도 하며, 오래된 중고 물건에 벼룩이 많은 것을 보고 유래되었다고도 하고, 칙칙한 골동품 색깔이 벼룩 색깔과 같다고 하여 생겼다고도 한다.

클리냥쿠르 벼룩시장 Marché de Clignancourt

파리 북쪽 18구의 클리냥쿠르 벼룩시장은 가장 오랜 역사와 최대 규모를 자랑한다. 19세기 말경 일자리를 구하러 상경한 지방 농민들이 거주비가 싼 이곳에 정착하면서 물물교환을 목적으로 조그만 시장을 형성한 것이 이 시장의 기원이다. 이곳에는 식기, 가구, 고서적, 고미술품 등 다양한 중고품이 거래되며, 연중 열리는 상설 상점들과 주말 벼룩시장이 있다. 주말 평균 약 12만 명이 찾아와 벼룩시장으로는 세계 최고 기록을 갖고 있다.

방브 벼룩시장

방브 벼룩시장Marché de Vanves

파리 남쪽 14구의 방브 벼룩시장은 주말에 열려, 근처 주민들의 주말 산책코스이기도 하다. 주로 실용품들이 장에 많이 나와 파리 시민들에게 가장 인기가 많다. 트럭에 물건을 싣고 온 상인들이 보도에 노점 시장을 형성한다.

프랑스 지방의 벼룩시장

몽트뢰이유 벼룩시장Marché de Montreuil

20세기 초부터 개설된 파리 동쪽 20구의 몽트뢰이유 벼룩시장은 규모가 크며 주말에만 열린다. 의류와 중고 공구 시장이 크게 열려 젊은이들, 수공업자들, 장인들이 많이 찾는다.

이밖에도 파리와 인근 지역에 특화된 대표적인 벼룩시장으로 '의류 전문 벼룩시장(3구)', '원예 · 조류 벼룩시장(4구)', '바이오 전문 벼룩시장(8구)', '우표 전문 벼룩시장(8구)', '서적 벼룩시장(15구)' 등은 주로 주말에 열린다.

2) 백화점

파리의 백화점들은 각각 대상과 특징이 다르고 지속적으로 문화 행사를 열기 때문에 파리 사람들은 백화점을 하나의 거대한 문화 공간으로 여긴다. 파리에는 세계적으로 유명한 백화점 '갈르리 라파예트Galeries Lafayette', '프랭탕Printemps', '봉마르셰Bon marché', '베아슈베B.H.V.' 등에는 전세계 명품 브랜드가 모두 모여 있고 중저가 상품도 있어 파리의 관광객들에게 필수 코스이다. 안내 데스크에는 여러 나라 언어로 쇼핑 안내 책자가 비치되어 있어 외국 관광객들의 구매력을 높인다. 외국 관광객인 경우 175 유로 이상 구입하면 12%의 면세 혜택과 선물을 받을 수 있다.

갈르리 라파예트는 1893년에 파리에서 부유층을 대상으로 개장됐으며, 아름다운 발코니, 천장의 스테인드글라스, 최대의 규모를 자랑한다. 이 백화점 옆에 젊은 층이 좋아하는 프랭탕 백화점이 있다. 여기서는 7층 여성관에서 매주 화요일 10시 고티에, 지방시, 카샤렐 등이 기획하는 패션쇼를 무료로 관람할 수 있다. 파리 사람들은 이웃한 두 백화점의 가격을 비교하며 쇼핑을 즐긴다. 이 두 백화점은 지방 도시에 지점을 두고 있을 뿐만 아니라 일본에까지 진출하였다.

갈르리 라파예트 백화점

1838년에 개장한 세계에서 가장 오래된 봉마르셰 백화점은 '싸다'

봉마르셰 백화점

는 의미의 이름과 달리 부유층이 이용한다. 구스타브 에펠이 설계에 참여했다고 하여 프랑스인들에게 특별한 애정을 받고 있다. 작가 에밀 졸라는 이 백화점을 보고 '국민을 위한 상업의 대성당'이라고 불렀다. 베아슈베 백화점은 다른 백화점과 달리 사무용품, 가정용품, 공구를 전문적으로 파는 곳으로 주로 파리 사람들이 찾는다. 지하는 공구 전문매장이다. 모든 백화점은 6월과 12월에 각 한 달간 세일 기간을 갖는다.

3) 길거리 시장

대도시에서도 시골의 훈훈한 정취를 느끼려면 길거리 시장을 찾아가

정기적으로 열리는 아침 시장

야 한다. 길거리 시장의 모습은 한국의 장날을 그대로 떠올리게 한다. "Pas cher! Pas cher!(싸요! 싸요!)" 상인들은 싱싱한 야채나 유제품 또는 시골빵을 팔기도 하고 시장 한 모퉁이에 먹거리 장터를 열기도 하며, 손님들을 끌기위해 외치기도 한다. 장보는 사람들이 과일 맛을 보면서 튼실한 것을 골라 담는 모습도 우리에게는 낯설지 않다.

식료품이 주를 이루는 길거리 시장은 현재 70여 개가 있다. 장은 일반적으로 일주일에 2~3회씩 열리며 지자체에 따라 장날이 정해져 있다. 최근에는 주요 소비자층으로 맞벌이 부부를 겨냥해 오후와 주말에 개장하는 추세이다.